作者简介

王世渝，中国资深投资银行家、全球并购专家。目前担任商务部中国世界贸易组织研究会服务贸易专业委员会数字经济D12专项小组组长。

1991年进入中国资本市场，是中国资本市场的早期参与者。曾主持百家以上企业的改制、重组、上市、并购业务及大量的投资融资业务。在企业境内外上市、并购重组、投资融资、房地产金融、企业全球化领域具有丰富的经验。

他是"全球并购、中国整合"这一概念和"中国主导全球第六次并购浪潮"的首倡者，是中国较早提出房地产投资信托基金REITs方案的专家。其创新设计的"中国农村土地信托流转方案"曾经在湖南推广，后推及全国。

自2019年开始，王世渝研究数字经济知识系统和理论系统，独创性设计了"基于数字智能的产业数字化价值创造模式"（D12模式），以及上市公司数字化价值投资评价体系。

出版的著作有《中国的纳斯达克》《曾经德隆》《中国重组：一个中国投资银行家的亲历与思考》《全球并购　中国整合：第六次并购浪潮》《创事记：致年轻创业者》《第三次全球化浪潮》《数字经济驱动的全球化》等。

"数字春秋"三部曲之一

D12
中国产业数字化
解决方案

王世渝 /著

中国出版集团 | 全国百佳图书
中国民主法制出版社 | 出版单位

图书在版编目（CIP）数据

D12：中国产业数字化解决方案 / 王世渝著 . 一北京：中国民主法制出版社，2022.11

ISBN 978-7-5162-2967-5

Ⅰ . ① D⋯ Ⅱ . ① 王⋯ Ⅲ . ① 产业经济－转型经济－数字化－研究－中国 Ⅳ . ① F269.2

中国版本图书馆 CIP 数据核字（2022）第 194181 号

图书出品人：刘海涛
选题策划：金丽红 黎 波   装帧设计：郭 璐 张景莹
出版统筹：石 松   责任印制：张志杰 王会利
责任编辑：张 婷   媒体运营：刘 冲 刘 峥 洪振宇
特约编辑：史守贝   法律顾问：梁 飞

书 名 / D12：中国产业数字化解决方案
D12：ZHONG GUO CHAN YE SHU ZI HUA JIE JUE FANG AN
作 者 / 王世渝 著

出版·发行 / 中国民主法制出版社
地址 / 北京市丰台区右安门外玉林里 7 号（100069）
电话 /（010）63055259（总编室） 63058068 63057714（营销中心）
传真 /（010）63055259
http://www.npcpub.com
E-mail: mzfz@npcpub.com

总经销 / 北京长江新世纪文化传媒有限公司
地址 / 北京市朝阳区曙光西里甲 6 号时间国际大厦 A 座 1905（100028）
电话 /（010）58678881
传真 /（010）58677346
开本 / 16 开 710 毫米 ×1000 毫米
印张 / 19.5 字数 / 285 千字
版本 / 2022 年 11 月第 1 版 2022 年 11 月第 1 次印刷
印刷 / 天津盛辉印刷有限公司

书号 / ISBN 978-7-5162-2967-5
定价 / 80.00 元

序　言

2018 年写作《第三次全球化浪潮》的时候，我原本是想写成上下两册，上册主要写全球化历史、成因以及演变，下册主要写中国企业全球化的方法。当 2019 年完成上册写作的时候，"数字经济"一词跃入我的眼帘，进入我的深度意识，使我幡然醒悟。于仓促中，我将下册改名为《数字经济驱动的全球化》。其实那个时候，我对数字经济的理解很浅，但内心震撼，就是觉得第二次全球化已走向终结，第三次全球化将是"数字经济驱动的全球化"。

三年来，世界经济政治秩序的巨变已经酿成"百年未有之大变局"，资本驱动的第二次全球化浪潮正在解体、分崩离析，数字经济驱动的全球化正在酝酿，势成必然。

我从 2019 年开始深度研究和思考数字经济。对于数字经济，全球范围也存在不同的概念和理解。央视几乎每个频道每天都在打着"数字新时代，美好新未来"的数字经济公益广告。但是，什么是"数字经济"，其实真没几个人能说清楚。就像莎士比亚说的，"一千个人眼中就有一千个哈姆雷特"。数字经济到底该如何定义、包含什么内容，这些内容有什么样的运行规律，数字经济学和传统经济学从理论到实践是什么关系等一系列问题，并没有得到很好的解答，至少直到现在都没有出现过一本像《国富论》《资本论》这样振聋发聩的著作。即使这样，我还是斗胆在全球范围首次提出：第三次全球化浪潮将是数字经济驱动的全球化。

第一次是殖民经济驱动的全球化，从 1776 年开始，到 20 世纪两次世界大战之后结束。驱动要素是科技革命、第一次工业革命、大国主导世界均衡被打破、霸权战争。

第二次是资本经济驱动的全球化，从1945年开始，到2008年发生金融风暴后走向衰落。驱动要素是电力、内燃机、第二次工业革命、世界均衡被打破、世界大战、经济危机、瘟疫。

第三次是数字经济驱动的全球化，从2019年开始，目前处在第二次全球化浪潮和第三次全球化浪潮交织阶段。驱动要素是数字科技革命、数字经济革命、世界均衡重构、战争、新冠肺炎疫情。

谁掌握了数字经济的主导权，谁就能引领未来世界。我在《数字经济驱动的全球化》一书中提出中国将引领全球数字经济，中国也将通过引领数字经济而实现中华民族伟大复兴。

通过写作《数字经济驱动的全球化》一书，我明白了两件事：

第一，数字经济已经是一种全新的、独立于农业经济和工业经济的新经济形态。

既然是独立于农业经济、工业经济的新经济形态，那么人类历史和人类文明史就要开始书写一段里程碑式的内容，关于工业经济的定义、概念、知识、理论、方法都将被颠覆而成为过去。必须要重新定义数字经济，重新定义并且构建数字经济的概念、知识和理论。

第二，数字经济一定有着数字经济的内容、运行规律和操作方式。也就是说，数字经济酝酿着数字经济时代的商机。

数字经济的内容、运行规律、操作方式同样要颠覆和创新。

这三年，我有时间学习、研究、思考、沉淀，大量阅读从通信到计算机、互联网领域的各种文章、报告、白皮书，领会并理解着理工男擅长的晦涩表述和英文字母的缩写含义。这让我看到了与世界绝大多数人所说不一样的关于数字经济的定义、知识、理论、方法，让我产生了对于数字经济定义、知识、理论、方法的独特理解，让我独创性地设计了数字经济时代世界级企业价值创造的方法和证券市场上市公司数字化价值投资评价体系。这成为近三年以来我的最大收获。

在大量学习、研究的基础上，我开始尝试设计以产业互联网作为载体，推动企业和产业数字化深度融合的商业模式，并且在2020年春天开始联合一些企业和行业来实践和检验。三年以来，实践结果使我的思路越来越清晰，最后受到巴菲特股东大会启发，我把超过30年企业改制重组、资本运营、全球并购、金融混业平台设计的经验，与通过战略投资实现价值创造的价值投资方法结合起来，独创性设计了"基于数字智能的产业数字化价值创造模式"——D12模式。我深深地认为，这个模式实际上是为中国数字技术与实体经济深度融合赋能传统产业转型升级找到了具有普遍意义的实现路径。

当看到2021年10月18日习近平总书记就推动我国数字经济健康发展主持第三十四次中共中央政治局集体学习时的讲话之后，我更加坚定地认为，"基于数字智能的产业数字化价值创造模式"应该是中国产业数字化和数字经济发展的主流方向。

但是，在了解2021年12月8日美国国会听证会的内容后，我们看到了第二个信号。美国国会举行"数字资产和金融的未来：了解美国金融创新的挑战和利益"听证会，由美国众议院金融服务委员会主持。虽然美国没有我们高瞻远瞩的政治语境，但是其明确的方向就是发展数字经济。美国所说的数字经济其实就是通过作为底层技术的区块链创建加密账本，让每个人都成为网络的主人，就像是以太坊和虚拟数字货币（Token），所有的交易都在可以信任的、分布式的、自组织的平台上完成。听证会组织者认为，这些内容关系到美国是否通过法律来支持这样的创新，满足这些机制的创立。因为在2009年中本聪创建比特币的时候，数字货币市值为零；12年之后，数字货币有3万亿美元的市值。如果美国不支持，就意味着将这一机会推出去、让出去。12年创造3万亿美元市值，但是再过12年，是只增加3万亿美元还是指数级增长呢？会不会是几十万亿美元的规模呢？这就是听证会的基本内容。很显然，美国发展数字经济的方向和方法与中国是不一样的。没有等到美国国会修改关于促进数字货币发展的最新法案，拜登总统已经迫不及待地在2022年3月9日直接签署总统行政令，宣布了美国政府的加密货币战略，敦促美联储探索发行数字美元的可能性。中美两国不同的数字经济到底会给自身及全球数字经济的发展带来什么呢？美国为什么要采取这样的数字经济发展方式呢？为什么中国的数字经济和美国的数字经济完全不一样？

对比中美不一样的数字经济发展战略，2022年我们用"D12上市公司数字化价值投资评价体系"对中国4677家上市公司（截至2021年底）数字化进程和渗透率进行研究和分析，从结果来看，我国企业真正的数字化渗透率只有25%，如果扣除数字产业化上市公司，实体企业全面数字化渗透率不到20%。这20%的水平和质量也是参差不齐，令人担忧！数字技术系统场景廉价竞争、产业数字化方法错误、人才缺失、资本市场超前炒作"元宇宙"、实体企业数字化转型低劣化……我突然意识到整个中国经济战略所面临的危险。麦肯锡的研究报告显示，中国加入世界贸易组织（WTO）20多年来，净资产从7万亿美元增加到了120万亿美元，大幅超过了美国的90万亿美元，可喜可贺。但是，未来10年，如果美国大举发展虚拟经济、全球化的资产数字化，那数字货币就会迅速增值。可中国还在以主权货币定价中国资产，没有大规模形成数字资产定价机制来对冲全球数字资产增长，中国几十年来积累的财富成果不会被"割韭菜"吗？到时候从以国际经济循环为主的经济全球化退回到以国内经济循环为主的双循环，再退回到纯粹的国内经济循环，那结果将是惨不忍睹的。

2022年1月12日，国务院印发《"十四五"数字经济发展规划》，这个规划的第一句话是："数字经济是继农业经济、工业经济之后的主要经济形态。"这是我国政府对于数字经济地位的首次正式确认。这也是继G20杭州峰会第一次定义数字经济之后，在全球范围第一个把数字经济定义为"经济形态"的国家纲领。

2022年7月25日，国务院同意建立由国家发展改革委牵头的数字经济发展部际联席会议制度。联席会议成员包含了中国20个大部委和关键职能部门，共同统筹数字经济发展工作。这个安排，对于随时关注数字经济发展的人来说，极为敏感。也许这是目前的一个过渡性安排，但至少我们看到中国的数字经济发展，终于有了第一个最高级别的组织体系。

自此，中国数字经济发展，有了指导思想、发展纲领、组织保障。

这不禁让我想起 2013 年《参考消息》介绍美国未来学者克莱门蒂教授的观点："如果这个世界有一个国家不经过工业化而直接进入后现代社会，那一定是中国。如果中国能够成功，那将成为指引世界的一座灯塔。"

当时我很疑惑，今天我相信了。至于为什么相信，本书将予以全面的回答。

目 录
CONTENTS

第一章

数字经济时代
——数字经济形态与进程

今天生活在这个世界上的所有人，不管是幸福还是不幸福，都有一种非常幸运的标志，那就是成为从工业经济形态进入数字经济形态的见证者。要知道拥有这种幸运标志的人还是不多的。人类在大约 1 万年前从狩猎文明进入农耕文明的时候，史学家估计全球只有 800 万—1000 万人；从 17 世纪由农业经济时代进入工业经济时代，其早期世界上也只有 5 亿多人；即使到第二次工业革命的 1900 年，世界人口也只有 15.63 亿人。今天，这个世界的 80 多亿人将有机会进入我认为的数字经济时代。

习近平总书记说："数字经济蓬勃发展，深刻改变着人类生产生活方式，对各国经济社会发展、全球治理体系、人类文明进程影响深远。"

国务院 2022 年 1 月 12 日印发的《"十四五"数字经济发展规划》终于确立了数字经济是继农业经济、工业经济之后的主要经济形态，这是需要胆识和魄力的。中国是全球唯一做出这样定位的国家。这也是对经济迭代的共识。

从经济的角度理解，人类现在从农业经济时代、工业经济时代进入了数字经济时代。如果从文明的角度理解，我也认为人类已经从狩猎文明、农耕文明、工业文明进入了数字文明时代。这也是对文明迭代的共识。

数字经济是一种经济形态，是农业经济、工业经济之后的又一种新的经济形态，也是未来经济发展的主要经济形态。农业经济已经发展了几千年，是人类文明史上第一种经济形态，其奠定了经济学的生产、流通、分配、消费基本运行规律。工业经济形态也从早期的手工业经济发展到现代工业经济，历经四次工业革命发展了几百年，有着工业经济形态的生产、流通、分配、消费的基本运行规律。但是，大家对刚刚确定为经济形态的数字经济，对其本质和基本内容以及基本运行规律有些茫然，对其定义尚未达成共识，需要我们去研究、实践、总结。

随着 5G 技术的应用，大数据、云计算、物联网、区块链、人工智能、数字孪生、Web3.0、NFT、元宇宙、数字产业化、产业数字化、数字城市、城市大脑、全域数字化……一个又一个概念铺天盖地地袭来，几乎每个人每天都在手机这个数字智能终端主动和被动地接受着无穷无尽的数字化冲击，越来越变得无所适从。大家都知道数字经济好，数字经济是未来、是方向、是趋势，但就是不知道数字经济和自己是什么关系，属于自己的蛋糕在哪里。于是就出现了大面积跟风，热点在哪儿就把热情倾注在哪儿的现象，前几年是区块链、比特币，这两年是元宇宙、NFT、Web3.0，不知道再过一段时间又会出现什么新的概念。

在 2022 年 1 月 12 日国务院印发的《"十四五"数字经济发展规划》开篇明确"数字经济是继农业经济、工业经济之后的主要经济形态"之前，几乎所有关于数字经济的定义都是从数字技术的角度出发的。而我认为，既然是新的"经济形态"，就一定要从经济学的角度、经济学的方向定义"数字经济"，从而研究"数字经济"的经济学本质、经济学意义、经济学知识、经济学理论、经济学规律、经济学内容、经济学的发展方式。

第一节 被颠覆的经济理论和方式
——数字经济到底是什么

1. 世界最早的数字经济概念

数字经济的概念最早出现在 1996 年，由加拿大的数字技术专家、区块链技术专家唐·泰普斯科特在《数字经济：网络智能时代的前景与风险》一书中提出，该书并没有说什么是数字经济，也没有对数字经济的理论、实践、形态、内容进行全面阐述，更多的是讲述数字经济所呈现的一些终端场景和现象以及数字技术的发展趋势。唐·泰普斯科特也因此被称为"数字经济之父"。这就是"数字经济"概念的起源。1996 年互联网虽然已经诞生，但是远未普及。《数字经济：网络智能时代的前景与风险》一书已经充分地意识到数字技术、互联网未来可能对我们的经济活动产生的影响，预言了数字经济的趋势。

随后，世界各国都认同了数字经济的定义，但是，没有一个国家关于"数字经济"的定义与另一个国家的"数字经济"定义相同。

2. 中国最早的数字经济概念

中国最早提出"数字经济"概念是在 2016 年在杭州 G20 峰会上通过的由中国起草的《二十国集团数字经济发展与合作倡议》，其定义是："数字经济是指以使用数字化的知识和信息作为关键生产要素、以现代信息网络作为重要载体、以信息通信技术的有效使用作为效率提升和经济结构优化的重要推动力的一系列经济活动。"

从经济学理论角度来看，G20 的定义很显然是站在数字技术的角度解读数字技术对经济活动的影响和对经济结构的优化，它把"数字经济"定义为"经济活动"，而不是"经济形态"。"经济活动"与"经济形态"存在本质性区别，经济活动可能是农业经济和数字技术的经济活动，也可能是工业经济和数字技术的活动，依然是"原有经济形态的延伸"。所以，G20 关于"数字经济"的定义存在较大的局限性。

2017 年，中国信息通信研究院第一次提出了数字经济是"新型经济形态"，认为"数字经济是继农业经济、工业经济之后的更高级经济阶段"。中国信息通信研究院作为中国工业和信息化部的直属研究机构，在不断地调整"数字经济"的定义。

2021 年 4 月，中国信息通信研究院发布的《中国数字经济发展白皮书》关于数字经济的新版本定义是："数字经济是以数字化的知识和信息作为关键生产要素，以数字技术为核心驱动力量，以现代信息网络为重要载体，通过数字技术与实体经济深度融合，不断提高经济社会的数字化、网络化、智能化水平，加速重构经济发展与治理模式的新型经济形态。"并且它把数字经济的内容在数字产业化、产业数字化、数字化治理的基础上增加了"数据价值化"。

这个版本的最大贡献就是终于理直气壮地提出"数字经济"是"新型经济形态"，但还是没有摆脱数字化对经济的作用这一角度，是"经济的数字化"而不是"数字的经济化"。我很理解中国信息通信研究院这样定义数字经济的原因，它在工业经济时代属于工业经济部门，不可能跳出工业和信息化部的职能从"经济学"的角度定义数字经济，只能从工业和信息化部的角度定义"数字经济"。

2021年6月，国家统计局发布《数字经济及其核心产业统计分类（2021）》也对数字经济进行了定义，这个定义还是继承了G20杭州峰会的角度。但是，2022年1月12日国务院印发的《"十四五"数字经济发展规划》终于有了一个重大突破。

《"十四五"数字经济发展规划》开篇内容就是："数字经济是继农业经济、工业经济之后的主要经济形态，是以数据资源为关键要素，以现代信息网络为主要载体，以信息通信技术融合应用、全要素数字化转型为重要推动力，促进公平与效率更加统一的新经济形态。"

这个定义是中国最高国家行政机关对于"数字经济"的定义，是在G20峰会和中国信息通信研究院、国家统计局定义的基础上第一次在全球范围提出"数字经济是继农业经济、工业经济之后的主要经济形态"。这个定义有了数字技术"融合应用、全要素数字化转型"这样思维方向的巨大变化。另外一个亮点就是这个定义出现了关于数字经济在分配上的内容："公平与效率更加统一。"这个定义是目前最新的、越来越接近经济本质的定义。

如果从地位上来说，数字经济能够跟农业经济、工业经济并列在同样的层次上，我们就需要全面、重新认识数字经济，而不是简单地把数字经济理解为工业经济的升级或者延伸。目前在全球范围内，大家都有一个共识，就是当下处于数字经济时代，但是否就数字经济定义为"继农业经济、工业经济之后的主要经济形态"达成统一共识，或许还需要时间。既然中国率先在全球范围第一个将数字经济定义为"经济形态"，中国就有从"经济形态"的角度研究数字经济基础知识、基础理论、本质以及发展运动规律的责任和担当。

我将把我的定义放在之后的内容中来表达，并希望读者理解我对"数字经济"的定义过程，一起参与定义"数字经济"。

3. 百年大变局：数字经济意味着什么

由于不同国家和地区经济发展水平以及农业经济、工业经济产业结构的差异，数字经济在不同国家和地区的本质表现与发展进程也不一样。在发达国家，数字经济更多表现为数字技术在非常成熟的经济形态中的技术应用，以及美国这样的国家在数字科技领域的高纬度创新与应用。在中小型发展中国家，受经济结构、人口结构、经济发达程度的影响，支撑不了数字基础设施的投入，数字经济的发展取决于数字经济全球化的程度。而像印度、印度尼西亚这样一些发展中的人口大国，虽然拥有发展数字经济的人口基数，但由于经济制度和政治制度等各种原因难以实现数字经济所需的万物互联的制度支持。

对中国来说，有了最高领导层对数字经济的深度理解和高度重视，有了《"十四五"数字经济发展规划》这样的发展纲领，有了强大的数字技术基础设施投资，有了"数字经济发展部际联席会议制度"这样的制度保障，针对中国现阶段发展状况，找到适合中国的数字经济最佳发展路径，科学地做出中国数字经济发展路径的战略选择，确实关乎民族复兴和面临的百年大变局、千年大变局。

所以，既然中国做出了这样的选择，确立了数字经济是对农业经济、工业经济的迭代，就需要重新定义数字经济，需要从经济的维度定义数字经济，而不是从数字技术的维度定义数字经济。从经济的角度定义数字经济，简单地说，就是要从生产、流通、分配、消费这四个环节的数字化来研究数字经济的定义并且创立中国数字经济知识体系、数字经济理论体系。农业经济、工业经济、数字经济有着完全不同的生产、流通、分配、消费方式。

第二节　三种经济形态：农业经济、工业经济、数字经济

一、农业经济形态

人类早期的经济形态称为农业经济形态，属于自然经济。早期的人类文明进程中，农业生产只是为了满足生存和繁衍的需要。当生产力水平提高，创造的生活资料有剩余，就有了交换，即人类早期的商业行为。农业经济时代的生产是简单的手工劳动和以畜力等自然力作为简单生产工具的生产行为，交换也是在很小的地理范围内进行的简单商品交换，分配方式就是直接劳动成果形成的实物分配形式，消费的产品主要是生存所需的吃穿用类消费品。这就是农业经济时代的经济形态。到工业革命前夜，世界人口从早期的千万人，增加到1800年的9亿人左右。

中国曾经是世界进入农业经济时代后几千年中最发达的国家，创造了农耕文明最灿烂辉煌的历史。

二、工业经济形态

西方文明在经历黑暗的中世纪之后，通过文艺复兴，逐步创建了新兴资产阶级领导的资本主义国家，生产力和科技水平得到快速发展，社会财富的积累使其有更多的钱、更多的时间投资教育，研究新的科学技术，产生新的突破。1698年，建立资产阶级国家政权的英国发明了蒸汽机。蒸汽机通过煤的燃烧产生蒸汽，带动机器运行，比起农业经济形态下的风力、人力或是畜力，效率得到了巨大提升，蒸汽机的广泛使用被称为第一次工业革命的标志。

第一次工业革命后，诞生了新的经济形态——工业经济形态。由于动力效率的提升，带来了生产能力水平的数倍提高，比如过去纺纱是手工纺纱，使用蒸汽机后，纺纱效率大大提高了，形成了规模化的产业。蒸汽机、纺织机、钢铁、

火车、轮船的制造形成了规模化的工业生产，从而形成工业和农业的再次分工。

工业生产的不断深入发展和突破，使得工业经济形态完全区别于农业经济形态。工业经济从生产力、生产工具、生产方式以及整个经济基础都彻底区别于农业经济，彻底颠覆了农业经济基本运行规律。这使得工业经济创造的财富和农业经济时代创造的财富完全不是一个数量级。随着第二次工业革命（电气化时代）、第三次工业革命（信息技术、新材料时代）的不断演进，生产力水平日新月异的提高，世界进入了全球化时代，形成了新的分工和发展模式，财富积累达到了人类历史前所未有的高度，世界人口从工业革命初期的不到 10 亿人，发展到今天的 80 多亿人。

今天面临进入第四次工业革命后的人工智能、新能源发展阶段，在这一进程中，我们可以看到一些信息和数字技术从量变到质变的飞跃过程。

1.20 世纪中期，随着电子工业的发展，计算能力和半导体结合产生了计算机产业。新材料革命的核心是半导体材料，半导体技术依托物理学的进步带来摩尔定律。20 世纪 40 年代初，世界上出现了一批新的物理科学家，包括犹太人冯·诺依曼、英国人图灵，他们提出了新的计算方法，发明了计算机，提高了计算能力，把新的计算方法与新的计算机和早期的计算机结合起来，提高了整个经济活动中的计算速度。计算速度又从另一个角度为整个工业经济形态提高了效率。

第一台计算机产生于 20 世纪 40 年代，从体形巨大的计算机发展到五六十年代的小型化，到七八十年代又进入了 PC 机即桌面电脑时代。随着半导体技术的发展，计算机的体积越来越小，后来又开发出更小的大规模集成电路芯片，通过芯片就可以在单位面积很小的集成电路上面传输更多的数据，包括语言、文字、图像、视频等多种丰富的数据形式。产生更快的计算速度之后，计算机的体积越来越小，计算速度越来越快。

2.之后，计算机不仅成为计算工具，也成为生产力的一部分，又构成了计算机产业。微电子技术、计算机技术的发展带来了工业自动化，再次提高了工业生产效率，形成了大规模的自动化生产流水线，工业革命从机械化时代进入自动化时代。

3. 到了 20 世纪七八十年代，计算机和计算机连接技术的突破，实现了信息互通、数据共享，形成生产、生活信息的交换方式，这就是互联网。数据信息在计算机之间的传输和信息的共享，大大提高了人类沟通、交流的速度。从早期计算机发展，到后来形成了互联网这样一个网络，人类进入互联网时代，也就是 IT 时代。IT 时代让工业经济从自动化时代进入信息化时代。20 世纪 90 年代中期，互联网传入中国，从此中国也进入了信息化时代。

4. 工业经济发展进程中还有一条线索即人类的通信。人类从农业经济时代走到工业经济时代，不同的发展进程伴随着不同的通信方式，科技进步的历程也是通信交流方式变革的历程。

人类社会的进步也是信息交流方式的进步。人类社会的组织结构由群落发展到氏族部落、城邦、国家，人群组织规模越来越大，信息沟通交流方式变得越来越复杂，尤其是狩猎、战争、贸易都要交流信息。生活范围越大，越需要有效的信息交换、传输方式。早期的长城烽火台、狼烟，后来的鸡毛信、消息树、信鸽，都是消息传输的方法。由于电子技术的出现，高效率的信息传输工具——电报、电话出现，可以让人和人在不见面的情况下，获取相互之间的信息，让信息的传输效率大大前进了一步。

有线电话发展成无线电话。无线电话通过全球性的卫星网络来创建无线电话通信体系，被称为 1G、2G、3G。1G 是一代，2G 是一代，到了 3G 又是一代，每 1G 的提升，就是我们通信带宽和容量、速度的提升，通信质量提升，范围更广，传输的容量更大。随着通信带宽和容量的增大，通信传输可以实现音频的传输，还可以传输数据、文字，后来还可以传输图片和视频。

移动通信到了 4G 有了一个重要的突破。通信 CT、互联网 IT、实现融合成为 ICT，也就是 2010 年出现了人类通信信息发展的根本性变革。这次变革就使得通信和互联网实现了融合，称为移动互联网。

5. 通信和互联网链接融合，成为一体形成移动互联网之后，进入互联网的 Web2.0 时代，移动互联网除了具有交互式的可读交流方式之外，还可以以信息流和资金流的方式进行交易，深度影响经济的零售业务行为。

　　早期互联网的代表是门户网站（Web1.0），中国的新浪、搜狐、网易都是这个类型，它最大的变化是冲击了工业时代的传统传播方式。比如传统的传播方式是图书、报纸、杂志，每天定时才能看到信息；而在互联网时代，随时随地能够看到全世界最新的信息。所以互联网取代传统信息传播渠道，是传统媒体和传播渠道的数字化变化。

　　移动通信和互联网联通最大的特点是信息传输不仅是在电脑之间，手机也可以像电脑一样传输信息。这时的手机也可以传输信息，手机就变成智能终端。智能终端是可移动的，具有电脑的功能，既可以通话，又可以利用视音频处理各种商务活动，这就给电子商务带来了一次革命性的变化。

　　随之出现手机绑定银行卡，就有了手机支付的形式。有了支付权，就可以直接在手机上进行商品的交易买卖，于是电子商务诞生了。早期只能在互联网上创建电子商务平台，如阿里巴巴这样典型的公司获得了高速成长和发展。移动互联网时代，任何人只要有 4G 通信信号手机，都可以在互联网上购买商品，直接结算，这大大提高了电子商务效率，为人们通过网络买卖商品、买卖服务，提供了更大的便利。

　　即便如此，我们还是把这个时候的经济行为称为工业时代的互联网经济，或者是"互联网＋"，数字技术给经济行为带来了很大的冲击和变化，对我们的生活方式、生产方式带来很大的影响。

　　阿里巴巴、腾讯、百度、京东、美团、拼多多都是这个阶段的代表。这批互联网企业，不光提供传统的社交、传媒或娱乐平台服务，它们对经济行为，尤其是零售行为带来很大冲击，这就是所谓的新零售。互联网在这个时候对经济的影响已经从局部进入全面的阶段。但是即使到这个时候，还是称不上数字经济形态。移动互联网对经济尤其是实体经济的影响还主要体现在产品销售、产品购买、消费方式、物流方式、金融业务上。对企业的科研、技术、设计、工艺、供应、生产、制造，尤其是产业关系，还没有带来深刻影响。这时候的互联网也被称为 Web2.0。这一阶段对经济的影响还包括社交、传媒、游戏娱乐、培训教育、文化、创意、金融支付结算、服务行业等，数字技术形成一定程度的生态化特征。

但是，互联网对经济的影响和冲击并没有因此而停止脚步。

这一步也是数字经济与互联网经济的分水岭，依然还是工业经济形态，但是工业经济形态的生产、流通、分配、消费四个重要环节已经受到来自数字技术的很大冲击。工业经济的基本逻辑还没有真正被颠覆，再往下一步，就要进入数字经济时代了。

一方面我们看到数字技术在渐进式地改变工业经济形态；另一方面我们也看到，工业革命的快速发展以及资本主义的本质特征也给世界带来了新的困惑，工业经济形态本身也遭遇了严重的挑战。这些困惑与挑战包括：工业革命和工业经济是以大量占有地球物理空间和消耗地球的自然资源为代价发展的，工业经济发展带来的资源枯竭、生态破坏、分配不公平和发达国家与不发达国家之间的矛盾冲突导致世界性危机不断产生。以资本为核心的资本主义市场经济不仅持续地导致世界经济发展严重不平衡，新的数字技术创造的数据流量与资本的高度融合并没有带来公平和效率的统一，反而造成了新的垄断，个人数据、公共数据与资本的绑定裂变出更大的不公平，"数字剥削""智能剥削""数字资本主义"因为"收入边际无限"和"成本边际递减"的逻辑而更加恐怖。工业经济与数字技术叠加繁荣的背后出现了全球性可持续发展的危机。

经济形态的迭代和革命横空出世。

三、数字经济形态

工业经济形态在经历以上不断变革之后，出现了具有历史性意义的迭代技术，这就是 5G 技术。5G 技术是工业经济向数字经济迭代发展的"催生婆"。

2019 年，通信技术从 4G 发展到 5G 的时候，再次带来了通信技术的革命性变化。

从 4G 到 5G 有几个变化：

传输的速度更快了，是 4G 网络速度的 100 倍。

带宽更宽，容量更大，能够承载大数据、云计算、人工智能、区块链这样一些数字科技，存储和处理海量数据。

低延时，5G 的延时是 4G 的 1/10，世界上任何地点两个端点之间的端到端传输的延时，低到了 1 毫秒。

移动互联网从人和人的链接延伸到人和物的链接，人和人、人和物、物和物之间的链接，带来了新的场景、新的体验，我们称为万物互联。

2019 年工业和信息化部颁发了 5G 商用牌照，这意味着中国数字元年的开始，意味着中国移动、中国电信、中国联通、中国广电四大电信基础运营商有了从事 5G 传输的资格，可以经营 5G 业务。

中国发展 5G 技术的重大意义至少包含两个方面：

第一，中国过去在移动通信领域远远落后于发达国家。1G、2G 都是完全引进的技术。到了 3G、4G，中国从学习、跟随达到了技术同步。而 5G 技术，则是基于中国华为在 5G 技术领域的提前布局和研发，技术专利方面全球第一，中国第一次在移动通信这个领域领先世界。

第二，5G 已经不是简单的通信和移动通信，万物互联所带来的海量数据和丰富应用场景开始改变传统的工业经济，改变传统工业经济的生产方式。

5G 的商用是真正意义的数字经济的基础。

数字经济形态能不能成立，取决于生产、流通、分配、消费这四个环节和农业经济、工业经济有没有本质区别，如果有，数字经济就成立；如果没有，数字经济就不能成为一种独立于农业经济、工业经济的新的经济形态。在 5G 诞生之前，和数字经济、互联网、通信、信息技术、半导体相关的各种新经济的概念出现了，有的叫新经济，有的叫信息经济，有的叫智慧经济。这都是数字经济诞生的前夜，大家对经济变革、时代变革的一种预示、一种期待，山雨欲来。

为什么互联网经济、信息经济、新经济、智慧经济最终能够统一到数字经济的定义上来，是因为互联网经济、信息经济、新经济、智慧经济都是以计算机为基础的，计算机的基础逻辑就是以"0"和"1"两个数字为基础算法延伸出来的，是所有关于信息、知识、智慧、智能、互联网这些概念在计算机这个核心载体上最精练、最根本的表达。包括我们这两年最新的数字技术创新内容NFT、区块链、元宇宙、数字智能的进一步发展，都是源自"0"和"1"，不能因为出现了"区块链"就叫"区块链经济"，出现了"元宇宙"就叫"元宇宙经济"，数字智能快速发展，我们又叫成"智能经济"或者"智慧经济"，这是不合适的。

一种经济形态的形成是一个漫长的过程，不可能昨天是工业经济，今天就是数字经济。经济形态的进步和迭代是科技革命推动的，但并不是说每一次科技革命都会带来经济形态的变革和迭代。工业革命经历了四次，但是，从农业经济到工业经济也才经历了两种经济形态。农业经济是经历了上万年才形成完整的农业经济形态。工业经济形态从第一次工业革命、第二次工业革命到第三次工业革命不断进化、发展，并从第三次工业革命进入第四次工业革命，也已经经历了几百年历史。第四次工业革命，大家把它称为信息工业革命。如果全世界都把数字经济解读为新的经济形态，第四次工业革命就是工业经济时代最后的革命，再有什么革命性的形态就已经不是工业经济革命，而是数字经济形态下的革命了。

信息革命就是在整个经济活动中，信息经济要素在经济社会起到的作用越来越大，对经济的影响越来越深，在创造经济总量的过程中，它占的比重越来越大。它大到改变了原有经济形态的根本时，数字经济才能成为超越工业经济的新经济形态。

通信技术经过了1G、2G、3G、4G再到5G，计算机技术经过了大型机、小型机、桌面电脑、笔记本电脑、手机，互联网经过Web1.0、Web2.0、Web3.0与移动通信融合，再通过人工智能与数字智能技术创造出物联网、产业互联网、区块链、NFT、元宇宙这样一些技术形态商业组织和技术场景，形成综合性、系统性、协同性数字技术生态与农业经济、工业经济时代机械化、自动化、信息化的链接融合、交互，通过产品、企业、产业要素，在生产、流通、分配、消费环节上，展现了一种全新的经济形态，这种经济形态就是数字经济。正是因为这些数字技术构成的技术生态与现有的农业经济、工业经济的全要素深度融合，才诞生了和农业经济、工业经济从定义到概念、知识系统、理论系统、运行方式、生产方式、流通方式、分配方式、消费方式完全不一样的内容形态。这样就不是只从数字技术到经济形态单向地理解和定义数字经济了。"数字技术与实体经济的深度融合"是双向融合，一方面是数字技术颠覆、创新实体经济，出现数字技术主导的产品形态、企业形态、产业形态；另一方面是数字技术适应产品、企业、产业的需求，出现产品、企业、产业导向的产业数字化形态。小米公司、国联股份、深圳华强、海尔卡奥斯是前者案例；美的集团、徐工集团属于后者。

从这个角度去理解数字经济，可能有点复杂，我们为数字经济总结一个较简单的定义：综合性、系统性、协同性数字技术生态与现有农业经济、工业经济深度融合所产生的新的经济形态。这一兼具综合性、系统性、协同性的数字技术生态从计算机发明起到现在发展了70多年时间，它们对农业经济、工业经济的渗透和改变也是一个渐进过程，从最开始的社交、传媒、游戏、培训、教育到电子商务和服务贸易，后来逐渐渗透到产品级、企业级、产业级。而5G的诞生是一个临界点，产品数字化、企业数字化、产业数字化才是数字经济的方向和未来。

从这一角度理解，中国自2016年以来若干个关于"数字经济"定义的版本，都存在一个局限，就是技术管理或研究部门从数字技术角度和经济角度解读和定义"数字经济"。而既然国务院出台的《"十四五"数字经济发展规划》定义了"数字经济"是农业经济、工业经济的迭代，是独立于农业经济、工业经济的一种新的经济形态，我们的理论、学术部门就应该花大力气研究"数字经济"的知识系统、理论系统，必须从知识系统、理论系统领域研究农业经济、工业经济知识和理论，从而指导数字经济的实践。这也就意味着，今天所有关于工业经济的经济学知识和理论需要更新了，我们各大教育机构的经济学学科设置都需要更新。

四、三种经济形态的区别与联系

农业经济、工业经济、数字经济三者之间根本区别和联系的几个标志是：生产力、生产资料、生产关系、生产方式、经济空间之间的区别和联系。

农业经济时代的生产力主要是人力、畜力和自然力；生产资料主要是土地、种子、肥料、农具；生产关系主要是农民、地主、庄园主之间的关系以及与自然界的阳光、土地、空气、水利、森林、草原等资源的关系；经济空间主要是农村。由于生产力的高度分散，农业经济的生产、流通、分配、消费被相对分散的主体所分割，拥有土地这个最大生产资料的所有者成为农业生产行为的支配者。地主、庄园主成为财富集中拥有者。

工业经济时代的生产力主要是人力、机械；生产资料主要是土地、厂房、工业设备和工业原材料、资本、劳动力、科学技术等；生产关系主要是企业主与企业员工、资本拥有者之间的关系以及动力、技术、森林、矿产、石油、天然气、海洋、江河这些自然资源的关系；经济空间从乡村到城市。同时，虽然出现了农业经济和工业经济两种有本质区别的经济形态，但是，工业经济的出现并没有使农业经济消亡，农业经济在工业经济的赋能之下，效率大大提高，产出大大增加，成本大大降低，经济总量比重低于工业经济，二者形成相互依存、相互独立的关系。随着工业经济的发达，资本从生产资料中脱颖而出，成为配置生产资料和生产关系的核心要素，创造了资本主义制度。资本成为资本主义市场经济所有经济社会资源配置的核心力量。资本决定一切的力量发展到极致，造成了今天世界上的各种不公平、不平衡。

数字经济时代的主要生产力包含农业经济、工业经济生产力，同时增加了通信、信息基础设施与电脑、手机、软件、数字技术、智力服务、数字系统、数据等；主要生产资料除了农业经济、工业经济生产资料之外，增加了各种数据；生产关系包括农业经济、工业经济以及数字经济所有生产力和生产资料之间的关系；经济空间主要是数字空间和虚拟空间之间，以及物理空间与虚拟空间之间的链接、融合、重构。同样，数字经济形态的确立，也不会让农业经济、工业经济形态消亡，而是形成农业经济形态、工业经济形态相互之间的深度融合，让农业经济时代比工业经济时代的经济效率更高，经济质量更好，经济的技术含量更高，从而形成农业经济、工业经济、数字经济之间相互依存、相互作用、相互融合的关系。一句话就是，数字经济赋能传统农业经济和工业经济产生更高的效率。

数字经济的发展逐渐会改变资本在经济形态中的决定性配置力量，个性的崛起、分布式数字化生态和数字化链接逐渐会过渡到对整个社会资源的配置关系上，资本将让位于数据的价值链接、价值创造、价值分配。

当然，很多人会问，在5G产生之前的互联网，它和经济是什么关系？为什么不能称之为数字经济？比如说5G产生之前互联网的一些经济形式，不管是美国的亚马逊、谷歌、Mate，还是中国的腾讯、百度、阿里巴巴、京东、美团、拼多多，这些公司不能称为真正意义的数字经济时代的数字经济形态，原因就在于这个时代确实是通过公司组织行为，架构了一个互联网的组织形式，这个互联网的组织形式，仅仅体现了数字技术对经济的局部联系和渗透，所以不能称之为数字经济形态。

主要原因是：

第一，传递商品信息，是为了帮助销售商品，改变商品的贸易模式和原有的商业行为。比如说过去我们都是在商场购买商品，有了互联网以后，我们只要在互联网平台浏览商品信息，然后点击购买并付款，互联网平台会将我们购买的商品送到家里来。它改变了我们的消费习惯和方法，也改变了贸易方法，但是没有完全影响到科学技术、科学研究、产品的研发、产品的生产、产品制造方法、企业经营管理，所以我们把这些互联网称为消费互联网。

第二，5G时代，整个生产制造过程，从上游的原材料开始，包括原材料的生产、矿石的开采，都可以和数字技术联系在一起。每一件货物、每个物流的节点、每个仓库，哪怕是没有人的地方，哪怕只有一棵树、一辆运钞车或是一台挖掘机，都可以用数字终端链接起来，都会产生更大的数据，都有可能因为这些数据被数字智能技术所驱使，改变产品、技术、生产方式、产品和服务与消费者之间的关系。整个生产制造过程中数据量比 5G 产生以前的数据量要增加很多倍，这样的话就要有更好更巨量的存储空间，所以就需要更强大的云计算及更巨大的云存储量。

第三，5G 产生以前的互联网不需要云计算，没有海量的大数据。5G 产生之后，万物互联就需要发展云计算。有了云计算，需要通过大数据中心处理，从而促进大数据的处理和运算能力的提升。有了这样的能力，再通过智能技术，把处理出来的这些数据传输出去，形成一套决策系统，去指挥整个生产、整个物流、整个原材料的采购，链接更多的站点，这样就使得数字技术越来越复杂。数字技术越来越复杂，就对各个传统行业，包括消费、服务、生产制造、种养殖业等，带来更深刻的影响，彻底改变了原有的生产方式。

第四，有了云计算系统，感知、采集、存储、传输的数据更多，数据量越来越大，算法越来越丰富，这样又催生了一个新的行业——人工智能（AI）。

人工智能，也称为数字智能。计算机的出现，提高了运算速度，人们把计算机的运算速度和机械化、自动化结合起来，可以大大节省人的劳动，提高企业劳动效率，降低人工劳动强度，用于不适宜人工作的环境等。但是，到了数字经济时代，面对超大数据的出现，调研、决策、系统实施等，已经不是自然人的能力能做到的了。随之产生的数字智能，不是简单替代人的能力，而是超越人工智能的概念，成为新的技术，这项技术的核心是：数据、算力、算法。

早期人类需要人工智能吗？不需要。那时有算盘就够了，算盘就是算力，就是计算的生产力。人们设计了一行有七个珠子的算盘，然后拨动珠子，就可以比我们口算、心算算得更快、更准确，那就是算法。算盘就是最早的计算机。

现在的算法，随着数据越来越多，对算力要求更高，客观上就会促进算法更加进步，在算力、计算工具、数据、算法形成高度统一之后，我们就称其为数字智能。数字智能超越人的计算能力、人的认知能力、人的接受能力。

伴随数据量的增大，数字智能越来越强。随着计算机技术的发展，虽然说人工智能早在几十年前就诞生了，但是真正得到高速发展是从 2019 年开始的，就是从 5G 时代开始的。人工智能增强，就形成一种决策能力，当这种决策能力和产业里边的所有节点全部打通的时候，生产方式就被彻底改变了。我们的供应方式、生产方式、销售方式、消费方式已经发生的改变就不像早期的阿里巴巴、腾讯、百度这种消费互联网对销售习惯的改变，而是完全不一样的颠覆式的改变。

五、互联网形态的变革：从 Web1.0 到 Web3.0

从 Web1.0 到 Web3.0 是互联网的进化过程，也是综合性、系统性、协同性数字技术的进化过程。从互联网的角度可以理解为互联网技术与功能的迭代和进化，如果站在综合性、系统性、协同性数字技术与经济的融合角度来看，Web3.0 是数字经济推动的商业组织变革之一。这个进化过程不仅代表数字经济时代的生产力、生产关系的变化，也代表数字经济时代生产方式的变化和商业组织形式的变化。

我们完全可以把数字技术理解为一种商业组织关系，第一代互联网 Web1.0 只是发生在特定行业的组织关系的变革。公司组织利用资本创建互联网公司提供互联网服务产品获得利益，人们主要通过互联网作为媒介来传递知识和信息，是报纸、杂志、图书的数字化。

第二代互联网 Web2.0 带来了产品和服务的组织关系的变革。公司组织利用互联网技术的进步，给商品经营者创造了交易机会，在扩大了行业范畴、服务范畴之后，吸引了更多参与者进入互联网，创造了更多的贸易机会，参与人获得了消费的便利、买卖的便利，在更便捷的营销渠道有更多机构和个人赚到了钱。但是，公司拥有互联网平台所有权的本质没有变化，而新的市场和贸易渠道的变化，让传统的商业模式、利益结构、整个产业链遭到了巨大冲击乃至打击。

第三代互联网 Web3.0 带来更深层次组织关系的变革。一方面是数字技术、人工智能技术、物联网技术、大数据、云计算技术的综合协同能够更加深入地参与整个生产、流通、分配、消费环节，还将因为互联网组织的进化，实现公司组织与互联网组织多种功能的深度融合与叠加，形成整个经济系统的全面数字化、智能化，形成完整的数字经济体系。另一方面就是互联网组织在进化中更加满足人类社会更丰富的需求，公司组织资本结构被分散，少数股东控制互联网被大量分散股东控制互联网取代，传统互联网、区块链组成的互联网、公司组织叠加在一起，完全重构产业组织关系。尤其是在各种产业中，整个产业的全部要素都有可能被多重叠加的组织行为重构，产业链、供应链、价值链特性更加确定，价值更加公允、分配更加科学、生产更加精准。如果我们有很好的法律和监管，未来20年之内，数字经济将达到一个理想的高峰。

至此，通过前面的分析，基本可以说明数字经济已经成为一种经济形态，和农业经济、工业经济并列了。如果仅仅是这样，我们还是低估了数字经济作为一种经济形态的独立性。数字经济除了在生产、供应、分配、消费这些经济要素方面全面区别、独立于农业经济、工业经济之外，更重要的是拓展了我们对于认知空间的理解。如果说农业经济主要解决了人类的生存和繁衍问题，工业经济解决了在有形物理空间人类的发展问题，那么数字经济将拓展人类新的生存空间。

所以，如果让我对于数字经济为什么可以成为继农业经济、工业经济之后的经济形态做出回答，我认为数字经济是基于物理世界对于数字空间的拓展所带来的消除工业经济时代困惑的新经济形态。因为我们所认知的数字经济形态刚刚开始，我们不仅需要考虑如何创造一种理想的数字经济形态，去解决工业经济时代带给我们的人口、资源、环境、战争、疾病、政治、宗教、意识形态等诸多困惑，也需要解决我们即将面对的数字经济形态带来的新问题，包括数字经济与工业经济的过渡、数字空间的经济社会文化秩序、伦理、价值观、生命的全新理解与全新的秩序规范、外太空空间、微空间等。

第三节　积极定调中国数字经济
——确定数字经济形态迭代

习近平总书记 2021 年 10 月 18 日主持中共中央政治局第三十四次集体学习时的讲话指出：

"数字经济发展速度之快、辐射范围之广、影响程度之深前所未有，正在成为重组全球要素资源、重塑全球经济结构、改变全球竞争格局的关键力量……要站在统筹中华民族伟大复兴战略全局和世界百年未有之大变局的高度，统筹国内国际两个大局、发展安全两件大事，充分发挥海量数据和丰富应用场景优势，促进数字技术和实体经济深度融合，赋能传统产业转型升级，催生新产业新业态新模式，不断做强做优做大我国数字经济。"

习近平总书记的讲话精神到底表达了什么样的意思呢？我认为核心逻辑就是：我们错过了农业经济形态向工业经济形态的迭代，我们有机会通过工业经济向数字经济迭代的历史机遇实现中华民族伟大复兴。

1. 关系中华民族伟大复兴

习近平总书记提出要站在"统筹中华民族伟大复兴战略全局"来促进数字经济发展。这是强调数字经济的重要性，经历了百年屈辱史的中华民族目前是最接近实现中华民族伟大复兴这一目标的，把数字经济的重要性和中华民族伟大复兴联系起来，就是把数字经济的重要性放到了前所未有的高度，也可以理解为数字经济是实现中华民族伟大复兴的经济战略。

在第二次全球化浪潮推动之下，中国借助第二次全球化，发展成为世界第二大经济体，在还没有完成工业化、信息化成为发达国家，实现民族伟大复兴的情况下，受到了来自美国等西方国家的阻挠，第二次全球化经济、政治秩序遭遇逆向冲击，中国工业化进程受到阻碍，数字经济有机会让中华民族跨越工业革命，走向数字经济时代，实现伟大复兴。

由于工业经济的本质是资本驱动的全球化经济秩序，这个秩序的深层次逻辑是资本主义制度，中国改革开放 40 多年 "摸着石头过河" 引进了资本驱动的市场经济，而中国又不可能全面接受资本主义制度，导致公有制主导的社会主义和资本主导的市场经济存在越来越严重的、难以调和的冲突，我们很难在工业经济形态下重构全球经济秩序，难以参与工业经济形态的全球化规则制定。而数字经济作为一种新的经济形态，超越工业经济的深刻内涵，就是数字经济形态比工业经济更加公平，更加有效率，更加符合人类公共价值观。因而我们有机会掌握数字经济驱动全球化的主动权。所以，数字经济形态关系中华民族的伟大复兴。

2. 关系世界百年未有之大变局

关于世界百年未有之大变局有几种理解，对于中国来讲，百年未有之大变局具有特殊的意义。

早在 1872 年，李鸿章在《筹议制造轮船未可裁撤折》中说："臣窃惟欧洲诸国，百十年来，由印度而南洋，由南洋而中国，闯入边界腹地，凡前史所未载，亘古所未通，无不款关而求互市。我皇上如天之度，概与立约通商，以牢笼之，合地球东西南朔九万里之遥，胥聚于中国，此三千余年一大变局也。"1874 年，李鸿章因台湾事变在《筹议海防折》中再次提及："历代备边多在西北，其强弱之势、主客之形，皆适相埒，且犹有中外界限。今则东南海疆万余里，各国通商传教，来往自如，麇集京师及各省腹地，阳托和好之名，阴怀吞噬之计，一国生事，诸国构煽，实为数千年来未有之变局。"李鸿章两次提到了 "大变局"，到底当时发生了什么样的 "大变局"，李鸿章所谓的 "三千余年一大变局" "数千年来未有之变局" 是指什么呢？

数千年来未有之大变局其实就是清王朝由于闭关锁国，错过了工业革命和大航海时代，思维仍然停留在大陆权时代的争霸阶段，没有意识到海权时代已经来临，从而忽视了海权及航海技术、火器技术的发展，导致了一场国家悲剧。这场悲剧让中华民族从此退出了世界第一强国的地位，一百多年积弱积贫。

中华民族历经沧桑之后，建立了新中国，重新站立起来，渐渐富了起来，目前正走在强大起来的道路上。世界因为中国的强大，正在重新构建经济政治秩序，这个新秩序和百年前的那个大变局十分相似。

一百多年前，第二次工业革命带来的科技革命让美国、德国、日本的综合实力相继超过当时世界最强大的大英帝国，世界经济实力的版图变化制造了世界经济政治力量的不平衡，世界经济政治秩序形成了第一次全球化浪潮与第二次全球化浪潮的交替局面。在经济竞争中此消彼长的关系最后引发两次世界大战，伴以西班牙流感、世界经济大萧条、几千万人生命的代价重建了第二次世界大战之后的经济政治秩序，形成了以美国为核心的由资本驱动的第二次全球化浪潮。

一百多年后，中国经济通过改革开放40多年的高速增长，发展成为世界第二大经济体，中国经济如果正常健康发展，极有可能在较短的时间之内超过世界最强大的美国，再次出现世界经济力量的不平衡，导致全球经济和政治秩序的重构。由于中国在民族、文化、历史、语言、生活方式、宗教、政治制度、意识形态等很多方面与发达国家完全不一样，发达国家很难想象中国再次成为世界第一经济强国之后，带给它们的是什么，在这样一个百年未有之大变局再次来临之际，数字经济也成为习近平总书记提出需要统筹的全局。尤其是这次大变局与百年前的变局非常相似，同样有因为数字科技带来的数字经济革命，同样出现了世界经济政治秩序的重构，同样暴发了全球流行的新冠肺炎疫情，同样不可避免地爆发了具有世界战争性质的俄乌战争。

数字经济不是简单的经济活动，也不止出现在中国，全世界都在发展数字经济，如果中国在数字经济领域落后、停滞或者出现错误的话，就很难融入全球数字经济的一盘棋。我本人也在2021年出版了《数字经济驱动的全球化》，在全球范围首次提出，第三次全球化将是数字经济驱动的全球化，中国有机会利用在数字经济领域的优势发展成为世界经济强国，成为数字经济驱动的世界领导者。

3. 关系国内国际

和以往任何时候的经济形态都不一样的是，数字经济由于数字技术和网络载体的原因，很容易跨越物理世界地埋、疆域、海洋、沙漠的限制，形成全球的泛在链接，交互着每时每刻的全球数据，构建数字化的全球空间，辐射全球任意地理死角。数字经济将是全球化程度最高的经济形态。所以，中国发展数字经济不仅要有国内视野，还必须要有全球视野。不管是数字产业化和产业数字化，还是资产数字化，必须使国内和全球共下"一盘棋"。同样，当我们在布局中国的数字产业化、产业数字化、资产数字化战略的时候，也一定要看到全球的资产数字化动向，这个动向与中国的数字经济战略是什么关系，我们必须统筹考虑。

比如，中国已经提出建立全国统一大市场，如果我们通过先进网络技术创建数字化的统一大市场，打破工业经济时代的物理空间、地域空间、行政关系的樊篱，就可以创建全球最大的、涵盖所有中小微企业和产业的数字化统一大市场平台，这在中国以外任何一个国家都不可能实现。

4. 关系发展和安全

数字经济首先是一种新的经济形态，发展数字经济也是为了延续中国经济的高速发展，是中国经济发展的新手段、新方式。数字经济本身就有机会给我们带来新的发展机遇，还会让中国传统经济的存量得到提升。

从安全上讲，数字经济的发展所产生的大数据是国家经济的战略资源，经济的全球化也意味着各种经济数据的流动超出监管范围，超出国家范围，超出行业范围，数据安全本身就成为国家安全的重要组成部分。同时，数字经济的发展还关系到国家机密，关系到金融支付和结算，关系到数字技术和数据资源的垄断给国家带来的安全问题。所以，数字经济发展必须和安全紧密联系，必须在安全的前提下发展，如果只强调发展而忽略了安全，就会给经济社会造成巨大的损失。

以这次俄乌战争为例，俄罗斯对乌克兰"特别军事行动"刚刚开始，美国就联合几乎所有发达国家开展对俄罗斯的各种制裁，其中一个很重要的内容就是切断俄罗斯银行与环球银行金融电信协会（SWIFT）的联系，这是全球最强大的数字金融支付结算系统，这是欧美对于俄罗斯金融所采取的最强硬的制裁措施。这就涉及一个国家金融命脉的数字安全问题。

5. 关系数字技术与实体经济深度融合

数字技术与实体经济深度融合是数字经济发展的重点，尤其是中国发展数字经济的关键。

中国在全球经济结构中，主要依靠实体经济的大体量、完整的体系和配套设施，形成了全球最大的制造能力，实体经济是中国经济崛起之本。数字经济发展由于数字产业化以及数字技术网络化特征，很难通过网络的力量形成对市场消费者的流量垄断。目前中国的网络流量主要依附在微信、拼多多、京东、美团、阿里巴巴、百度、抖音、短视频这样一些平台上，这些数字技术平台主要是与产品品牌、产品销售、各种服务、传播媒体、游戏娱乐等领域形成了消费互联网与消费者的关系。实体经济，尤其是各种生产制造企业和产业，其与数字技术的融合还处在初级阶段，长此以往，消费互联网与实体经济严重脱节，中国实体经济有出现整体崩溃的危险。

推进实体经济与数字技术的深度融合，让数字技术和数字产业化的能力深度融入实体经济中，数字技术才会拥有更加丰富的应用场景，实体经济才有机会在数字技术赋能之下获得发展。否则，中国就容易坠入产业空心化境地，成为发达国家先进科技的"奴隶"。

6. 关系赋能传统产业转型升级

前面的所有内容其实都是给这方面做铺垫的，海量数据也好，丰富的应用场景也好，数字技术与实体经济的深度融合都是为了给传统产业数字化转型升级赋能。

传统产业数字化转型升级也就是产业数字化，产业数字化包括91个行业大类、431个行业中类和1256个行业小类的全面数字化。所有行业的数字化又包含了产品的数字化、企业所有要素的数字化和行业（产业）数字化。产业数字化的内容又包含通过数字化传递数据、传达指令、驱动行为、支付结算、改变流程、改变供求关系、改变商业组织、确定价值、确定信用、创造消费、重构产业生态、改变生产关系等等。

中国拥有联合国产业分类中的所有工业门类，是工业体系最齐备的国家，这是中国经济的立足之本，通过数字化实现所有行业数字化转型升级必然会使中国经济整体提升，这是实现中华民族伟大复兴的根本保证。同时，所有产业的数字化会给数字产业化创造极大的需求，创造数字产业化的生存空间，同样会推进中国数字科技的发展，使中国成为全球数字技术最先进的国家。数字产业化和产业数字化的相互促进就会创造全球最大的资产数字化空间，创造巨大的资产数字化规模，实现资产数字化的信用机制和对价机制，创造巨大的资产数字化交易平台。这个时候中国的数字货币将会在安全、可靠的基础上全面应用，形成以巨大的数字资产为基础的数字货币和数字金融体系。

通过几年的研究学习，结合我从产业到资本市场再到全球并购的30多年工作经验以及对全球化的深刻理解，我得出这样一个认识：今天中国的一大幸运就是深刻认识到了数字经济的重要性以及对数字经济相对工业经济迭代的宏观把握。

从改革开放到今天，中国用40多年时间追赶工业化进程，虽然用40多年走过别人几百年的工业化进程速度过快，但是，中国此刻的状态就是在尚未实现工业化的状态下，跨越性地进入后工业社会的数字经济形态，进入数字文明和数字社会。所以，中国一方面需要从上到下系统理解、学习数字技术逻辑和原理，创建经济系统理论和知识，统一数字经济发展步骤和方法；另一方面还要逐渐补足工业化的课程，弥合从工业化到数字化的鸿沟。从我的理解和观察来看，目前存在几大问题：

第一，中央对于数字经济的高屋建瓴和国家战略安排，国务院《"十四五"数字经济发展规划》在各部门、各地方如何具体实施。

第二，工业化到数字化的技术鸿沟、产业鸿沟、人才鸿沟如何在实施过程中得以弥合。

第三，从工业化到数字化的跨越需要系统、科学的解决方案，不能再用发展工业经济的思维发展数字经济。

第四，目前中国对数字经济的理解偏向于两端，一端是数字技术的终端场景应用和硬件产品，另一端主要是从数字技术的方向解读数字经济，而专家学者对数字技术的专业性、协同性、系统性、复杂性、综合性、生态性研究不深，会妨碍中国数字经济质量的整体提升。数字技术赋能传统产业转型升级决定了数字经济发展从产品到企业再到产业的融合方向。

第二章

美国的数字经济
——不一样的内在逻辑

前面一章，主要表述了中国数字经济的定义和中国发展数字经济的重点。这里面有两个非常重要的特点：

第一，中国发展数字经济的重点是充分利用数字技术下的海量数据和丰富的应用场景与实体经济深度融合，赋能传统产业转型升级。

第二，中国作为一个发展中国家，是在尚未实现工业化和现代化，尚未达到英国、法国、德国、意大利、日本、美国等发达国家的工业化、现代化水平的情况下进入数字经济时代的。

按照这两个特点，中国发展数字经济的方式、战略和发达国家是不一样的。

不得不说，今天的全球关系已经进入让人非常焦虑的状态。首先是经济，目前全球经济都在从传统经济形态向数字经济转型，同时遭遇新冠肺炎疫情的冲击而陷入困境，增长乏力；其次是政治，中国的崛起以及完全不一样的国家发展模式触动了以美国为首的发达国家利益，经济利益的冲突上升为政治、意识形态的对立。

中美关系几乎决定着全球经济政治关系的走向，中美之间的合作更多是在传统产业刚性需求方面的合作，竞争是在科技、数字经济、军事力量之间的竞争。数字经济领域的竞争将在中美之间以及经济全球化的力量角逐中，起到关键作用。

虽然中国在数字经济领域的发展和转型如火如荼，但是毕竟处在转型升级的初期，相当于处在转型升级的阵痛阶段，传统实体经济相对过剩，疫情导致通缩压力增大，数字化转型还在大基建的投入期，而美国挑起的对于中国的遏制战略，也给中国经济发展带来不小的困难。那么转换期、转折期的美国数字经济是什么样的呢？

研究、讨论中国的数字经济一定要研究、理解美国发展数字经济的方式和逻辑。我们过去习惯于把中国经济的任何内容都和美国对比，也习惯于不断从美国借鉴各种最新的技术与方法，包括今天的互联网、区块链、元宇宙等，但是，关于数字经济的国家战略和应用方式，则需要走我们自己的道路。

第一节 数字经济的源头——美国数字经济发展进程

一、美国的经济结构

美国是全球第一大经济体，人口只有中国人口总数的零头，但经济总量比中国要大很多，直到今天，中国的 GDP 也只有美国 GDP 的 70% 左右。美国成为世界第一经济强国、军事强国、科技强国已经超过 120 年。能够让美国这么长时间保持世界第一地位的原因，除了优越的自然地理、经济地理优势之外，还有其自由资本主义经济制度和政治制度。

从经济制度来看，美国主要是通过创建全球最大的资本市场、用美元结算的全球货币体系与金融体系经济全球化秩序而形成美国的经济结构。

美国有超过 20 万亿美元的 GDP，接近全球经济总量的四分之一。在美国经济结构中，第一产业仅占到 0.8% 左右的比重；第二产业占 18% 左右，其中制造业仅为 11% 左右；第三产业高达 80% 以上，达到 16 万亿美元，整个中国的 GDP 仅相当于美国第三产业的体量。

为什么美国会形成这样的经济结构呢？原因如下：

第一，美国在第二次全球化浪潮时期，利用第二次世界大战结束时全球供给严重不足的经济恢复期对经济的刺激，迎来了国内经济的高速增长，创造了全球经济最大的增长存量。

第二，在全球产业链、供应链、价值链的市场规律驱动下，全球曾经最强大的美国制造技术、制造能力和制造业成本居高不下，利润严重下降，使得美国的制造业产业链逐渐转移到东南亚和中国，尤其是 21 世纪开始，中国加入 WTO，中国土地、劳动力、开放政策的红利和低关税、中美合作的蜜月期对美国经济结构的转变起到了推波助澜的作用。

第三，到20世纪末，高科技、资本市场的活跃加速了美国经济结构的转型。美国的产业主要由高科技、服务业和金融业构成，第三产业在GDP中的比重占到了81.5%，第一、第二产业之和只有18.5%。在这样的产业结构之下，传统产业数字化在美国没有规模优势，也不可能成为美国数字经济发展的支柱。美国的数字经济产业结构将主要表现为数字产业化、服务业产业数字化以及资产、金融产业数字化。比如，美国的IBM公司，过去叫国际商用机器公司，从事各种商用机器设备的设计、制造和销售，而目前，这个百年老店已经成为全球最大的信息技术和数字技术业务解决方案综合供应商，生产制造企业成为服务贸易企业。

数字经济已经得到全球共识，美国也在全面推进数字经济。美国商务部早早就对数字经济下了定义："数字经济是一种以信息技术生产行为为基础的经济，该经济中充满了影响着经济方方面面的、数字化的技术变革。基于信息技术的数字经济相比以往的经济有更高的长期生产率和总增长率。"

从美国的这个定义来看，美国是没有把数字经济定义为"继农业经济、工业经济之后的主要经济形态"的，而是把数字经济理解为"更高的长期生产率和总增长率"。

二、美国的数字技术产业

国际上通常把数字经济划分为三个方面的产业：计算机、电子、光学产品制造业；电信业；IT及信息服务业。2015年美国这三个产业产值分别是9697.90亿美元、10947.73亿美元、11935.66亿美元。2015年，美国IT及信息服务业产值为3741.66亿美元；电信业产值为2700多亿美元；计算机、电子光学产品制造业的产值为1500亿美元。除了计算机及光学产品生产制造，其他领域都远远领先于世界。

无论从哪个方面来说，美国都是数字经济的鼻祖，构成数字经济的主要技术基础以及全球最大的数字科技企业都来自美国。

在数字技术层面，首先是通信技术（CT）的进步。早期在通信技术领域，从有线通信到无线通信再到卫星通信，美国都是全球领先的，AT＆T、摩托罗拉等企业曾经都是行业先驱。

美国在通信信息技术的基础硬科技方面是全球领先的，比如它拥有最好的芯片设计制造商、芯片设备生产商和芯片应用材料公司。

美国在信息技术（IT）领域也是全球领先的。互联网是美国发明的，全球主要的互联网根服务器也在美国。微软公司在信息技术操作系统方面独霸全球，目前又成为全球最大的云计算服务企业。美国的谷歌公司是全球最大的搜索引擎、数字智能、操作系统企业之一；甲骨文是全球最大的软件服务公司之一；亚马逊是全球最大的电子商务应用平台企业；Mate是全球最大的社交网络平台。

所以从这个角度来说，美国在数字经济领域拥有着天然的优势。

在计算机、光学、电子这些数字产业化硬科技领域，中国还只有美国60%-70%的规模，但是，中国的增长速度明显快于美国。

由于产业结构的原因，美国在数字产业化领域的服务贸易，尤其是计算机和网络服务业数字产业化的优势明显。

三、美国的产业数字化

产业数字化是美国的短板，原因是美国经济结构的问题。美国把大量制造业移出美国市场，其产业数字化除了文化、娱乐、游戏、社交、消费、传媒、金融、现代服务这些领域之外，严重缺乏实体经济产业的支撑。在实体经济产业数字化领域，除了特斯拉一骑绝尘之外，目前在世界各地看不到美国产业数字化的亮点。

比如美国通用电气公司（GE），在传统经济时代，通用电气公司曾经是全球工业制造企业的典范，是战略投资、产业整合、战略管理的代表，也是传统企业价值投资最成功的企业。

早在2013年，当工业经济部门还在讨论信息化、数字化何去何从的时候，通用电气公司就在全球率先推出了世界第一个工业互联网Predix，掀起了全球工业互联网浪潮。但是，近十年来，工业互联网的发展并没有达到通用电气公司的预期，时至今日，市场上也没有把通用电气公司定义为一个产业数字化企业，资本市场的市值也仅在1000亿美元左右，相比较美国万亿美元市值的那些新兴数字科技公司，还是十分不理想。

而同样是产业数字化企业，来自原生企业的特斯拉完全是用数字化思维和方法创建的，是美国产业数字化的成功范例，市值几乎是通用电气公司这个资深企业贵族的10倍。

为什么通用电气公司的产业数字化没能在数字经济时代创造新的辉煌呢？

我觉得有这样几个原因：

第一，世界经济已经进入数字化时代，世界的人才、资本、资源、技术向数字世界、数字经济领域集聚。传统产业领域世界级龙头企业的时代已经结束。

第二，作为传统产业，通用电气公司的数字化转型绝对是一个企业数字化、产业数字化的新方向。但是，由于通用电气公司自身传统产业重资产的比例太大，原有的资本结构、企业组织、公司治理、产业链、供应链、商业模式、盈利模式、人力资源结构、业务流程、战略体系、经营决策体系难以通过企业数字化和产业数字化进行全面重构，数字技术组织体系和传统产业组织体系融合程度受到很大的限制，分配机制、利益机制也已经形成，产业数字化组织架构与企业组织架构存在融合难度。

第三，通用电气公司的Predix这个系统平台难以在通用电气公司体系外架构一套新的产业数字化系统，导致不能形成基于数字化经营现金流、客户关系、成本摊销等的新价值。企业产品不是针对个人消费者，没有产业数字化天然的优势，收入结构也不可能实现数字化收入占据主导地位这样的结果，企业估值就不可能按照数字化企业估值。

通用电气公司的问题，不仅存在于通用电气公司一家企业，美国的波音也好，强生也好，包括发达国家所有传统产业领域的翘楚都存在这样的问题。这个问题会导致西方发达国家在产业数字化时代机会到来的时候，反而没有变革图存的创新空间。包括德国工业4.0。要不然，美国的老牌汽车品牌福特、通用汽车、克莱斯勒都会走上产业数字化征程，就不会有特斯拉的空间了。

相比较而言，美国的沃尔玛可能会在产业数字化领域更有机会，它在过去通过信息化构建了强大的产业信息化基础，从信息化到数字化，沃尔玛会有更大的产业发展空间。

但是不管美国产业数字化怎么做，也对其经济起不到实际作用，美国采用各种方式想要重建美国制造业，吸引制造业回流也无济于事。如美国给沃尔玛这样的企业提供数千亿美元的支持，通过商业平台创建全球最大消费品产业链、供应链，并希望通过产业链、供应链金融招商，吸引全球供应链企业到美国投资创建制造企业，也难以达到重建美国制造业的目的。

在这一点上，我希望告诫整个中国产业数字化和数字产业化领域的机构以及各地方政府，过去我们有个惯性思维，就是不管哪个方面，都喜欢和美国进行比较，什么样的对比都会说"美国是怎么样的"，总是觉得美国的今天就是中国的明天。由于美国（包括所有发达国家）经历了工业机械化、自动化、信息化的完整过程，它们在整个实体经济领域就是循序渐进地进行数字化升级，提高整个企业的数字化、智能化水平。而中国几乎就是机械化、自动化、信息化在同步进行，产业整合还没有完成，如果也像西方那样，把产业数字化着眼点放在企业内，在数字化方面，没有深刻理解和分析东西方的差异，不懂得区分东西方不一样的企业数字化、产业数字化解决方案，我们就会错失借用产业数字化进行产业整合的机会。从工业经济形态来理解，美国已经把工业经济的红利吃到了极致，中国要想在工业经济形态下达到甚至超越美国确实难以想象。

所以，数字经济给中国带来了一片新的天空，在数字经济领域，美国的今天绝对不是中国的明天。

四、美国的资产数字化

这一领域是需要引起高度重视的地方，也可能是中美下一步竞争的焦点，关乎中国数字经济与美国数字经济竞争的本质。

2008 年中本聪发布《比特币：一种点对点的电子现金系统》，标志着电子货币和算法诞生，美国开启资产数字化元年。数字货币也从零开始，发展到了几万亿美元的规模，增长了数万倍。2019 年世界加密货币总市值只有 9000 亿美元，两年时间增长率达 200% 以上。

如果我们仅仅从数字货币的角度理解加密货币就大错特错了。虽然目前加密货币几乎没有商品资产或者实物资产做支撑，但每个加密货币交易所已经把拥有的数字货币配置于数字资产，逐渐让数字资产支持数字货币的价值，通过数字货币的收益给货币持有者带来变现资产收益，通过收益的提升来增加数字货币的发行数量，由此循环往复，形成闭环。

数字货币的加密特性，交易和资产的真实性形成的信用度可靠、真实和不可更改等特点，重建了去中心化的信用，虚拟数字货币就会变成具有真实投资交易意义的金融行为。

在虚拟数字货币领域，世界范围内影响最大的是"天秤币"。2019 年 6 月 18 日，Facebook（后更名为 Mate）发布加密货币"天秤币"（Libra），雄心勃勃的扎克伯格表示"天秤币"将由一个"独立、非营利机构"运营，该机构总部设在瑞士日内瓦，宣称其目标是募集 100 个参与成员，每个成员注入资金 1000 万美元作为"初始储备"，今后每当有人通过 Libra 系统将普通货币转换为"天秤币"时，Libra 储备金将"自动增加"，"天秤机构"将把储备金存入各国美元、英镑、欧元、日元等账户，以确保储备金的稳定，使"天秤币"不至于像现有加密货币那样高度不稳定。加盟"天秤机构"的包括一些传统金融企业和服务提供商，这意味着"天秤币"将在许多常规商业领域可以当作"真金白银"来花。

2021年3月11日，一幅数字艺术品在佳士得拍卖行拍出6900万美元的价格，创了数字艺术品单品拍卖价格的新高，在全球引起轰动，NFT迅速成为热点。NFT，英文全称为Non-Fungible Token，意思是非同质化代币或者非同质化通证，具有不可分割、不可替代、独一无二等特点。

NFT是相对于同质化代币而存在的概念。同质化代币，即FT（Fungible Token），是可以互相替代、可任意拆分的Token，例如你手中的一个比特币与我手中的一个比特币，本质上没有任何区别，这就是同质化代币；而NFT则是唯一的、不可拆分的，如加密猫、Token证券化的数字门票等。

由于独一无二的特性，NFT提供了一种标记原生数字资产所有权（即存在于数字世界，或发源于数字世界的资产）的方法，且该所有权存在于中心化服务或中心化数据库之外。例如，我们将游戏道具、数字艺术品、门票等通过区块链铸造成NFT，那么这些资产就具有了唯一性和不可复制性。NFT的出现给我们资产数字化提供了非常巨大的可交易空间，难以想象的数字资产将会迅速出现在世界各国的NFT交易平台上，如果海外发行的虚拟数字货币非同质化通证（NFT）共同创建实体资产和虚拟数字货币的交易，全球数字货币数量还会迅速增长。按照这样的发展速度，相信到2030年左右，在全球发行的数字货币估计会超过20万亿美元甚至30万亿美元。而按照中国目前GDP的增长比例，发展到2030年，一年的GDP也达不到30万亿美元的水平。

2021年3月，有一个概念在全球风靡起来，那就是元宇宙。

元宇宙（Metaverse）是整合了多种新技术而产生的新型虚实相融的互联网应用和社会形态，是利用科技手段进行链接与创造的与现实世界映射且交互的虚拟世界，是具备新型社会体系的数字生活空间。"元宇宙"一词诞生于1992年的科幻小说《雪崩》，小说描绘了一个庞大的虚拟现实世界，在这里，人们用数字化来控制世界，并相互竞争以提高自己的地位，即使现在看来，描述的还是超前的未来世界。关于"元宇宙"，比较认可的思想源头是美国数学家和计算机专家弗诺·文奇教授在1981年出版的小说《真名实姓》。2021年3月，被称为"元宇宙第一股"的罗布乐思（Roblox）正式在纽约证券交易所上市。5月，微软首席执行官萨蒂亚·纳德拉表示公司正在努力打造一个"企业元宇宙"。8月，英伟达宣布推出全球首个为元宇宙建立提供基础的模拟和协作平台；字节跳动斥巨资收购VR（虚拟现实）创业公司PICO。10月28日，美国社交媒体巨头Facebook宣布更名为Meta，来源于Metaverse（元宇宙）。11月，虚拟世界平台Decentraland公司发布消息，巴巴多斯将在元宇宙设立全球首个大使馆，暂定2022年1月启用《真名实姓》中创造性地构思的一个通过脑机接口进入并获得感官体验的虚拟世界。罗布乐思的上市更具有代表性，这个公司上市前估值仅50亿美元，上市之后，很快超过500亿美元。这虽然只是个案，但这是由华尔街投资银行利用华尔街资本市场的规则炮制出来的游戏，代表着美国主流资本市场的一个流行信号和趋势，因为美国资本市场汇聚着全世界的投资者，集中了全世界最好的公司以及最优秀的投资机构、投资者、投资银行家，操作的是来自全世界的资本。这里是科技、投资、市场的风向标。因此，一个公司上市，就在全球引发了元宇宙概念的流行，影响了全球对于元宇宙概念的投资，包括中国，迅速掀起了一股弥漫全国的元宇宙风潮，相继一大堆上市公司宣布与元宇宙相关。

所有这一切，共同指向活跃于美国且通过虚拟数字货币再创造虚拟的数字世界，指向通过NFT交易平台实现数字货币、虚拟世界与现实世界数字资产之间的交易体系。一个联通真实世界与数字世界"元宇宙"生活形态、社会形态的空间已经存在，由虚拟世界数字资产定价的数字货币，不仅种类会迅速增加，市值也会快速增加；同时还会为虚拟世界与真实世界之间的交易提供定价、支付和结算。

按照这样的逻辑，发展以资产数字化为核心驱动力的数字经济符合美国的经济结构，符合美国的科技水平，符合美国的价值观和其在全球的经济地位，有利于维护美国的全球霸主地位。首先，美国主要通过科技、金融、服务贸易、军事力量支撑其经济80%以上的需要。当然，美国用高科技赋能仅有的第一产业和制造业也很容易。其次，在硬科技和软科技领域，美国有完整的科研体系、生产制造和服务体系；在数字产业化领域，美国的规模也是全球第一的，它有能力解决资产数字化的所有技术问题。再次，美国在全球化中的地位和影响力也是最强大的，世界上所有国家几乎都是美国高科技以及美国文化体育产业的市场。所以，一旦美国大规模开发虚拟世界元宇宙场景，创建 Web3.0 这样的区块链技术组织，再加上自身强大的金融资本市场，美国是有向全世界销售自己的虚拟产品、数字加密资产的能力的。最后，在第二次全球化面临终结的时候，美国通过虚拟世界与实体世界相交的资产数字化更容易实现全球化，致使美国同样有领导全世界的能力。

第二节　现在决定未来——从比特币到元宇宙

一、数字资本主义

数字资本主义是比喻资本主义进入了信息时代，信息网络技术成为资本主义先进生产力的代表，并对整个资本主义的生产关系、生产方式和社会政治制度产生了重大的影响。因此，数字资本主义也就是信息时代的资本主义。

这个概念是 1999 年美国教授丹·席勒在《数字资本主义》一书提出的：在扩张性市场逻辑的影响下，因特网正在带动政治经济向所谓的数字资本主义转变。这本书的基本框架就是：人类社会已经从工业社会进入信息社会，生活方式和生产方式的变化导致经济形态发生变化，信息社会到来的时候，人们发现信息社会经济形态并没有改变资本主义的本质，甚至两极分化更加严重，所以，即使数字经济社会到来，也会诞生数字资本主义。这样的观点带有普遍性，是在大逻辑框架下的认识和解读。只要西方资本主义制度的本质没有变化，资本主义和数字经济的结合也不会改变资本主义的本质属性。但是，从产业资本主义到数字资本主义，除了像丹·席勒这样的宏观经济学教授所论述的观点以及法国青年经济学家托马斯·皮凯蒂所著的《21 世纪资本论》对数字经济时代资本主义有所解读外，鲜有其他研究。我们也必须看到，今天数字资本主义正从产业资本主义进入金融资本主义阶段，也许从 2021 年 12 月 8 日这一天起，我们需要重新认识数字资本主义。如果倒回去看，2008 年有可能是数字资本主义的元年。因为在这一年，美国次债危机所导致的产业资本主义信用破灭，给数字资本主义的诞生带来了希望。尽管今天美国金融资本市场的主流还是高盛、J.P. 摩根、贝莱德这样的传统金融机构，尽管芒格、巴菲特这两位价值投资模式和理论的创建者几乎每年都要把数字货币当成垃圾骂一遍，但是，就算在全世界主流金融家们的骂声中，比特币、以太坊以及各种数字货币依然扶摇直上，用 13 年时间完成了从零到数万亿美元的"数字资本主义"原始积累。

资产数字化通过区块链、DAO 共识机制下数字技术加组织这样的形态代表了数字资本主义的新生和未来。

二、数字资本主义生产方式

以数字资产、数字货币为代表的数字资本主义和产业资本主义已经区分出生产方式的巨大不同。

传统工业经济时代的资本主义核心是资本，以资本作为主要形式，拥有公司组织，以公司作为载体，创建全球性的产业链、供应链、价值链来实现工业经济和产业关系，创造出来的资本价值在资本市场变现、获利，同时拿到更多资本市场的资金，再继续投资，形成产业资本主义和金融结合的资本主义市场经济运行机制。很显然，传统工业经济时代已经被信息社会、数字经济形态渐渐取代了。我在《第三次全球化浪潮》一书中，通过对经济全球化的分析，非常清晰地做过呈现和分享。

数字资本主义的生产方式颠覆了传统经济时代的生产方式。数字资本主义主要通过算法生产出数字货币，然后创建达成共识的分布式社群，在加密技术的支持下，创建共识价值观，创建数字资产，在去中心化的共识机制下把生产和生活约定在这一加密互联网组织中。这样的社群组织完全独立，同时又与传统经济形态中的各种经济要素和组织建立融合关系。比特币形成比特币的数字资本主义生态，以太坊创建以太坊的数字资本主义生态。虽然看起来自由、民主可以创建基于共识的信用，可以加密、不可篡改，但是，从今天已经存在的所有数字资产和数字货币的结构来看，还是有钱人的游戏，还是社会精英的游戏，对于改造资本主义本质几乎没有实质性作用。但是，传统的以资本为中心的机制被抛弃了，以公司组织模式为载体的组织系统被抛弃了，产业链、供应链、价值链被区块链重构了。

如果传统工业经济时代生产方式形成了生产、流通、分配、消费的线性思维，那么数字资本主义的主要特点就是非线性思维。按照最新的元宇宙的创意，数字技术将创建一个与现实世界完全平行的数字世界。在这个数字世界里，可以开辟一个完全与现实世界不一样的数字世界，而且数字世界的创造速度非常快，不受物理空间的限制，可以无限想象；数字世界的想象空间也是无限的，比现实世界的空间大无数倍。现实世界的人和组织、机构完全可以脱离现实沉浸在数字世界里面，也可以把数字世界与现实世界通过各种方式联系起来。如果美国率先创建了元宇宙这样的数字世界，创建了数字世界的生产力、生产方式、生产关系，再反过来影响现实物理世界的生活方式和生产方式，毫无疑问，数字资本主义有可能实现对现实世界的一切生产方式和生活方式以及文明进程的影响。

比如，正在进行一场美式橄榄球比赛，我们可以开发和这场比赛完全同步的元宇宙赛场，你不用到现场，也不用看电视转播，通过元宇宙系统，戴上VR眼镜就能亲临现场般地观看这场比赛，沉浸式的体验有可能比现场的效果还好。但是，你必须买门票才有可能观看，而这场比赛的元宇宙是用区块链数字货币系统开发的，同时购买了版权，观众只能用数字货币才能观看，你可以用其他货币兑换成数字货币去购买门票，你在观看中还可以把虚拟场景和现实世界联通，这就是虚实相间的创新带给数字货币的巨大机会。可以想象的内容实在太多，如果把这些机会都开发出来，通过数字资产、数字金融创造出来的数字资本主义交易体系还会远吗？

三、数字资产定价全球

19 世纪 90 年代，就是一个传统封闭的区域化经济时代，国家的货币也不需要自由兑换，就像今天的朝鲜一样，可以不用关心美国到底用什么样的经济制度。当年美国著名投资人本杰明·格雷厄姆第一个提出了"商品储备货币"的货币发行定价模式，也就是通过实体资产的价格和价值来确定货币资产的价格和价值。这个观点基本确定了 20 世纪的美元定价规则，也就是全球货币的定价规则。

如果按照数字货币的定价规则，再把元宇宙这样一个数字世界的创意结合起来，传统资本主义的定价规则将会被数字资本主义的定价规则彻底颠覆。

如果创建了元宇宙和巨大的数字世界，然后再创建巨大的数字资产，生成巨大的数字货币市值，当数字世界和现实世界互联互通的时候，现实世界主要依托商品和现实资产作为定价体系的货币必然受到数字货币的影响。能不能进行对价，能不能进行兑换，是一个非常棘手但又不可能不面对的问题。同时，数字世界和现实世界的一个巨大区别是：现实世界的资产分布在全世界不同地方，分属于不同的国度、不同的司法系统，有不一样的地理距离。而数字世界不受物理、地理、时空限制，数字世界的任何场景可以到达世界的任何地方，而世界的任何地方可以进入数字世界的任何场景，同样也意味着数字世界的任何场景可以在任何时间与世界任何地方实现互联。数字资产定价的数字货币可以在世界任何地方和任何法定主权货币产生链接、交换和对价。

越是有钱的地方，越是强大的国家，越是数字科技发达的地方，越是有人才精英的地方，将拥有越强大的数字资产和数字货币的话语权。

第三节　全世界的数字"智商税"
——美国数字经济前景预测

一、虚拟世界挤压现实世界

我不知道2021年12月8日美国国会听证会的结果，但事实上，美国的这种创新已经开始了。虽然目前主要的数字资产还停留在数字艺术品的NFT交易以及数字场景的交易上，但是，生产经营活动的商业行为以及生活方式中的商业行为场景也会越来越多进入数字资产的交易空间。

比较有典型意义的就是扎克伯格创办的Facebook，他将自己的公司改名为"元宇宙公司"（Meta），我也相信他修改公司名称绝不是为了炒作，也不是因为互联网平台公司总是需要各种概念来"刷存在感"。他是一个旧秩序的挑战者。他发起创建的"天秤币"数字货币生态是基于Facebook平台上有来自世界各地的数十亿用户，他拥有制作VR/AR眼镜的公司，发起创建元宇宙，不仅可以出售元宇宙终端产品，还能做很多事情——他已经开始打造数字化元宇宙办公空间，他还可以创建更多元宇宙数字空间，然后让客户戴上自己旗下企业生产研发的VR/AR眼镜进入这些空间，展开在数字世界的所有商业行为，然后用"天秤币"支付结算。

如此下去，扎克伯格不就成为这个世界的统治者了吗？全世界几十亿人都会向扎克伯格缴纳数字"智商税"吗？

这绝不是危言耸听。美国罗布乐思公司发布元宇宙招股说明书引发了全世界的元宇宙热，2021年"元宇宙"已经成为中国年度热词。我原本以为，按照中国很多数字技术和数字经济专家的说法，中国的5G已经实现了在通信领域从跟随、模仿、同步到超越的转变。其实，这番话还是说早了。美国的一个上市公司在招股说明书上写了元宇宙这样一个概念，就引发了整个中国的强烈追捧，可能全美国知道元宇宙的还没有中国知道的人多，一方面我们看到了差距，另一方面说明我们要么是不自信，要么就是虚幻的繁荣。

数字经济时代才刚刚开始，未来还会出现各种各样的技术、机制、模式、组织，都很正常。就像前几年诞生区块链技术一样，在很多技术不成熟，很多机制和组织也不成熟的时候，区块链应用场景还存在很多局限，但是身边很多人就蜂拥而上。区块链炒作热点降温之后，元宇宙热点又来了，很多人身上的区块链热度还没有降温，马上就又把它抛弃了，追上了元宇宙。如果哪天元宇宙热度被一个新的技术超越的时候，估计最先抛弃元宇宙的还是他们。

二、虚拟世界定价现实世界

我这几年研究学习数字技术和数字经济的时候，也关注和理解了一个和元宇宙相对相近的词，就是"数字孪生"。数字孪生就是运用数字技术把现实中的物体完全或不完全地投射出数字物体来，这个数字物体是这个现实物体的精准反射，是这个物体的数字化表达。

数字孪生使用数字语言构建一个仿生的、来自真实世界的数字世界或者数字物体，而元宇宙却不受现实世界的约束，可以凭空想象出虚拟数字世界，然后用数字技术通过虚拟现实技术、增强现实技术和混合现实技术创建出来。创建出来的数字世界元宇宙可以在现实世界中存在，可以不存在，也可以曾经存在。

我觉得对元宇宙最简单的理解就是"做梦"，每个人都会做梦，每个人都可以活在梦里的场景中，这个场景可能是真的，也可能是各种场景的组合，你自己就沉浸在这个场景里面。然而，一旦梦醒，这个场景就不复存在了，你再想要进入这个场景也造不出来了。其实，这就是元宇宙，只不过元宇宙的伟大就在于你可以用数字技术把所有梦想造出来，自己可以成为元宇宙场景里面的任意角色，可以把元宇宙和现实世界联通。关键是只要互联网存在，你的梦想永远存在，哪怕你的生物寿命已经结束，但是你的数字生命可以永续。

美国掀起的这股元宇宙以及区块链技术、数字资产、数字货币、Web3.0、DAO、NFT 概念热潮，代表着数字资本主义重构数字经济的一种综合技术与组织形态，是美国数字经济发展的新动向。现实世界与数字世界相互链接、相互关联的数字经济形态在全球范围的竞争刚刚开始。

美国是一个完全的市场经济国家，它非常清楚和中国之间竞争的关键点和焦点在什么地方。美国以及美国的同盟国家重点打击中国 5G 技术，在所有涉及 5G 技术领域的芯片技术、芯片制造设备、各种基础软件、人工智能、数字技术方面的优秀人才都会是中美竞争的焦点，中美战略竞争的核心领域一定是数字经济，而且重点是核心数字技术。

美国发展数字经济的主要优势一方面是强大的硬科技，另一方面就是资产数字化。虽然美国主流金融机构、金融监管机构或者美国政府还没有提出全面的数字经济战略，但一旦美国国会立法或者修改相关法规，把资产数字化制定为美国的国家战略，就需要中国高度重视。

对于美国这么一个竞争对手，我们需要非常客观、理性地分析和对待。美国的自然资源与得天独厚的地理优势在全世界是独一无二的；美国总结吸收人类文明发展进程的各种经济政治制度而设计创造的经济政治和法律制度是非常先进的；美国在全球科技、人才、教育、金融等各方面的领先优势，也是不容忽视的；还有一点非常重要，就是美国的全球化能力，不能简单把美国理解为美国的本土、美国的人口以及美国的 GDP，美国是全球化的美国，美国是世界的美国。中美之间的比较一定不能简单地从中美经济、中美资源、中美科技、中美教育、中美人口、中美金融这些方面进行，美国并没有一天天堕落下去，美国在全球的号召力、领导力、资源动员能力也是中国不能简单对比的。

我们以埃隆·马斯克为例。他投资创建的特斯拉已经成为全球最大的智能网联汽车企业，这是一个巨大的数字化、智能化技术集成终端，也是一个私域流量的巨大接口。同时，他投资建设了星链卫星通信基础设施和系统（SpaceX），可以直接建立数字智能终端与系统的链接。

中美之间的竞争是根本性的，世界第一之争决定了这个世界不可能存在全球化领导地位的共治模式。数字经济带来的发展方式和数字文明能否重构未来世界的新秩序，确实充满了太多不确定。

第三章

产业数字化
——中国数字经济之路

我们在前面梳理了数字经济形态的形成和定义，以及数字经济与农业经济、工业经济的联系和区别，那么数字经济包含的内容是什么呢？在 2021 年发布的《中华人民共和国国民经济和社会发展第十四个五年规划和 2035 年远景目标纲要》中，不仅定义了数字经济的概念，也定义了数字经济的内容，包括数字产业化和产业数字化两个内容，而且最终将数字经济定义为与农业经济、工业经济并列的经济形态。国家统计局也将数字产业化和产业数字化这两个内容列入国家行业划分类目。

作为一个专业人士，尤其是花了数年时间系统学习和研究数字经济的专业人士来说，我对中国数字经济的发展既感到高兴，同时也感到焦虑。焦虑的是数字经济一旦启动，在中国这么一个动员能力、学习能力极强的国家，将会举国上下齐动员，大家都会闻风而动。但是，由于出发点不同、视角不同、价值观不同、整体和局部利益不同、职能不同，也很有可能因为盲目或者急功近利，不尊重科学和规律，导致出现各种错误，造成经济损失，事倍功半。所以，我们不仅要重新定义数字经济，还需要准确定义数字经济包含的内容，不然人们还是会无所适从。

基于中美两国不一样的国情、经济结构和现代化程度、数字经济战略，在关乎中华民族伟大复兴的数字经济战略竞争中，如何保持自己的定力，选择正确的数字经济战略至关重要。习近平总书记 2021 年 10 月 18 日关于数字经济的讲话非常耐人寻味，发展中国的数字经济重心在于：数字技术和实体经济的深度融合赋能传统产业转型升级。这句话倒过来的意思就是产业数字化。

所以，中国数字经济最重要的工作是找到发展产业数字化最科学、最有效的方法。

国内最早提出数字经济内容的官方智库机构——中国信息通信研究院在 2021 年之前对数字经济的定义，一直都是"**数字产业化、产业数字化、数字**

化治理"三方面内容。到了 2021 年的《中国数字经济发展白皮书》，增加了一个"数据价值化"。中国另一个官方机构国家发展改革委对于数字经济内容的定义只有"数字产业化""产业数字化"两方面，而且在 2021 年全国人大通过的《中华人民共和国国民经济和社会发展第十四个五年规划和 2035 年远景目标纲要》里，也是只有"数字产业化和产业数字化"。

我个人认为数字经济的内容应该是三方面：数字产业化、产业数字化、资产数字化。

第一节　大基建、大数据、大投入——数字产业化

一、数字产业化

尽管今天已经有若干个对于数字经济的定义，但其实很难对数字经济给予一个公认的定义。定义农业经济、工业经济很容易，但是今天的所有定义都难以满足定义数字经济的要求。我们可以非常务实地引用著名经济学家朱嘉明先生说过的一句话：人类经济活动的所有内容都可以被数字化。

数字经济就像硬币的两面，一面是经济，一面是数字。经济就是我们今天和未来的所有经济活动，数字包括构成数字系统的所有硬件和软件。

《数字经济分类》从"数字产业化"和"产业数字化"两个方面，确定了数字经济的基本范围，将其分为数字产品制造业、数字产品服务业、数字技术应用业、数字要素驱动业、数字化效率提升业五大类。

其中，前四大类为数字产业化部分，为产业数字化发展提供数字技术、产品、服务、基础设施和解决方案，以及完全依赖于数字技术、数据要素的各类经济活动，对应于《国民经济行业分类》中的 26 个大类，68 个中类，126 个小类——是数字经济发展的基础。

在国家"十四五"规划中，数字产业化发展的主要内容有以下几点。

1. 加强关键数字技术创新应用

聚焦高端芯片、操作系统、人工智能关键算法、传感器等关键领域，加快推进基础理论、基础算法、装备材料等研发突破与迭代应用。加强通用处理器、云计算系统和软件核心技术一体化研发。加快布局量子计算、量子通信、神经芯片、DNA 存储等前沿技术。加强信息科学与生命科学、材料等基础学科的交叉创新，支持数字技术开源社区等创新联合体发展，完善开源知识产权和法律体系，鼓励企业开放软件源代码、硬件设计和应用服务。

2. 加快推动数字产业化

培育壮大人工智能、大数据、区块链、云计算、网络安全等新兴数字产业，提升通信设备、核心电子元器件、关键软件等产业水平。构建基于 5G 的应用场景和产业生态，在智能交通、智慧物流、智慧能源、智慧医疗等重点领域开展试点示范。鼓励企业开放搜索、电商、社交等数据，发展第三方大数据服务产业。促进共享经济、平台经济健康发展。

不久前，国家提出"东数西算"战略规划，充分利用东部的数据资源，通过西部的算力优势，提高中国产业数字化的基础水平，建设强大的数据、算法、算力能力，赋能产业数字化发展。

数字产业化过去主要做了三件事：第一，数字技术科研；第二，数字技术基础设施投资；第三，数字技术产品、服务市场化和产业化。

二、5G 为什么重要

5G 既是数字技术的科研成果，又是数字产业化的基础设施，没有 5G 基础设施，数字产业化缺乏技术基础载体，数字产业化水平就很难提升。数字产业化也为产业数字化、资产数字化打下了坚实的基础，没有数字产业化，产业数字化只能停留在终端产品和产业服务的相关领域。

在数字产业化领域成功的企业首推华为。创业 30 多年来，华为从零开始，逐渐发展成为全球最大的数字产业化企业，它对 5G 基础设施、5G 专利技术、操作系统、云计算、大数据、人工智能、行业服务系统、应用终端的研究，以及对视觉、听觉、智能移动通信终端和通信信息基础科学的研究，在全球首屈一指。华为的成功不仅造就了一个世界级通信信息企业，更重要的是整体帮助中国在 5G 通信以及整个数字产业化领域获得了先机。除了华为，阿里巴巴在人工智能、云计算平台方面，腾讯在服务产业数字化方面，商汤科技在人工智能方面，科大讯飞在语音智能方面都有非常杰出的贡献。

数字基础设施建设是数字产业化的基础，没有数字基础设施的巨大投入，就不可能创造强大的数字产业化能力。但是，强大的数字产业化能力一定要和经济的数字化深度融合，启迪并动员产业加入数字化进程，如果一味地强化数字产业化，强化数字产业化对于实体经济的影响、渗透甚至颠覆，不能实现数字产业化与经济的有效协同，完全按照数字产业化的"长官意志"或者用举国之力对数字产业化进行过度投资，想当然地用数字产业化去重新定义实体经济和传统产业，数字产业化超前于产业和经济数字化，就必然造成数字基础设施投入的巨大浪费和闲置，甚至造成数字技术和数字产业化对实体经济、产业数字化的抑制。

一定要认识和理解到，虽然数字产业化是产业数字化的基础，但数字产业化发展并不代表能够快速提高产业数字化能力。主要原因是：

第一，数字产业化不是一个产品，不是一种技术，而是非常复杂的综合性、系统性、协同性技术体系和生态。我们前面讲过，数字技术是由通信技术、计算机技术、网络技术、人工智能技术经过近百年的独立发展和融合创新才走到今天的。

第二，数字技术的每一项独立技术不仅在独立发展，还在不断和数字技术垂直领域的其他技术进行融合。比如通信技术不仅进入了 5G 时代，而且世界各国已经在 6G 领域展开全面竞争，互联网的发展之所以能够从 Web1.0 进化到 Web3.0，仅仅依靠互联网技术是不行的，还需要通信技术、芯片技术的支持。

第三，数字技术不仅需要数字技术领域的科学家在通信、半导体、互联网、基础软件、应用软件、人工智能、边缘计算、数字孪生、VR／AR 这些领域进行相互支撑、相互融合，还需要相互支撑、相互融合的技术系统架构与产品、企业、产业进行深度融合。

在这方面，传统的消费互联网平台企业阿里巴巴、腾讯、百度、京东等都在做相关的尝试，但这些尝试还是和这些企业自身的基因以及数字科学家的工科思维有关系。数字化确实需要太多的跨界知识与技能。华为这两年通过创建多个兵团队伍，已经在中国数字产业化企业领域走在了前列。作为一个全领域数字产业化企业，华为不仅涉足通信、数字设备硬软件、互联网的云计算、数字硬件终端产品，同时，还将综合性、系统性、协同性数字技术直接渗透到传统产业方方面面，这对全面参与产业数字化做出了巨大的创新，形成了利用数字产业化、产业数字化的强大能力。

第四，数字产业化与产业数字化的深度融合会改变工业经济时代的产业链、供应链、价值链关系。

在数字技术与产业融合的过程中，我们看到云计算、物联网、数字智能几个方面的深刻变化。云计算已经从电子商务和社会治理场景全面进入产业场景，"云、边、端"技术生态和产业深度融合之后，不仅改变着产业运行关系，也给云计算拓展出了巨大的市场空间。云计算在海量数据支持下，与数字智能结合产生智能云，这使得产业关系在智能云的参与下，大大提升云计算能力。物联网技术大规模进入产业领域之后，产业节点的丰富性和复杂性给物联网创造了新的技术应用和创新空间，物联网的感知内容和感知技术就不是简单的射频技术了，物联网和数字智能的结合将产生智能物联网，未来的网络载体将发生趋同整合，互联网、物联网、工业互联网、产业互联网可能变成一个东西。云技术、物联网技术、数字智能技术三者的独立发展和融合创新将成为产业数字化重构产业生态的关键力量。

仅仅靠数字产业化，永远不可能构成数字经济形态。关键就在于数字产业化对于几千年形成的农业经济和几百年形成的工业经济带来了由浅入深的渗透和颠覆性创新，这个渗透从经济的边缘开始，渐渐到产品、企业、产业的所有节点和要素，这就形成了数字经济的第二个内容：产业数字化。

第二节　产业数字化

一、数字产业化与产业数字化

数字产业化和产业数字化像是一对孪生兄弟。数字产业化是数字科技的发明和发展创新驱动的，同样也是因为经济的需要、产业数字化的需求而产生的。数字技术能够创造新的媒体，数字产业化创建了互联网门户网站，消费者不花钱就可以脱离纸质媒介阅读即时信息。数字产业化可以创建电子邮箱这样的个人和企业、机构的即时通信工具，实现了企业、产业领域个人和机构通信的快速、及时，传统的传真机就被淘汰了。当5G数字技术推进的数字产业化进化到万物互联时代，产业数字化就迎来了新的发展空间，这也成为从数字产业化到产业数字化的临界点，也是数字经济的临界点。所以，产业数字化是由数字产业化推进而创造的新机会。

同样，由于产业体系庞大，产业门类众多，产业规模巨大，产业特性和规律的差异，使得产业数字化对数字产业化提出了更高的需求，以满足产业数字化的发展，于是，数字产业化有了更加丰富的创新形式和技术进步的动力。由此，数字产业化和产业数字化之间的协同性发展、融合性发展就给我们带来了一种新的数字经济形态，开创了人类经济史上的一个全新纪元。

但是由于数字产业化和产业数字化发展的不平衡，尤其是中国整个工业经济的现代化历程还没有完成，工业化进程还在路上，目前关于产业数字化的很多理解都存在问题，如百度百科对产业数字化的解释是："产业数字化是指在新一代数字科技支撑和引领下，以数据为关键要素，以价值释放为核心，以数据赋能为主线，对产业链上下游的全要素数字化升级、转型和再造的过程。"

这个解读我认为会误导产业数字化的健康发展。因为这个解读完全是从数字技术角度出发，解读了数字技术对于产业的作用和改造，数字技术成为主体，产业成为客体，从数字技术的角度作用于产业领域的产品、服务、企业、产业。如果是这样一个角度，整个产业领域将在数据要素、数据价值、数据赋能作用下，去对产业链上下游进行全要素"升级、转型、改造"。按照这样的理解，就是数字技术领域的企业和数字产业化的主体去改造所有产业，再推进下去就会是所有产业的上、中、下游都由数字产业化企业来主导。

如果按照这样的逻辑和趋势发展下去，那就完全违背了习近平总书记提出的"数字技术和实体经济深度融合，赋能传统产业转型升级"这样的中国数字经济发展方式和重心，也完全不符合产业发展和运动规律，极有可能破坏产业发展进程，进而影响整个经济数字化的健康发展。那么，百度百科这个定义是从哪里来的呢？

2020年6月，国家信息中心信息化和产业发展部与京东数字科技研究院联合发布《携手跨越重塑增长——中国产业数字化报告2020》，该报告首次专业阐释"产业数字化"。报告认为，产业数字化是指在新一代数字科技的支撑和引领下，以数据为关键要素，以价值释放为核心，以数据赋能为主线，对产业链上下游的全要素数字化升级、转型和再造的过程。从这个报告出处就完全可以看到对产业数字化的定义代表着数字产业化平台企业的出发点和意志。作为一个数字产业化平台企业的研究报告，只能代表一个企业的立场和价值观，不能代表公众的知识和信息平台的公共属性。

我认为产业数字化的主体应该是产业，尤其是垂直产业经营部门以及细分行业领域的龙头企业。我定义的产业数字化是：企业产品和企业要素与产业要素在数字化过程中深度融合各种数字技术和数字技术生态、组织，重新定义产品、改变企业要素、提高产业效率、降低产业成本、重构产业组织、重塑产业关系、重建产业空间、创造产业新价值的方式和进程。

这个定义和前面京东数字科技研究院的定义存在着一个根本的分歧，就是完全采用了不同的定义角度。前者是从数字技术的角度定义的，我是从产业的角度定义的。不同的角度内容不同、方法不同，结果也完全不同。如果中国的产业按照前者定义实施，我相信中国的产业将混乱不堪、惨不忍睹，传统的实体经济将会在数字技术冲击下体无完肤，成为数字技术的附庸，产业科技、产业水平、产品品质、产品品牌也将会支离破碎。

二、产业数字化的内容

产业数字化大体有以下几方面内容。

1. 产品和服务数字化

产品数字化主要是用数字化的方式对产品和服务进行表达、标注，创建产品和服务的知识图谱，可以让使用者、消费者清楚地知道产品和服务的品质、数量、品牌、等级、生产厂家、生产日期、保存方式等所有产品信息。产品和服务不仅可以数字化，还可以智能化，通过不同的数字智能技术生产、销售产品，可以使产品和服务的数字化、智能化水平越来越高。

产品数字化可以提高产品的可靠性、真实性、可追溯性，有利于强化产品生产和需求之间的联系，重构产品生产者和使用者、消费者之间的关系，精准满足消费者的需求。

产品数字化是产业数字化不可或缺的部分，没有产品数字化，产业数字化就没有意义，产业数字化的目的就是让产品最迅速、最精准地符合使用者和消费者的愿望。

传统产品主要是企业生产者根据市场的分析、论证设计等生产出来的产品和服务，然后创建各种销售方式去进行产品销售。这种方式下，企业无法精准定义客户和市场对于产品的需求，供需双方难以沟通产品的全部信息。产品的生产是由生产者驱动的，消费者只能被动接受。

这种状况是典型的工业经济时代的产物。因为大机器时代，企业投资规模大，企业机械化、自动化水平提高，背后的资本对于企业的规模化生产存在资本和利益驱动关系，企业的产品战略希望每一个产品的生命周期都很长，一个产品可以卖给尽可能多的消费者，这样就可以用最小的成本赚取最大的利润。我们知道传统工业领域曾经有一个奇迹，就是德国大众汽车集团研发的桑塔纳轿车，这款被称为"国民神车"的汽车品牌，在中国的投产历史可以追溯至1983年，近40年产品生命周期，一个单品总销量为600多万辆。

工业经济时代的产品规则就是产品规模化，可口可乐销售136年，今天还在销售。

未来数字经济时代最理想的结果就是相当于回到农耕文明时代，通过数字技术和智能技术，消费者和生产者的关系就是大家都在一个村子里，你卖给我的猪是我看着你养出来的，肯定不会用催肥剂、瘦肉精这样一些生化饲料，生产和交易的全过程都是透明的。产品数字化、智能化是产品全生命周期的数字化，不仅可以保证工业经济时代的规模化，还可以满足农耕文明时代的参与性、知情性、真实性、准确性。

按照百度百科对产业数字化的定义，目前普遍存在于中国产业数字化领域的现象就是数字化产品营销。数字化产品营销就是各种数字化平台，包括电视机、短视频领域的网络视频直播销售。集聚各种网红形成的直播带货基本就是这样的状况。网络直播平台通过私域流量的创建，会集大量网红，包括李佳琦以及各种明星，网红与背后的商业平台、产品生产企业达成直播带货协议，把传统的线下销售模式带到了互联网平台。这样的产业数字化仅仅是传统销售红利转移到了互联网销售红利，对于企业产品的质量、品牌、技术等没有多大提升。产品生产者只能迎合大数据产生的销售信息和网红的价值诉求。这样的产业数字化持续下去怎么可能提高产业水平和产业质量？

2. 企业数字化

企业数字化主要是指企业运行的所有要素通过云计算、大数据、人工智能、各种企业软件、物联网、小程序、App 等数字技术和数字技术生态的综合应用，来提高企业运营管理效率，降低企业运营成本，改造企业治理结构、组织结构、管理运营结构和优化管理模式，创建企业数字化战略，架构从企业到产业的数字化关系，重建企业与产业链、供应链、价值链的关系。

企业数字化也可以解读为数字经济时代企业创建和生存发展的模式。企业数字化的目的是解决产品数字化的需要，通过企业数字化，我们需要解决产品的设计问题，数字化设计就是产品数字化的需要，服装设计师需要通过大数据去拓展设计思维和创意，可以通过设计软件和编程去提高设计的速度，可以通过 VR／AR／MR 这些数字技术手段去解决和体验设计的效果。

企业数字化需要从产品设计、产品原材料、产品零部件供应商、产品生产设备、生产工艺、生产制造流程、产品品质检测、产品物流仓储、产品数据信息、产品体验、产品营销、产品售后服务、产品支付结算、企业数字化管理、供应链管理、企业数字化财务管理、企业流程自动化管理、企业客户关系管理、企业人力资源管理等所有节点和要素创建数字化解决方案，设计人工智能技术在企业数字化领域的应用方案。

仅仅依靠企业的 IT 部门经理已经无法设计企业数字化解决方案了。目前市场上虽然已经出现了许许多多企业级数字化管理软件，各种数字技术公司都在通过各种方法销售各种 SaaS 系统，但是，没有一个数字化解决方案可以架构成为一个标准化的企业数字化转型和升级解决方案，不论企业大小，不论哪个行业，没有一个企业管理运营系统可以解决企业创建、生存、发展的所有数字化问题。企业数字化不是一个格式，没有一个标准；只有开始，没有终结。企业数字化是企业全要素的数字化。

目前市场上有一种非常不正确的声音就是：我们可以在什么时间内完成企业数字化升级和转型。

企业数字化永远在路上。同时，企业数字化仅仅是站在企业的角度去研究企业数字化发展战略，所有企业都必须考虑的是，在工业经济时代，在产业发展过程中，随着产业成熟度不断提高，绝对不能仅仅从一个企业的角度去考虑企业的生存和战略模式，还必须根据企业所在行业的规模、地位、能力去考虑企业在行业和产业整合中的未来。数字经济时代，尤其是产业数字化到来的时

代，每个企业都必须把企业数字化和产业数字化结合起来。数字经济时代产业
数字化整合速度和能力是传统工业经济时代完全不可想象的。一个企业要想在
产业数字化时代独立于产业数字化而"独善其身"就是死路一条。

3.产业数字化

产业数字化有两个概念，一个是宏观的产业数字化，是指所有产业的数字
化进程；另一个是指一个企业组织不仅在实施企业数字化，而且站在产业的维
度来系统架构产业数字化体系，探讨和架构企业在产业链、供应链、价值链的
维度实施产业数字化，也可以理解为产业在数字经济时代的运行方式。

宏观的产业数字化主要是泛指所有产业领域的数字化进程，讨论和研究所
有产业领域的数字化程度和解决方案，包括所有产业的产业链、供应链、价值
链与数字化的关系。

这也是数字经济时代最激荡人心的。由于产业数字化经营模式和传统工业
经济时代产业经营模式完全不一样，在数字经济发展到2030年之后，全球将
会出现一大批产业数字化经营平台，一个巨大的产业平台实际上是一个企业在
经营，就像数字产业化时代的阿里巴巴、京东、美团这样的平台型企业。数字
产业化时代的平台企业能不能进化到产业数字化平台企业，现在很难下结论。
但是，区别于今天的数字产业化平台企业的平台型产业数字化企业一定会出现，
而且将会是数字经济时代的主流企业模式。一个数字化企业平台经营着一个巨
大的产业，或者一个巨大的产业数字化平台是由一个企业主导的，都有可能是
未来十年产业数字化的主要方式。

而微观的产业数字化主要是企业通过数字化创建产业数字化战略，充分利
用数字化和数字技术特征，超越企业对于企业的理解局限，站在产业的高度，
参与产业的数字化经营和整合，打破企业关于产业的传统认识，突破企业对于
产业的时间、空间、范围、能力的局限，利用数字技术的特殊性，成为行业整
合者。

产业数字化是具有更高水平和更高要求的数字化，是建立在产品数字化和

企业数字化基础之上的。鉴于我会在后面的内容里全面深入地介绍我所设计的产业数字化价值创造模式，所以在这里不再赘述。

以我最近介入的中国建材行业的第一个产业数字化企业——重庆建工建材物流有限公司企业的基本情况为例做分析，大家就可以非常清楚地理解什么是产业数字化。

重庆建工建材物流有限公司是一个拥有多家搅拌站的混凝土行业的独资上市公司。这个行业拥有 11000 多家企业，行业高度分散，严重过剩，在房地产业集中度为 51.95%，在水泥行业集中度为 64% 的情况下，搅拌行业集中度只有 13.07%。由于门槛低、经营半径小、技术门槛不高、现金流动性不好，这个行业很难有战略投资者进行行业整合。

重庆建工建材物流有限公司从 2009 年开始，逐年进行信息化、数字化建设，历时 13 年，打造了以公鱼互联网为平台的六个产业数字化模块，包括公鱼商城、公鱼集采、公鱼标识、公鱼智造、公鱼金服、公鱼物流，创建了全产业链、全生命周期、全供应链、全价值链的互联网平台。理论上，公鱼互联网就有可能面向全国 11000 多个商品混凝土企业开展数字化整合，在不改变各地混凝土企业资产、股权、经营权的情况下，通过数字化整合，打造全国统一的混凝土产业数字化平台企业。传统的产业集中度并没有真正改变，但是创造了数字化集中度，则可以大大提高中国混凝土行业的产业数字化水平。

如果中国创建全国性大市场，从产业数字化角度研究存在巨大的机会，但是切记不要搞成了行政主导的统一大市场，一定是产业数字化的统一大市场。

产业数字化所带来的不仅是通过数字化重构产业形态和产业运营方式，同时产业数字化带来的还有巨大的产业组织变革创新。

在传统经济时代，产业组织主要以企业组织为核心，包括股份有限公司、有限责任公司、合伙企业、股份合作制企业、产品监管、行业监管、产业和行业自律组织等等。数字技术的出现和发展不仅给企业和产业变革带来了影响，也带来了由数字技术构成的新的组织形式，这些组织形式与公司企业组织形式之间出现了叠加、融合、冲突。包括互联网的 Web1.0、Web2.0、Web3.0，三代互联网其实就是三代数字技术组织的迭代和创新。互联网、物联网、工业互联网、产业互联网不仅是技术和链接，还是企业组织和产业组织。在这个方面，整个产业界、数字技术界、经济界、学术界都需要提高认识。

如何创新企业组织、互联网组织之间的关系，是产业数字化的关键。而恰恰在这方面，企业不熟悉数字技术和组织，数字技术领域不熟悉企业和产业关系，也不擅长管理企业组织和资本组织，相互的融合存在巨大的障碍。虽然数字技术与实体经济的深度融合是一句话，但包含了太多人们未意识到的内容。

产业数字化是一个由浅入深的过程，数字技术对于产业的影响是随着数字技术的发展由浅入深带来的，就像谈恋爱，数字技术的进步影响实体经济相当于一方追求另一方，有先后，有主动和被动。数字技术与产业的融合进入深水区之后，也就像两个人进入热恋状态或者步入婚姻殿堂，就是两个人互动的、交融的关系，彼此再也分不开。但是，在产业数字化领域，一定是产业主体以应用数字技术改变产业生存、发展方式作为主要的方式。这个地方所指的产业包括所有产业门类。

第三节　资产数字化

资产数字化没有在中国的官方定义中出现，这是一个遗憾。中国信息通信研究院对于数字经济的内容和范畴按照 2021 年的白皮书也只是提出了"**数字产业化、产业数字化、数字化治理、数据价值化**"四个方面，而《中华人民共和国国民经济和社会发展第十四个五年规划和 2035 年远景目标纲要》也只是把数字产业化、产业数字化作为数字经济内容的范畴。虽然国务院对于数据要素给予了很重要的描述，把数据要素作为核心，但是，我认为这是一个很重要的遗漏，并且认为数据要素定义的范畴比资产数字化要窄，不如资产数字化更有利于产业数字化和数字产业化的发展、融合。

我认为，资产数字化是一个非常重要的数字化领域，对于中国数字经济发展意重大，我们不应该遗漏这个内容。我对资产数字化的基本定义是：所有可以通过数字化方式进行标注、表达、确权、交易、对价的资产都可以成为数字资产。这些资产被数字化的过程称为资产数字化。资产数字化包括有形资产数字化、无形资产数字化、数字资产权益化。资产数字化是未来数字金融的基础。

资产数字化是非常复杂的数字经济内容，至今也没有确切的定义。国务院也好，国家统计局也好，都没有把资产数字化列为数字经济的内容，国家层面定义的数据要素还是从数字产业化的角度去定义的。站在数字产业化的角度，数字技术在与经济融合的时候，必将产生数据资源，数据资源与土地、资本等生产资料放在一起作为经济要素参与生产经营活动，参与配置和分配是没有问题的，但是，如果仅仅从数据的形成、产生的角度解读，远不如从资产数字化角度解读更加科学。不同的角度代表不同的主体、利益和权益。这是数字经济时代一个非常重要的价值观规范。

我在研究 D12 上市公司数字化价值投资评价体系的时候，发现中钢国际工程技术股份有限公司（000928）很有特点，公司在年报的战略规划中提出："加快数字化转型发展，提升'数智'赋能实效。加快建设工程大数据中心，提升工程项目数据资产管理水平，以及工程建设、工厂运营数据化服务能力。建立完善工程数据标准管理系统，健全工程主数据标准和数字化交付标准，力争在数字化设计与仿真、工业互联网、实景三维等关键技术上形成突破。"

这个企业从创建以来已经完成了国际国内多个钢铁工程建设项目，这些项目的数据资源需要进行搜集、存储、挖掘、分析、重建，形成企业的大数据资源平台。它不仅考虑到了企业的产业数字化，也已经规划了企业的数字资产，已经在创建企业自己的数字资产平台。通过产业数字化创造出资产数字化价值来，然后再反哺企业的数字化经营，提高企业产业数字化水平。如果企业的数字化、产业数字化水平不高，那么中钢国际工程技术股份有限公司几十年来积累的数字资源就没有机会成为数字资产，也不可能发展成为企业的数字价值。

但是从互联网商业化到今天，整个数字化发展都是数字技术或者数字产业化运作主体在主导，也导致数字产业化平台利用数据资源获得巨大的利益之后，产生了数字权益的确权之争。比如，所有个人数据构成了各大数字产业化平台企业的私域流量，它们用这些流量创造了巨大的商业价值，也形成了这些平台企业的估值依据。但是这些数据的采集，对于数据贡献者来说，都是被动的。平台形成的权益还要被用来为它们继续赚钱。核心问题就是资本与数字技术平台结合所形成的不公平的数据要素垄断。

数字经济的进化会在未来五到十年之内发生根本性改变。

以美国为首的发达国家在资产数字化领域虽然也存在争议，但是不断在往前探索。美国虽然同样存在亚马逊、谷歌、Mate 这样的数字产业化平台企业，但是数字资产的产业化，主要是没有实物支撑的数字资产，也就是通常说的数字货币。目前全球数字货币市值已达万亿美元的规模。

我这里所指的资产数字化包含数字资产，但不仅仅指数字资产。资产数字化包括通过数字技术进行数据采集，对有形资产所有可以挖掘的信息和数据进行数字化标注。如对资产的图像、声音、视频以及所有可以穷尽的实体资产的知识内容进行数字化标注，建立资产的知识图谱。在数字化过程中，该资产因为数字化定义，在没有改变物理形态的情况下，可能改变资产的价值，从而实现资产价值的重估、定价、交换、交易。比如，远在深山的古茶树，可能生长了几百年，没人知道，无人问津。如果我们通过数字技术和生物技术对古茶树的生长时间、生长环境、生物特性以及茶叶的成分进行分析，获取古茶树对于人体有益的数据和知识，就可以用数字技术标注古茶树的相关数据，然后通过区块链技术把这些数据呈现在资产管理平台或者生成 NFT，资产的数字化可以让沉睡在深山老林一文不名的古茶树的价值得以彰显，从而被人们购买交易。

有形资产的数字化可以通过数字技术和数字智能技术实现对资产的价值重估，同样也可以通过数字化的链接让重估的资产价值再现。这些资产包括土地、矿产、空气、动物、植物、生产资料等，相信随着数字技术和人工智能技术的发展，人们对于数字技术的应用不断扩展，还会不断开发出巨大的有形资产数字化场景，通过数据挖掘创造出巨大的资产价值。

无形资产数字化和有形资产数字化的原理也是一样的，同样可以通过数字化和人工智能技术深度挖掘无形资产的知识价值，创造出超越原来价值的内涵，发掘无形资产数字化之后的更多应用场景，盘活无形资产价值。

目前给人以更丰富的想象空间，也引起全球广泛关注并给予未来预期的就是数字资产权益化。这是一个带给人无限想象的领域，而且已经展示出让人激动的机会。数字资产也是一种复杂的难以准确定义的资产形态，包括数字货币、数字系统内以数据形式存在的资产，如语音、图片、视频，以及直接用数字技术创作、创造的各种数字艺术品，既包括数字孪生产品，也包括今天热炒的元宇宙。

2021年以来在中国备受追捧的"元宇宙"概念可能会发展成为未来最大的资产数字化机会，也许推动元宇宙本身的人也没有真正意识到元宇宙最大的商机是资产数字化，而不是今天幻想的各种元宇宙创意。目前元宇宙更多被解读为新一代互联网甚至终极互联网，之所以这样解读是因为元宇宙这样的空间必将存在于一个数字化的平台之上，必须有底层技术作为支撑，需要软件进行创作，需要网络进行链接，需要云平台进行计算和存储，也需要终端设备 AR / VR / MR 去呈现体验。站在互联网立场和数字技术立场，元宇宙就是下一代虚实相间的互联网，从经济学意义上来说，元宇宙具备数字资产的属性。元宇宙本身可以成为一个数字化空间，这个空间也是一种数字资产，同时，元宇宙空间可以和现实物理世界互通，让元宇宙成为一种社会形态，在这种形态里面，同样可以产生交易行为——数字资产平台生成数字资产的交易。

那么就数字经济整体而言，如何理解数字产业化、产业数字化、资产数字化的关系呢？这一点尤其重要，如果处理不当，中国数字经济完全有可能陷入误区，甚至错失数字经济驱动第三次全球化的机会。数字产业化、产业数字化、资产数字化的关系：

第一，数字技术所推进的数字产业化是产业数字化和资产数字化的前提。没有数字产业化就不会有产业数字化和资产数字化，数字产业化不仅驱动产业数字化的发展，创造海量数据，创造更加丰富的数字经济场景，同时也驱动着资产数字化发展。数字产业化即通过产业数字化，提高产业数字化水平，从而创建产业数字化之后的基于产业数字化资产的数字化价值，数字产业化也可以直接驱动有形资产、无形资产、数字资产的资产数字化。数字产业化发展的速度也取决于产业数字化发展的速度，产业数字化发展速度越快，就会给数字技术带来更多创新动力，从而推进数字产业化发展。同样，数字产业化水平越高，数字技术会进一步发展，也会提高产业数字化的能力和水平，推动产业数字化的发展。

第二，产业数字化是数字产业化的产物。各行业通过数字产业化的全面赋能、深度融合，改变了工业经济时代产业产品的定义，产品的生产设计和销售方式，企业的创建和生存方式、发展方式；产业数字化成为支撑数字经济形态最重要的力量；产业数字化程度越高，越会让所有产业领域的资产走向数字化，形成资产数字化场景，会创造更加丰富的资产数字化形态和规模，形成巨大的具有金融属性的数字资产，从而让更多数字资产创造价值。

第三，数字产业化、产业数字化必然创造资产数字化。资产数字化进程将创造巨大的数字资产，数字资产的价值创造就可以给数字产业化、产业数字化带来更多价值重构和价值创造的机会。资产数字化才是"数据作为经济要素"参与生产、流通、交易、分配最重要的内容。如果说数字经济今后会形成对于整个人类经济形态最大的颠覆和创新，那一定是在资产数字化达到一个高水平运营阶段的时候，也是资本主义经济制度和公司制度消亡的时候。有了对于资产数字化的理解，才会理解数字经济的作用不仅仅是降低成本、提高效率这样的相对简单的内涵，价值重构、价值的重新定义和价值创造将成为资产数字化的巨大功能。依托数字产业化促进的产业数字化、产业数字化创造的资产数字化及数字产业化三者之间形成相互促进、相互关联、共生共创这样的生态闭环，就构成了数字经济完整形态。再以这样的形态和中国的国情结合，在中美合作与竞争中，我们会构建出独特的中国优势，创建健康的数字经济秩序，打造数字中国的模式，形成数字经济驱动的全球化最重要的体系。

从数字产业化、产业数字化、资产数字化的价值关系来看，今天的数字产业化企业包括阿里巴巴、腾讯、京东、百度这些几万亿人民币市值的公司，和未来的产业数字化企业相比，产业数字化平台企业就是它们的十倍、百倍。而资产数字化时代，资产数字化平台价值（已经不是公司市值）也许就是产业数字化平台企业的十倍、百倍。

如果充分协调好数字产业化、产业数字化、资产数字化的关系，让三者协同发展、相互促进，就会促进数字经济的健康发展，让传统的经济形态完全实现数字化、智能化、全球化发展，从而真正创造出数字经济的经济形态，彻底超越我们对农业经济、工业经济的局限性认知和想象。如果说"数字经济是继农业经济、工业经济之后的主要经济形态"这样的前瞻性定义在今天还有些勉强的话，当数字产业化、产业数字化、资产数字化三者达到高度融合、高度协同的时候，数字经济将会实现农业经济、工业经济完全不可能实现的数字空间经济拓展，实现数字空间对于物理空间的弥补，远远超越农业经济、工业经济创造的经济比重，并且通过数字技术带来的技术商业组织创新，提高数据要素配置经济行为的能力，人类文明将全面从工业文明进入高层次的数字文明。如果达到这样的目标，中国经济完全可以借助科学的数字经济发展，在中美数字经济竞争中立于不败之地。中国资产数字化在数字产业化、产业数字化协同发展之下，资产支持的数字资产在参与全球支付、结算、汇兑、发行、交易过程中，既可以保护中国的资产数字化体系，也可以保护产业数字化体系，让中国实体经济与数字技术融合之后的协同发展关系成为中国经济发展的安全保障；同时，也通过数字经济驱动的全球化能力，引领和带动全球数字经济的健康发展，率先进入更高级的文明。

第四章

中国方式
——中国产业数字化与 D12 模式

前面讨论了什么是数字经济，讨论了数字经济由数字产业化、产业数字化、资产数字化构成，而这三者之间目前最重要的还是产业数字化。产业数字化居于数字产业化和资产数字化之间，数字产业化促进产业数字化的发展，产业数字化做好了，数字产业化才有立足之根，才有更丰富的应用场景，数字资产才能大规模生成，资产数字化才能被大规模创造出来。否则，元宇宙、NFT 更像是"孤魂野鬼"，除了幻觉就是投机。

2021 年 10 月 18 日，习近平总书记在中共中央政治局第三十四次集体学习时指出："要站在统筹中华民族伟大复兴战略全局和世界百年未有之大变局的高度，统筹国内国际两个大局、发展安全两件大事，充分发挥海量数据和丰富应用场景优势，促进数字技术和实体经济深度融合，赋能传统产业转型升级，催生新产业新业态新模式，不断做强做优做大我国数字经济。"

那么，我们到底如何实现习近平总书记提出的战略目标呢？全社会的认知是数字经济好，数字化是大趋势、是未来，但是，我们怎么去追逐数字化和数字经济的红利呢？认真领会习近平总书记的讲话精神之后，我用了整整两年时间研习、创新、设计的 D12 模式应该是中国产业数字化发展的一个普适性解决方案。我原本是为了寻找数字经济时代赚钱的创新商业模式，重点为中国上市公司产业数字化而设计。当我对整个中国数字经济发展战略进行系统梳理之后发现，D12 模式对于中国产业数字化和数字经济发展的整体战略来说具有推广意义，我也愿意将这样一个创新的商业模式通过这本书推荐给各行各业的读者，把这样一个商业机密贡献给社会，希望能够为推进中国数字经济健康发展贡献力量。

第一节　D12 模式的诞生过程

一、数字投资银行

2021 年初，《数字经济驱动的全球化》一书出版，我对数字经济有了一些宏观的、理论上的认识，对于如何在数字经济中找到具体落地的商业模式，我还完全没有想清楚。香港中国旅游集团 CEO 徐守波对我的拜访促使我对产业互联网这个产业数字化的基本载体有了更深的领悟。徐守波先生早年在香港创建中国旅游集团有限公司的"基于人工智能的旅游产业互联网"是我对产业数字化的初步解读。这个旅游行业的产业互联网让我对旅游产业的数字化、智能化经营"脑洞大开"。用徐守波先生的话说，他们这个平台已经创建了 10 年，是一帮中国的海外留学生利用在海外学习所掌握的数字技术和人工智能技术，在微软中国研究院的孵化之下创建的。10 年时间，他们创建了一个全球化的人工智能旅游行业产业数字化平台，线下线上整合了全球几十个国家的旅游资源，可以为消费者量身定制个性化、智能化的服务。这个项目的系统架构与目前的旅游行业互联网确实不在一个层次。

徐守波先生是一位非常优秀的数字技术专家和高水平系统架构师。他曾经在国际关系学院学习英语，后来留学去了加拿大学习计算机，然后在美国从事系统架构多年。

2020 年春节之后，我和徐守波先生一起开始探讨用产业互联网作为产业数字化创新模式合作创建数字投资银行。我认为，产业数字化需要将传统投资银行的经验和高水平系统数字技术架构能力结合起来，这两者的深度结合可以创造一个新的专业领域和新的工具型平台，我把这种创新称为"数字投资银行"。我们带着这样一个创新的思路参加了上海晨哨集团举办的"全球投资并购峰会"，演讲很意外地没有激荡起任何涟漪。我们提出的"数字投资银行"概念在全球范围也有人提出过，研究下来和我们的内容完全不一样。海外提出的数字投资银行指的是数字资产交易平台，国内提出数字投资银行的是平安银行的投资银行部，其"数字投资银行"概念是把投资银行业务程序和流程数字化，和我们提出的概念完全不一样。我试图找了一些资本市场领域的同行，希望和大家达成共识，共同推进产业数字化，共同开创一个数字投资银行的未来。但是，所有工作都很让人失望，整个资本界同行们完全"躺平"在天使投资、PE投资、重组并购、借壳上市、不良资产重组、资产管理这样一些传统金融业务领域，对于数字经济形态的到来几乎漠不关心。在此期间只有一个人和我达成高度共识，那就是重庆市前市长黄奇帆，他认为未来数字经济时代将会诞生几十个产业互联网平台企业，每个平台企业市值都会在万亿元以上。

我意识到，在传统产业、数字化、资本金融之间存在一个断层关系：从事数字技术的专业机构，包括数字产业化平台企业如腾讯、百度、京东、阿里巴巴等也难以深度挖掘产业运行规律，难以把它们的数字技术优势和资本优势、流量优势应用到产业数字化领域；而传统产业企业无法判断数字技术与实体经济的深度融合，投资融资机构依然是要么投资于传统产业企业，要么投资于数字基础设施和技术软硬件企业，找不到产业数字化与数字产业化融合的投资窗口。

二、数字经济形态

2020年疫情期间，受到产业互联网启发，我开始研究数字经济在产业数字化方向的操作模式，大量系统阅读了与数字经济相关的图书和数字技术知识，尤其是在阅读5G技术相关书籍之后，我终于有恍然大悟的感觉。我把过去几十年参与资本市场、产业重组、全球并购的所有经验和产业、金融、资本市场知识结合起来，研习数字技术发展进程，感觉到数字经济令人震撼的力量，觉得数字经济已经具备了成为一种新经济形态的条件，也必然存在着巨大商机。

这让我想起了1991年，我作为一个走投无路到海南闯荡的热血青年，一不小心踏进了中国资本市场的旋涡。在全中国都还不懂得什么是资本、什么是股票、什么是股份制和资本运营的时候，我和当时在海南的范老板一道，从1991年到1995年，通过资本运营控股了三个半上市公司，创造了中国第一个资本系，缔造了中国第一个资本隐形首富。在那个众人皆醉我独醒的年代，我们创造了一个奇迹。

我意识到，30 多年之后，数字经济形态的形成同样没有引起众多的关注，同样没有多少人知道数字经济这个百年大变局、千年大变局，甚至千年大变局到来的时候，其带来的产业数字化机会比 30 多年前的那个机会不知道要大多少倍。

2021 年 4 月底，百度百家号邀请全球几十位投资家预测即将召开的巴菲特股东大会，希望我也录制一个 5 分钟的视频。我在视频里表达了我的观点：格雷厄姆、芒格、巴菲特他们在过去一百年创造了价值投资理论，有着丰富的实践成果，成为一代代人的偶像。但是，他们的价值投资理论是基于资本驱动的全球化经济逻辑而创建的。数字经济和数字经济驱动的全球化到来了，数字经济驱动的全球化和资本经济驱动的全球化所运行的企业逻辑和产业逻辑完全不一样，资本驱动的投资逻辑会让位于产业数字化投资逻辑，价值投资赖以生存的基础已经发生变化，那么数字经济时代的投资逻辑是什么呢？数字经济时代的价值投资模式又是什么呢？

"随着数字经济的变化、数字化的推进，'价值投资'学说所依附的经济基础、生产关系、生产力、生产方式、企业运行方式都发生了巨大改变，'价值投资'理论也遇到了前所未有的巨大挑战，所以有人提出'价值投资'已经不适合数字经济时代。我认为，虽然'价值投资'的理论基础已经改变，但价值投资哲学、价值投资思想、价值投资理论并不过时，我们现在亟须解决的是找出数字经济时代'价值投资'的新方法、新规律。"

2021 年 5 月 2 日，巴菲特股东大会正式召开，巴菲特的发言中有一段与我在视频中所讲的内容高度契合。

巴菲特讲道，1990 年的世界 20 强企业，在 30 多年后的今天，已经全部退出世界 20 强，其根本原因就是科技发展日新月异，已经很难预测一个企业的未来发展前景。再过 30 年，世界 20 强企业还会不会是今天这 20 家呢？他认为一定会面目全非。也就是说站在巴菲特的角度，数字经济时代已经不能用传统"价值投资"理论分析某个行业、某个企业了。所以他推荐投资指数基金给大家。

这件事带给我一个启发，既然已经明确知道 30 年之后，世界最大的企业很可能不再是今天的世界 20 强企业了，我们也都相信 20 年或 30 年后，中国可能取代美国成为世界最大经济体，那么也就意味着未来世界 20 强企业中，应该有一半或者三分之一是中国企业。世界 100 强企业应该有 50 家左右在中国，世界 500 强企业也应该有 250 家左右在中国，那么我们可否预测到未来的世界 20 强企业有哪些，这些企业今天在哪里，或是在当下应该是怎样的体量、处于一个什么样的地位？我们能否用某种方式在数字经济时代让它们达到这样一个世界地位？如果在培育过程中把投资结合起来，这不就是数字经济时代的价值投资、价值创造模式吗？

三、数字经济时代的"价值投资"

结合我对数字经济时代产业数字化运行模式和创新方法的研究，我认为完全可以设计一套适用于数字经济时代的"价值投资和价值创造"模式，以帮助各行各业，帮助大中小型企业找出适合它们的创立、生存、运营、发展运行规律，以期能够培育出在中国乃至世界范围内最有价值的企业。

当把问题全部想通后，我分析总结了过去在资本市场从业 30 多年了解到的各个行业的发展状况，加上我在运作全球并购项目时对全球企业、科技、产业的理解，以及对数字经济的研究成果，我将传统企业、产业的运行规律以及传统的"价值投资"模式与数字技术融合、数字技术的发展趋势和规律结合起来，设计出了一套综合性、系统性、全面性、创新性的解决方案。这套方案利用 10 年至 15 年时间，将传统企业和产业发展方式与数字技术深度融合，运用到各个行业中，通过 12 个模块循序渐进地应用，既可以帮助大中小型企业找到在数字经济时代生存、运行、发展的模式，又可以为投资人提供传统价值投资所不具备的价值投资机会。

这个模式被我命名为"基于数字智能的产业数字化价值创造模式"。为了简化对这套解决方案的理解，我将其简称为"D12模式"。"D"就是数字经济（Digital Economy）的首字母，"12"代表这套解决方案共分为12个模块。这12个模块代表了企业在产业数字化时代创建、发展的12个步骤，也是企业和产业数字化价值逐渐创造的步骤，就像打游戏通关一样，由简单到复杂，层层递进，相互关联，只要企业能够按照D12模式一步一步地把每一个模块与产品、企业、产业、资本结合起来，付诸实施，就能把企业或产业培育、整合成未来中国乃至全世界市值最高的产业数字化平台。设计完成之后，我认为这个模式完全可以成为中国产业数字化发展的解决方案。

第二节　D12模式的内在逻辑

一、产业链、供应链、价值链

按照工业经济时代的行业分类划分标准，我国共有20个门类：97个大类、473个中类、1380个小类。无论是大类、中类、小类，它们都有同样的运行规律。首先是投资人投资，这个投资我们也可以称为"资本"，资本通过公司这个商业组织从事经营活动，公司所有资产就属于资本，属于投资人。而后，经营者通过公司运营，将资本投资于各种资产，用于所属行业的经营。不论是第一产业、第二产业还是第三产业，都会遵循这样的运行规律。公司资产构成某个行业的产业链。

一个公司想要运营，就需要购入原料，通过生产加工，生产销售产品，因此就出现了上、中、下游产业，如原材料行业就是上游产业，生产制造业就是中游产业，销售服务业就是产业链下游。将这些上、中、下游产业要素形成的物流、信息流、资金流链接起来，就是"供应链"。产业链、供应链上的各个企业、各个节点交互运行过程中，会产生收入、支出、成本和利润，这就是"价值链"。

产业链、供应链、价值链在相互对接的均衡发展过程中，就形成了广义上的产业体系，也称为产业系统。在产业系统中，无论是上游、中游、还是下游企业，其背后起决定性作用的都是资本，所以说资本推动公司运转，公司运转就形成了产业链。一个公司掌握的产业链越多，公司规模就越大，产生的利润就越高，资本价值就越大，这就是"公司价值"，也称为"企业价值"或"公司市值"。

全球范围内的企业基本都是通过资本市场来配置和交易全球的资本，无论是中国资本市场，还是日本、英国、美国资本市场，都奉行这样的运行模式。只是不同国家、不同资本市场设计了不同的资本形态和资本产品。资本通过控股、投资全球大大小小的公司，创建了全球性的产业链，实现全球的产业链、供应链和价值链的配置。资本、公司、产业链、供应链、价值链，构成了整个传统工业经济的全球化发展模式。

也就是说谁的资本多，谁能控股的跨国公司就多；谁的资本量大，谁在公司里面的话语权就大，进而通过遍布全球的跨国公司实现世界范围内的产业链、供应链垄断，最终实现公司市值最大化。而后，利用市值推动资本升值，资本升值再进一步提升产业价值，这就是资本价值与产业价值的有机融合。这也是跨国公司的运行模式，不论是世界 500 强、世界 100 强还是世界 20 强企业，都是这样。这也是这些企业能够成为产业领域的龙头企业，能够对一个国家的经济发展、对全球经济发展起举足轻重的作用，能够超过很多中小国家 GDP 的根本原因。

工业革命以来，尤其是 1945 年以来，美国等主要发达国家主导的全球化产业和金融运行秩序，形成了全球化传统产业的发展规律、发展本质和发展运行模式，这就是产业经济学的研究范畴。

这里尤其要注意的是，过去一百年全球产业经济发展的内在逻辑都没有超出资本，通过跨国公司控制或者拥有分布于全球的产业链形成产业关系。在这个内在逻辑中，有一个非常重要的组织就是现代公司。现代公司不外乎就是有限公司和股份有限公司，现代公司一头连接资本，一头组织产业链和企业管理，形成人与公司、规则之间的关系。资本的一头是公司，驱动公司发展和创造；另一头连接资本市场，通过资本市场和金融运行的规则，使资本和公司之间相得益彰。美国之所以强大，就是因为它有全球最强大、最灵活、最活跃的资本市场，全世界的许多优质公司都在美国上市，全世界的许多货币都换成美元在美国投资，全世界许多著名企业创造的利润都体现为美国股票的价格和价值，更多人、更多公司去投资融资，创造了美国的辉煌。

现在，全球经济进入数字经济时代，过去形成的由资本主导配置现代公司组织实现的全球产业分工形态需要深度融合数字技术，实体经济与数字技术深度融合之后，传统资本驱动的全球产业链、供应链、价值链关系将被重构，我们为其赋予一个新的概念，即"产业数字化"。我顺便强调一下，这里的数字技术不像一些通信专家、互联网专家或者人工智能专家说的那样，是一大堆艰难拗口的专业术语，我更多地理解为是由数字技术组成的产业组织，包括产业互联网、区块链、Web3.0 以及未来的元宇宙。

原来完全由资本驱动的企业发展方式、产业发展方式将改变为数字化、智能化驱动方式，资本高度密集变成了数据高度密集。公司治理过去主要依靠控制，强化垂直管理；现在主要依靠分布式、扁平化分散治理，个性化崛起；过去主要靠垄断竞争和创造价值，现在主要靠链接和共享创造价值。

要实现"产业数字化"需要很多数字技术支持，5G 技术就是基础技术。也就是以 5G 技术作为通信信息行业的基础，综合协同地利用海量数据以及数字技术组织，包括物联网、工业互联网、产业互联网、区块链、云计算、人工智能技术等，实现传统产业关系的重构。因此，我们认为 5G 技术的应用才是数字经济的起源。因为 5G 技术超越了空间概念，能够实现人与人、人与物的链接。所以，如果 5G 技术能够真正渗透到传统工业经济里所有行业分类的生产、流通、分配、消费等各个环节中，传统的产业链、供应链、价值链也会因与数字技术的深度融合发生改变。

产业数字化既不是用新的综合性、系统性、协同性数字技术去重新整合企业和产业，主导企业和产业的运营——如果可以做到这一点，华为就可以将中国企业和产业全部整合；同样也不是完全抛弃了传统企业和产业多年形成的发展规律。两者之间的深度融合是一门全新的科学。

可以认为产业数字化后，传统工业经济时代的产业发展及运行规律将发生根本性的变化。故而，我们必须深入研究产业数字化对传统经济的影响与渗透，以及实现产业数字化后为传统工业经济带来的新发展、新变化。这也是摆在中国所有传统产业面前的关于企业创业、生存与发展的新课题。

这就是 D12 模式诞生的基本逻辑。

D12 模式就是探讨数字经济时代企业和产业与综合性、系统性、协同性数字技术深度融合的科学、系统的方法。

D12 模式包含三部分内容，第一部分是"数字智能"，第二部分是"产业数字化"，第三部分是"价值投资"。

D12 模式就是以数字智能作为核心竞争力，通过产业数字化这个历史进程的创新架构，发掘和形成符合产业数字化特点的具有规律性、确定性价值的投资机会，针对这样的机会，利用价值投资理论展开投资服务，从而创造数字经济时代传统产业的新价值。

二、数字智能

首先，我们来了解一下，什么是"数字智能"。

很多人容易混淆"数字智能"与"人工智能"两个概念，我个人理解这是两个概念，二者是有区别的。"人工智能"主要出现在计算机时代，通过计算机提高了算力，可以替代人的许多能力，其与人类智慧相比，优越性远超人类的认知和能力。因为它主要用于替代人类劳动力，减轻人类的劳动负担，解决人类无法完成的事情，所以称为"人工智能"，简称为"AI"。而"数字智能"与"人工智能"相比，由于通信技术和互联网技术融合之后，实现万物互联，采集、存储了海量数据，数据、算力、算法的交互和增量方面远超人工智能，所以我更倾向使用"数字智能"，而不是"人工智能"。

为了更好地了解"数字智能",我们先来了解一下数据、算力和算法三者之间的关系。

"算力"就是我们计算设备的计算能力,而计算能力受制于运算速度。世界最早的计算设备就是算盘,也可以认为是早期的计算机。从算盘到计算机再到云计算,计算设备日益更新,运算速度显著提高,算力也大幅增强。特别是计算机发明以来,经过几十年的发展,人类需要运算、处理的数据大幅增加。近几年随着互联网深入千家万户,人类生活在数字世界中,每天都被海量数据包围,因而倒逼计算机算力的提高。而算力提高之后,能够采集、运算的数据也就更多,得出的运算结果就会更丰富,从而进一步推动算法的提升。网络时代,由于链接的站点和节点容量巨大,每时每刻都在产生海量数据,算法、算力和数据三者的融合,又大大促进了"数字智能"的进步和发展。尤其是 5G 的出现,互联网进入万物互联时代,将人和人、人和物、物和物泛在链接,每时每刻产生的数据为数字智能提供了更加丰富的"原材料",数据成为信息,信息通过算法变成知识和认知,驱动人与物的行为,创造出大大超越传统企业和产业的运行效率,创造出更加丰富和精准的结果。

从机器学习、深度学习到音视频及图像数据的处理,再到声纹识别、面部识别、指纹识别等复杂的感知识别技术等,人类需要处理的数据更多、更复杂,数字智能技术也随之不断进步。

因此,我将 D12 模式的第一部分定义为"数字智能",也就是说"数字智能"是 D12 模式的前提。在 D12 模式的每一个节点都要研究数字智能的应用场景。

三、产业数字化

这就是 D12 模式的第二部分——"产业数字化",即产业在数字化过程中如何合理利用"数字智能"技术。这里需要注意的是,将"数字智能"运用到"产业数字化"中,而不是运用到"数字产业化"中,"产业数字化"和"数字产业化"在概念上是不同的。这也是 D12 模式的特点之一。

"产业数字化"是一个适用于所有行业分类的普适性技术手段，它也是D12模式研究和运用的对象。在国内数字经济的定义中，主要包括产业数字化和数字产业化，产业数字化就是将今天所有的实体经济与数字技术深度融合。D12模式实际上就是给中国数字经济领域的产业数字化寻找了一个实践路径和解决方案。"数字智能"技术是开展"产业数字化"的前提、基础，也是实现"产业数字化"的技术手段，那么在产业数字化领域，如何妥善运用"数字智能"技术呢？这就是D12模式的研究方向。

实现产业数字化，会改变原有产业的运行模式、运行规则、运行规律，降低产业的生产成本，提高产业的生产效率。因此在实现产业数字化的过程当中，会带来传统产业做不到的价值变化、价值重构、价值重塑，进而创造新的投资机会。这种价值投资机会也为资本提供了一个新的投资方向，而最终收益相较于传统工业经济时代也会有大幅的提升，所以，我将这种投资机会称为数字经济时代的"价值投资"，也就是D12模式的第三部分。可以说D12模式让传统"价值投资"的理论和方法在数字经济时代找到了新的方向和落地实施的抓手。

四、价值创造

在讨论价值投资和价值创造的时候，要讨论一下"价值"。价值是一个哲学概念，也是一个经济学概念。过去讨论价值，不管是从哲学层面还是从经济层面讨论，都是在工业经济时代和工业社会环境内讨论的，也是工业社会价值的哲学观和经济观。虽然我们今天尚处在工业经济社会向数字经济社会过渡的初期，但是，代表数字社会和数字经济时代的哲学价值观与经济价值观事实上已经引起关注。本书不是哲学著作，不讨论数字社会哲学价值观的问题和方法论。本书也不是数字经济学理论著作，也不会从数字经济理论上去讨论数字经济的经济学价值观。但是，本书提出价值投资和价值创造，已经不是站在工业经济和工业社会的角度讨论各种价值的形成、定性、定量、创造、交易，所以我们在这里定义的"价值"必须符合数字经济和数字社会对价值的定义要求。

我们所设计的"基于数字智能的产业数字化价值创造模式"包含对工业经济形态价值的尊重、传承，重点是必须符合数字经济时代哲学意义和经济学意义的价值形成方式、价值认知方式、价值创造方式、价值度量方式、价值获得方式、价值权益归属、价值转化逻辑和规律。也就是说，本书关于"基于数字智能的产业数字化价值创造模式"是数字经济时代的价值观和价值取向。这个"价值"不仅区别于"资本价值"，同时还包含数字化、智能化时代需要从多维度定义的"价值"，包括"数据"价值的形成、权属、安全、分配、伦理，包括数字化自身的"ESG"特性和"双碳（碳达峰和碳中和）"标准。

对于巴菲特、芒格等工业经济时代的投资家而言，受限于年龄、美国的经济结构等因素，他们也难以理解中国数字经济时代的产业数字化，也就是说他们无法将数字智能、产业数字化、价值创造（价值投资）三者结合起来。近几年的巴菲特股东大会，或多或少都会提到数字经济中的一些概念，像比特币、以太坊、虚拟货币等，他们对此一直持批判态度，难以想象出 5G 时代、数字经济时代、产业数字化时代，"价值投资"会有什么改变。

目前中国企业在面对数字化和数字化转型的时候，遇到的一个普遍问题就是数字化转型需要花钱，花出去的钱不能量化到企业的成本降低或者收入增加上面，而市场上数字产业化领域的各种数字技术解决方案主要在提供标准化、共同性系统架构和软件，几乎都是千人一面的产品，各地出现的状况就是政府补贴企业实施数字化转型。这样很容易发展成为了转型而转型。D12 模式是把投资和数字技术要素化、数据要素资本化结合起来，让企业或产业在实现数字化转型和产业数字化进程中，首先得到资本支持，企业拿到资本后，利用资本引进先进的数字技术或者用股权换取数字化解决方案，以实现企业的数字化转型和升级，进而改变企业或产业的生存、发展模式。

这么做的结果显而易见：

第一，企业获得了丰厚的原始资本，有了资本，企业就可以购买更好的数字技术解决方案。同时，也给资本参与企业数字化、产业数字化创造了条件（政府补贴可以转化为带条件的投资行为或者可转债）。

第二，产业数字化为云计算、大数据、区块链、物联网、工业互联网、人工智能等数字技术找到了应用场景，也就是说产业数字化为数字产业化创造了市场和应用平台。

第三，基于数字智能的软硬件研发有了落地的可能。我们都知道，中国最大的人工智能公司现在每年亏损几十亿元，为什么会亏损？因为企业每年把大量的资金投入科研中，但由于产业数字化的进程缓慢，无法为强大的人工智能技术提供应用场景，也就是说生产企业无法实现资金回笼，这就严重影响人工智能技术的发展。而 D12 模式推动了产业数字化的升级、发展，恰好可以为人工智能技术、数字智能技术找到市场和应用场景，间接推动人工智能技术、软硬件技术的研发与应用。

这也就解释了为什么将 D12 模式命名为"基于数字智能的产业数字化价值创造模式"，其基本内涵就是将数字智能、产业数字化、价值创造三者进行深度融合，这种融合就是习近平总书记在讲话中提到的"促进数字技术和实体经济深度融合，赋能传统产业转型升级"。而 D12 模式为上述三者深度融合提供了行之有效的解决方案、操作方案。

五、谁的 D12 模式

从 D12 模式设计到今天已经过去一年时间了，一年以来，我虽然在一些行业开始探索、实施，也和许许多多金融、产业、投资、数字技术、数字智能领域专家讨论、分享和交流，几乎没有任何一个人反对，但是，大家也同样认为这个系统很庞大，对知识、专业跨界要求很高，如何实施、操作推广，需要好好思考。那么，D12 模式是给谁的呢？谁来使用，怎么使用呢？

第一，D12 模式是给各行各业企业使用的，适合于大中小型企业，上市公司可以用，非上市公司也可以用。

第二，谁来提供 D12 模式这个工具呢？

D12 模式是一个价值创造模式，作为一个系统性方法和工具，目前需要创建 D12 模式的供给生态。D12 模式的供给生态主要包括三个方面：

1. 执行管理咨询、战略咨询、产业咨询、投资融资、资本运营的投行团队。

2. 数字技术系统架构师以及数字智能专业团队，能够整合云计算、大数据、物联网、产业互联网等技术生态。

3. 产业数字化投资基金。投行、技术、资本三者之间组成一个完整的生态关系就可以创建生态型的"数字投行"。

第三，生态型"数字投行"通过系统培训、学习、交流，相互贯通就可以给企业和产业以及各领域提供 D12 模式。

第四，一个单一机构很难完成。

我在中国和世界各地观察到的一些基本情况是，大家从上到下都知道数字经济的重要性、战略意义，但是，在具体落地操作实施环节，几乎都缺乏数字产业化、产业数字化的具体实施路径，没有一个地方可以系统帮助企业、产业集群创建数字产业化和产业数字化的生态。一个省或者市，可以创建智库类型的平台、联盟，既不是单一技术领域，也不是单一金融机构，更不是单一企业。需要创建这样的生态系统。

政府部门可以在这个生态系统领域起到组织、引领作用，让每一个企业、每一个行业、每一个产业都能够通过培训、讨论、交流而了解、熟悉，最后实施由数字技术、资本、产业、行业领域的专家或者机构构成的 D12 模式生态，这样就会给各地数字产业化和产业数字化高质量发展创造条件。

这个方法就可以构建 D12 模式的价值创造和价值投资体系，这个体系和巴菲特、芒格他们讲的价值投资有个很大的区别。他们讲的价值投资主要是股票二级市场的投资，D12 模式包含了价值创造和价值投资两个维度，D12 模式的价值创造也包括投资，但主要是一级市场的投资。D12 模式的价值投资主要是将 D12 模式的价值创造进一步开发设计成为价值评价体系，通过价值评价体系发掘出上市公司数字化价值投资组合，根据这个投资组合展开的投资，就是 D12 模式的数字化价值投资。完整地理解 D12 模式更像是在通过数字化价值创造方式，创造产品数字化、企业数字化、产业数字化价值，然后将产业投资创造的价值传递到资本市场，形成资本市场的投资价值。而巴菲特的价值投资主要是对价值创造者的价值发现，通过股票二级市场投资，给他们的投资者创造价值。

根据D12模式的普适性特点，我们认为，D12模式就是大家的，就看你自己是什么角色。你是一个传统产业的企业家或者高级管理人员，不管是上市公司还是非上市公司，D12模式都可以带给企业腾飞的翅膀；你在一个数字技术生态的机构，可以探讨怎么把数字技术应用于D12模式并参与企业和产业数字化；你是一个中小微企业的创业者，可以在D12模式推进过程中，参与产业数字化整合；你是一个投资者，可以通过D12模式的价值创造和价值评价参与D12模式生态投资；你是政府官员，可以通过D12模式帮助地方政府创建产业数字化生态和全域数字化规划设计。

以下将全面介绍D12模式，为什么把"价值发掘"作为D12模式的第一个步骤呢？核心逻辑是工业经济时代和数字经济时代产品价值、企业价值、产业价值的价值观、价值构成、价值认识、价值创造、价值实现和价值发现方式都不一样。所以，我们不管是要参与企业投资，还是要给企业规划设计数字化解决方案，都需要重新认识和发掘目标企业与产业在数字经济时代的价值。我们也可以把这个理解为"产业数字化价值属性"。

第五章

D12 模式的实施路径

第一节　D1——价值发掘

D1模块"价值发掘"环节，就是在产业数字化的进程中发掘产品价值、企业价值、产业价值、行业价值或者这些价值在数字经济时代的地域和空间关系，这些关系的总和构成"产业数字化价值属性"。

在工业经济时代，企业的产品价值、企业价值、产业价值是工业经济时代的价值创造和形成方式、表现方式，D12模式的价值发掘是发掘同样的产品、同样的企业、同样的行业在数字经济时代的价值。工业经济时代和数字经济时代的产品价值差、企业价值差、产业价值差可以体现出产品、企业、产业在数字经济时代的价值大于在工业经济时代价值的基本逻辑。

如果你是一个参与者，你可以从企业、政府、数字技术、产业专家、投资融资多个角度去参与思考价值发掘。

一、传统产业的运行规律和瓶颈

产业是由一个庞大的产品生产体系、服务体系、企业体系、资产体系、市场环境在一定的运行规律下形成的。以纺织行业为例，从棉花到成衣需要很多产业配合。首先棉花的育种、种植、收获等工序，需要棉花种植业的配合。棉花采摘后，要纺成棉纱，无论是16支纱、24支纱，还是32支纱，都需要纺织业配合。棉纱想要做成各种面料，为了实现透气性、抗皱性、舒适性等面料特性，需要将棉纤维与羊毛、羊绒、化学纤维等混合，这就需要科研和养殖业的配合。制成布料后又有印染、剪裁、制衣等环节，这又需要设计师、手工制造业的配合。制成成衣后，又需要零售业对其进行销售。

我们可以看到从上游、中游到下游，环环相扣、层层配合。工业经济时代，主要通过资本投资、收购、整合产业链，用资本形成产业链的集中和垄断。

其瓶颈是工业经济时代的产品往往是先生产出来，再销售到使用者或者消费者手中，但是规模化、标准化要求往往使得生产出来的产品并不是每个使用者或者消费者都需要和喜欢的产品，再加上产品生产、制造、仓储的成本使得这样的产品成本很高，不好销售，不能满足使用者和消费者的需求，产品利润也上不去。

数字经济时代可以根据数字技术与纺织行业的行业状态采用数字化和传统产业整合的方式，重新改变这个产业的运行模式，突破传统产业的发展瓶颈。比如在数字化、智能化状态下，通过研究分析消费者需求数据，按照需求进行生产制造，不仅可以准确满足消费者的需求，还可以以销定产，减少库存；不仅可以降低产品生产流通成本，还可以提高产品利润，从而创造出数字化的产品价值。

"价值创造"就是研究将产业数字化应用于哪个产品、哪个企业、哪个产业的哪个环节，它的理念是将传统产业的价值发现、价值创造方式和数字化价值发现与价值创造方式结合起来的"数字化价值创造"理念。D12 模式是数字经济形态下的"价值创造"模式，什么样的产品、企业、产业适合这个模式，寻找产业数字化的目标，是 D12 模式第一步要研究的内容。从宏观来讲，它适用于各个行业的大中小型企业和产业数字化。但是从一个具体操作模式来讲，首先要从"价值投资"或者"价值创造"的角度，以及产品、企业、产业的维度上评估。

企业不仅可以通过产品数字化提高和重构数字化的产品价值，还可以通过企业数字化重构数字化的企业价值，以及发掘产业数字化的价值。

二、发掘产品价值

工业经济时代企业产品和服务的价值组成企业生产与创造产品和服务的成本及价格之差，构成产品的价值要素也非常多，包括劳动力、生产资料、科技含量、企业品牌、产品质量等。但是，由于产品的生产者和产品消费者对于产品的价值信息不对称，消费者很难真实了解产品价值，数字化产品可以帮助消费者了解产品价值。

数字经济时代的产品价值有两个含义。

1. 数字化产品本身

比如智能手机就是工业经济时代没有的产品，云计算也是工业经济时代没有的技术。还有给工业经济时代的产品赋予数字经济时代的内涵和特质，让产品产生出数字化、智能化价值。比如电冰箱、洗衣机、家用空调，这些产品都是工业经济时代的电子消费品，数字经济时代将这些产品赋予数字化、智能化功能，和消费者的终端控制系统及整个家庭的智能控制系统链接之后，这些产品就有了数字化、智能化价值。工业经济时代的产品价值主要体现为创造这个产品和服务的劳动量，更多是物理形态的。如果我们将这个产品做成数字化的NFT，或者做成数字孪生的虚拟产品，放到元宇宙空间，就可以创造超过我们在工业经济时代的价值外延。

2. 重构数字化的产品价值

数字化可以重构产品生产和销售、消费者之间的关系，从而导致产品成本和销售价值的变化。比如，产品数字化或者服务数字化是企业数字化和产业数字化的基础，产品数字化有很多概念，在这个地方主要是指对产品和服务的性质、形态、概念通过数字化、智能化手段（文字、图片、视频、形象、声音）进行陈述、表现、销售的方式。同样的产品通过数字化手段和方法，可以体现出不同的产品价值，从而影响产品的价格，不同产品通过 D12 模式首先进行价值发掘，实现产品价值重构。

比如，我们都知道中国的白酒是越存越香，尤其是酱香型白酒。但是，生产者、经销者如果不能准确地把白酒的生产、存储、供应过程呈现给消费者，消费者如何为白酒的价值买单呢？数字化就可以将白酒生产、封装、存储、窖藏的所有过程通过可视、加密、可追溯的数字技术与消费者建立链接，建立信用，同样的产品就会有不同的数字化价值。

再比如上市公司中钢国际工程技术股份有限公司几十年来建设了遍布世界各地的钢铁基建工程项目，所有这些项目规划、设计、施工的数据过去都处于沉睡状态，放在档案室里。通过云平台，将所有这些沉睡的数据都挖掘出来，存储于数据库，建立数据云平台，中钢国际工程技术股份有限公司就可以用这些数据和所有项目甲方开展数字化合作，帮助甲方创建数字化、智能化运营体系，提高这些企业和项目的数字化运营水平。这些沉睡的数据，包括文字、图片、图纸、视频数据就会变成数字资产，从而发掘出企业和项目的数字资产价值。然后，再以这些传统数据作为基础，用数字智能技术、边缘计算基数技术、BIM/CIM 技术（建筑图形技术）、数字孪生技术、物联网技术、元宇宙技术、区块链技术的综合赋能，给客户带来新价值。因为中钢国际工程技术股份有限公司已经有了这些项目的基础数据，而目前所有传统产业都会通过数字化来重构产业生态，那么中钢国际工程技术股份有限公司已经建成的这些项目的使用单位也都会投资于数字化转型，这些单位的数字化转型范围包括将钢铁与冶金产业的上游原材料供应、生产、加工各环节，仓储物流，市场客户全要素数字化和智能化。企业的土建基础数据、建筑结构基础数据、设备安装基础数据、各种电气通信数据都需要用数字化、智能化建立起来，而这些数据的重建技术是企业没有的，都在中钢国际工程技术股份有限公司。中钢国际工程技术股份有限公司就可以用最新的云计算技术、大数据技术、BIM/CIM 技术、仿真技术、数字孪生技术、"云边端"技术形成项目主体与自己的数字化再造，让这些冶炼企业、钢铁企业实现智能制造、数字化管理。

同时，对于中钢国际工程技术股份有限公司来说，数据中心的创建改变了过去完成项目规划设计、建设施工、实现交付、结算就万事大吉的商业模式，它充分利用数字智能技术，通过项目所有数据对老企业进行数字化数据重建，实施数字化改造，创建数据的可感知、可视、可预判系统和在线数字化检测等多种应用。中钢国际工程技术股份有限公司可以和甲方建立持续长期的运营合作关系。如果中钢国际工程技术股份有限公司做到这一步，就是从传统工程技术服务业中实现了价值再造，中钢国际工程技术股份有限公司这个企业的产业数字化价值在重估时就会不可估量。

产品数字化的价值在于产品全生命周期的关系重构和价值重构。

三、发掘企业价值

1. 什么是数字时代的企业价值

企业价值比产品价值更加复杂，工业革命几百年来已经形成了非常丰富的企业价值评估方式。但是，数字经济时代一个企业在实施数字化转型和改造之后，就不能简单地沿用工业经济时代的价值发掘方式，这就需要发掘传统企业的数字化价值。

企业价值是构成一个企业全部要素内在逻辑价值的总和。包括企业的有形价值和无形价值，如品牌价值、资产价值、资本价值、文化价值等。企业价值的评价和认定没有统一的标准，存在各种不同的价值评价方法。工业经济时代企业的价值主要表现为产品生产或者产品服务实现销售之后创造利润的能力和大小。工业经济时代企业价值的形成和创造都是在工业经济环境和工业经济时代的土地、生产资料、技术、人力资源的要素条件下完成的。除此之外，数字经济时代增加了非常丰富的以数据为核心的数字技术要素，这些要素和工业经济时代的所有要素进行有规律、无规则的融合之后，将会创造出新的企业价值，这就是数字经济时代的企业价值。

企业数字化价值就是通过将企业的全要素，包括企业的采购、设计、规划、生产、服务、加工、仓储、物流、管理、财务、资产、销售、人才、治理结构与各种数字技术融合，从而重构和创造数字化时代的企业价值。

2. 怎么发掘一家传统企业的数字化价值

（1）数字产业化企业的价值发掘

数字产业化企业主要是指通信基础设施、电信基础运营商、大数据基础设施、通信设备制造、数字化基础设备与设施生产制造，各种通信、信息、数字化硬件，各种基础软件和应用软件的研发与应用企业。类似中国电信、中国移动、中国联通、华为、中国电科、浪潮、中兴通讯、百度、腾讯、科大讯飞、东软、商汤、世纪互联等。

数字产业化企业以前的价值：在 5G 出现以前，这些企业主要是直接销售自己的产品和服务。产业数字化的应用场景还没有大规模开发出来，产业数字化的市场需求也还没有被激发出来，主要市场和业务局限在消费行业和服务行业数字化市场，这个时候的数字产业化价值发现空间相对清晰。

数字化之后可能新生的价值：随着产业数字化时代到来，所有传统产业创造出来的产业数字化需求将给数字产业化企业带来巨大的市场。我们以华为为例，华为的智能手机这个消费者业务因为美国的制裁遭受致命打击的时候，华为通过成立产业数字化军团，将华为集团的数字产业化优势渗透到产业数字化领域，拓展 ToB 业务，在煤炭、电力、产业园区、运动、互动媒体、机场、轨道这些行业大举出手，创造数字产业化的新价值。这就是数字产业化企业在产业数字化领域的价值空间。

以海康威视这家上市公司为例，它过去是数字产业化领域的一家从事安防、数字化检测设备制造的高科技制造企业。但产业数字化时代的来临，让海康威视看到了新的商机，它利用自己的客户优势和技术优势，全面转型物联网。海康威视在 2021 年的年报中这样表述：

"物联网（IoT）经过二十多年的发展，与智能融合应用，形成了智能物联。当设备可以感知变化、连成网络并和人、物进行互动时，带来的改变可能是前所未有的，这种改变正在发生。

"智能物联是一种基础能力，智能物联为人与物、物与物提供了相链接、相交互的可能性，这种可能性并不专属于任何一个行业，但智能物联确实存在先锋、典型行业场景，如智慧安防、工业物联、智能家居等。

"我们相信智能物联将掀起席卷众多行业的技术浪潮，凭借在众多技术领域的积累和对行业市场的深耕，海康威视有信心抓住智能物联快速发展的机遇。

通过不断拓展和持续迭代智能物联的行业应用，海康威视持续完善面向公共服务、企事业单位、中小企业的业务组织，并陆续成立萤石网络、海康机器人、海康微影、海康汽车电子、海康存储、海康消防、海康睿影、海康慧影等创新业务，专注大场景业务的落地。"

海康威视就是凭着对产业数字化未来的新的认知，迅速实现战略的华丽转身，一跃成为设计中国智能物联网领域解决方案的佼佼者。

所以，数字产业化企业同样在产业数字化时代可以找到战略价值创造的新机会。

（2）数字原生企业的价值发掘

数字原生企业是指用互联网或者数字化思维与逻辑，创业成立的新传统产业企业。即在业务成立的最初阶段，用互联网思维开发、创建产品设计、供应商、供应链、开发商、消费者数字生态系统，通过这个生态系统创建线下和线上销售渠道，主要挣的不是互联网或者广告的钱，挣的是产品利润。

这样的企业是"数字原生企业"。到今天为止，数字原生企业有两个非常成功的案例，一个是美国的特斯拉，另一个是中国的小米。

特斯拉创业至今仅有19年的时间，却已经成为全球产业价值最高的汽车生产企业。在传统工业经济时代，美国有三大著名车企——福特、通用和克莱斯勒。其中福特在2008年金融危机时一度破产，经过整合重组才重新上市。而克莱斯勒在2009年被意大利菲亚特公司收购。这三家车企的利润比特斯拉高很多，但产值加起来却不如特斯拉，甚至特斯拉还在亏损期时，产值就远超三大巨头，这是为什么？就是因为三巨头的经营方式、经营理念、造车理念仍停留在传统工业经济时代，仍旧是通过资本运转跨国公司，实现产业全球化。而特斯拉则选择了数字经济时代的新模式，在汽车制造技术中融入人工智能、无人驾驶、新能源、数字终端等新技术，给企业和投资人带来无限想象空间。所以，资本市场在估算特斯拉的产值时，就给出一个较高的估值，这就是数字经济的魅力。

同样，2010 年成立的小米也属于数字原生企业。小米的创始人雷军利用数字经济时代的产业数字化逻辑和方法进入传统产品市场，对手机的研发、设计、生产、制造统统实现外包，他就只负责打造小米品牌，相当于产品集成商，然后根据市场对性价比的需求，利用互联网模式推出品牌、产品、设计等，仅用 10 年时间，小米公司就成功跻身世界 500 强企业，刷新世界工业经济史上成为世界 500 强企业的最短用时纪录。

特斯拉和小米的经营理念就是产业数字化，但又有别于传统企业的数字化转型，而是用产业数字化思维、互联网思维、数字经济思维重新定义传统生产制造业。这也是产业数字化的魅力所在，是典型的企业数字化价值投资原生模式的标准范例，也是"价值投资"价值发掘的新方向。

（3）传统产业企业的价值发掘

这个领域是中国企业数字化价值发掘的主流领域，存在最大的企业数字化价值发掘空间。这个领域包含了我们今天各行各业的传统企业，包括农业、工业、服务业领域的所有大中小型企业。我们在对中国几千家上市公司数字化进程的研究中发现，中国所有传统企业都存在数字化机会，都有数字化发展空间，都存在通过数字化提高和重构企业价值的机会。传统产业企业通过供应环节的数字化可以创建数字化集中采购机制，保障供应的质量、价格、时间，提高供应效率，减少库存，提高资金周转速度，降低成本；可以在生产制造环节，通过工业互联网、物联网实现生产制造流程的再造，通过智能制造降低人力成本，改善工作环境，降低劳动强度，提高生产效率，保证产品品质；可以通过管理数字化充分发挥数据优势，提高管理效率，节约管理成本；可以通过财务环节数字化加强资产负债管理，加快资金流动，提高财务效率，建立企业财务安全边界；可以通过营销数字化重构产品规划设计和销售、消费关系等。将企业的所有要素进行数字化转型，包括云计算、大数据、物联网、工业互联网、区块链、数字孪生、元宇宙这些数字技术的科学应用，创建系统的敏捷融合关系，让企业全面实现数字化价值提升。

因为企业发展是无止境的，企业数字化价值的发掘是无止境的，数字技术的不断进步、不断深化、不断丰富是无止境的，企业的所有要素与数字技术生态的融合也是无止境的。每一个企业的数字化未来都有巨大的想象空间，绝不存在某个企业完成了数字化之说。

企业数字化的价值在于企业全要素关系的数字化和要素重构、产品全生命周期数字化价值的统一。

四、发掘产业价值

产业价值主要是指一个产业在一定范围内的产值总和。产业价值是由这个产业领域的所有企业创造的。

工业经济时代的产业价值体现为工业经济时代产业的经营水平和产业价值的创造能力。由于不同产业代表不同时代、不同区域，产业价值和产业的规模取决于这个产业所在地区和范围的需求总量和需求增量，也代表了这个产业在这个地区或者这个国家的经济发展水平。比如中国汽车产业价值就是中国汽车以及汽车零部件生产制造企业创造的价值总和。工业经济时代的产业价值主要是通过每个产业的产业链和供应链上的所有企业和经营者创造的。

作为每个产业领域的企业经营者，都希望通过产品、技术、市场、资本等优势成为产业龙头，产业集中度越高，龙头企业获得的产业利润就越大，企业的产业价值就越高。但是，由于产业的物理形态导致所有产业的产业链、供应链都分布在一定地理范围内，导致产业经营者有不可逾越的经营难度。

数字化就可以轻易跨过时间和空间的局限，通过数字化链接和智能化计算与驱动，可以超越地理限制，创造出数字经济时代的产业运行模式，从而创造更高的产业数字化价值。

数字经济时代的产业价值是通过产品数字化、企业数字化、产业要素数字化所形成的产业数字化形态，改变和重构工业经济时代的产业运行方式，重构产业关系，重建产业组织，使产业效率更高、产业成本更低、产业经营模式创新，使产业更加符合环保、低碳、包容的要求，从而提高数字经济时代的产业价值。

数字经济时代产业价值和工业经济时代产业价值关系的区别主要有以下几点：

1. 产业价值大小不同

从产业价值看企业价值，有的企业从事的产业市场只有几十亿元，有的产业却有几百亿、几千亿、几万亿元，那你所选择的产业数字化目标，有多大的产业价值呢？这一产业是中国独有产业，还是全世界共有产业？这些就是"价值发掘"要考虑的内容。传统产业价值评估中体量大小的产业都有获得价值重构的机会。

例如芯片产业，从大的行业分类看属于电子、半导体产业，然后二级分类才是芯片制造业，这涉及芯片的研发、生产、制造、加工、封装、应用等环节，芯片的数字化有多大市场呢？要从整个芯片上游的单晶硅、晶圆、芯片设计、芯片生产、芯片封装、芯片生产设备制造、芯片应用来研究。芯片在应用领域已经无所不在，涉及的产业就有几十万亿、几百万亿元的市场。

全球液压装备产业产值达 316 亿欧元，是一个不大的行业，用传统的产业价值评估方式，这个行业就在这样一个价值区间。如果用产业数字化思维去从事液压行业的产业数字化创新，用产业数字化模式以及数字化、智能化的平台，将液压执行器件、液压装置，液压与主机之间，液压工作主机与应用场景之间链接起来进行重构，打造数字化、智能化产业平台，可能就是数万亿元的产业数字化价值。

2. 高集中产业生态数字化价值重构

如果前几名企业的产值加起来，占到了这个产业总值的 50% 以上，说明这个产业的集中度很高，产业相对成熟，产业整合的空间就小。

有些较高产业价值的产业在工业经济时代便已形成高度集中的产业集群和产业垄断，产业数字化的发展，会使这个行业价值重构。例如医药行业，尤其是西药，已经被辉瑞、强生、葛兰素史克、罗氏、默沙东等行业巨头垄断，全球医药市场 50% 以上的产值都被几家大型企业瓜分，整个行业的产业链、供应链、价值链也都被它们掌控。这一产业领域仅仅在中国就有几万亿元的市场价值，所以要想做西药行业的产业数字化，需要打破行业巨头垄断。事实上，产业数字化形态下，把传统的医药研发、生产、销售和产业数字化创新结合起来，把医药产品研发直接和患者、医生、医疗服务机构通过数字化链接起来，就可能改变医药研究、生产、治疗相互脱离的关系，超越医药研发和生产的局限，重构医药行业产业生态，创造出产业数字化时代的全球大型医药企业平台。实践中产业集中度高，谁想打破垄断、把握未来，就看谁的产业数字化水平更高。

中国的乳业高度集中，企业从 2016 年的 789 家减少到 2021 年的 126 家，伊利、蒙牛、光明占据前三名。如果哪一家企业通过数字化创新实现超越，那么最终成为数字化的企业龙头是完全可能的。分析哪家企业有强大的数字化价值投资潜力是乳业企业领域产业数字化价值重构的前提。

中国另一个产业集中度高的行业是家用电器行业，家用电器领域的产业巨头也是三个——海尔、美的、格力，而且这三家企业都是上市公司。10 年前，三巨头按照市值排名：美的 691 亿元，海尔 524 亿元，格力 1120 亿元，差不多是"海尔 + 美的 = 格力"。2021 年 9 月 23 日，三巨头的市值：美的 4663 亿元，海尔 2372 亿元，格力 2293 亿元，变成了"海尔 + 格力 = 美的"。也就是说如果按照传统价值投资方式，10 年前投资美的，1 元变成了 6.7 元，投资海尔变成了 4.5 元，投资格力变成了 2 元。为什么美的 10 年间会发生这样的变化呢？我们看到，这三家公司都在过去开展了数字化转型，很显然美的的数字化转型取得了很大的成功。

产业数字化的价值发掘不仅是从实体经济数字化、传统产业数字化、存量产业数字化中去发现企业和产业价值，还要研究数字产业化企业价值和数字原生企业的产业数字化价值。

3. 中小企业的产业数字化价值发掘

中国是一个拥有几千万中小企业的国家，产业数字化不仅有利于大中型企业数字化转型和数字化创新，还有利于所有中小企业获得创造产业数字化价值的机会。中小企业创造产业数字化价值具有以下几个方向：

第一，中小企业自身的数字化。以目前阶段来看，中小企业不需要架构非常庞大的数字化系统，可以利用渐进的数字化解决方案，从最容易的环节入手，通过局部的数字化渗透，可以迅速借助数字化帮助企业发展业务，创造企业的数字化价值。

第二，中小企业还可以通过企业和企业之间的产业链、供应链关系建立数字化产业生态，创建数字化产业共识，充分利用 Web3.0 的互联网技术和组织形态，以区块链作为底层技术实现数字化价值创造。

第三，创建产业集群数字化价值投资生态。中国有很多产业集群分布在各地，而产业集群主要是相同的产业链、供应链企业在地方政府支持下创建的抱团型产业集群，产业集群的企业几乎都是中小企业，完全可以在地方政府、金融机构、技术平台组织的协同下，创建产业及数字化价值全体的重构。

第四，加入产业数字化平台。目前中国已经形成各种各样的早期工业互联网平台，以及全域数字化平台。这些平台往往不是一个主导企业创建的，中小企业可以通过数字化与这些平台创建链接，获得产业数字化规模优势带来的价值。

产业数字化价值发掘就是把产品全生命周期的数字化价值、企业全要素数字化价值与产业链、供应链相结合的产业数字化价值创造。

以上就是 D12 模式的 D1 模块"价值发掘"。当然，除了产业本身的价值发现和判断之外，还需要站在产业数字化角度去思考和分析产业数字化进程中的创新价值潜力以及产业数字化价值实现的方法。这是一个高难度的话题，这也是数字经济与农业经济、工业经济的本质区别之一。

数字经济可以理解为今天所有农业、工业经济存量在数字空间的数字孪生体，但是，这个"数字孪生体"不是所有物理形态的经济存量的空间投射，"数字孪生体"既来自物理世界，又超越物理世界，它们和物理世界存在着"数模转换"关系，也就是模拟形态转换为数字形态、数字形态转换为模拟形态的关系，同时，重构于时空关系的这个"数字孪生体"内在结构之间也存在复杂关系。这些关系在农业经济、工业经济时代是不可想象的。这些关系的重构能创造的价值也是无法估量的，就像今天大家热烈期待的"元宇宙"，其实就是这个价值系统的内容之一，只不过绝大多数人仅仅从时空重构的内容角度去观察和憧憬"元宇宙"的价值。

价值发掘不要局限于企业现阶段的规模以及企业目前的能力，价值发掘是数字化价值发掘，而不是传统实业下的价值发掘。

价值发掘实际上是价值创造的想象力。

五、政府可以做什么

数字经济是对农业经济和工业经济形态性质的超越和迭代，对这一点理解最深刻的恰好是中国的中央政府。但是，政府并不是顶层设计、操作方案的设计实施者，如何把中央政府对于数字经济高屋建瓴的理解变成各地方政府的科学执行力，是对各地方政府官员的一个重要考验。我们绝对不能再用对待农业经济和工业经济的思维来发展数字经济，再不能用传统招商引资的方式形成各地的数字经济优势。但事实上，中国各地方政府依然还是在这样实施，我们也同样可以在各地看到打着数字经济旗号设立的各种"数字化产业园""数字经济产业园"。我们在对中国上市公司数字化进程进行调研之前以为，中国产业数字化进程发展最好的地方应该是长三角地区的上海、江苏和浙江，但是统计分析结果完全超出了我们的判断。占据绝对优势的是广东和北京。在我们评价出来的上市公司数字化价值投资 100 强里，广东 29 家，占 29%；北京 25 家，占 25%；然后是浙江 9 家、江苏 7 家、上海 6 家，三地加起来也不如一个广东，和北京持平。原因是广东深圳有全球最密集的电子科技、信息科技、数字科技的产业集群，这个产业集群延伸出去最先受益的一定是广东的所有传统产业，从而形成广东的产业数字化优势；而北京拥有中国最强大的科研机构和几十年积淀的中关村科技产业园。

根据这样的特点，我觉得中国各地方政府在培育数字经济时代的产业价值创造群体时，最重要的是创建数字经济产业生态。这个生态包括具有一流的综合性、系统性、协同性的数字技术产业集群、数字技术综合人才、数字经济专业人才以及适合地方产业特点的产业数字化顶层设计。我在苏州工业园区、昆山市人民政府组织的线上讲座中建议：要清楚地认识到，资本驱动的全球化红利成就了苏州、昆山，有限的地理空间所创造的经济价值是工业经济全球化红利带来的，将现有的经济、科技、人才、资本红利与数字技术深度融合，利用有限的物理空间链接无限的数字空间，才有机会创造新一轮的数字经济红利，发掘数字经济的无限价值。

最近我们在探讨通过 D12 模式与地方政府合作，创建中国统一大市场的数字化解决方案。我们认为时机已经成熟了。

我们可以整合几个关键要素：产业数字化时机到来；中国将打破地区局限、行业局限、产业局限创建统一大市场；各地都在创建"数字城市""数字乡村"；人民币数字化；国务院同意建立数字经济发展部际联席会议制度；长期困扰中国经济的中小企业融资难、融资贵、融资慢问题；商务部申请加入 DEPA（数字经济伙伴关系协定）；中小微企业数字化如何建立高黏性私域流量。

以上这些要素如果能够得到各级政府的协同一致配合，可以创建一个什么样的产业数字化价值生态呢？这就是对产业数字化价值属性更大的发掘。鉴于各种原因，我不能在这里透露更多相关信息。

小结：

产业数字化价值发掘的重点是发掘企业产品、企业、产业数字化价值属性。所谓的产业数字化价值属性是指数字技术生态对产业的渗透程度，这取决于这个产业的终端产品客户是谁。数字化最大的特点就是万物互联，但是，所有的互联还是要和人发生关系，把人活动的 24 小时进行细分，就可以知道什么样的人怎么分配时间，所有群体细分时间和消费所产生的支出，就是巨大的产业数字化机会。人的时间分配主要场景就是属于个人自由独立的时间，这是第一时间节点，在这个时间节点形成的产业催生了苹果、小米等巨无霸企业。第二个时间节点就是居家，这是最长的时间节点，住房产业数字化、智慧家电产业、家庭装修、家庭消费成就了许多产业。有一个节点终端就是出行工具，最多的就是汽车，智能网联汽车都是产业数字化属性很高的节点。另外就是办公室、医院、养老院，各种消费行业包括文化、娱乐、体育都是产业数字化属性很强的地方，价值发掘就是需要沿着这样的路径去分析判断。

第二节　D2——产业系统架构

和传统产业投资、股权投资（PE）不一样的是，数字化价值投资和价值创造是与数字化系统架构关联、递延结合起来的，涉及企业需求、数字化供给、资本供给三者之间的关系。所以，决定投资的时候，一定要研究企业所在的产业与数字化系统架构的关系。本书称这个系统架构为"产业系统架构"。

一、产业系统架构

产业系统架构是根据企业和产业数字化需求，根据企业要素和产业链、供应链、价值链进行系统规划设计，建构数字化、智能化运营模型，创建企业和产业系统节点的链接运营系统。

产业系统架构主要指从企业角度出发，以企业的产品和服务作为基础，以整个产业链、供应链、价值链作为战略内容，将企业的产品要素、企业全要素、产业全要素与云计算、大数据、物联网、工业互联网、产业互联网、区块链、元宇宙、人工智能、数字智能进行系统性规划、设计、融合，寻求传统产业与数字化价值空间之间的组合规律和逻辑，采用分步实施的方式进行系统性与创造性的开发、建设和运营。

产业系统架构是我们独创的一个概念，是对互联网进入产业互联网的一个转型、升级设计。

这个定义确定了本章的架构逻辑。

1. 企业产品要素、企业全要素、产业全要素规划设计的内容

企业产品要素包括产品的定义、产地、质量、性状、技术标准、品质、品牌、生产方式、原材料、包装等所有要素的数字化呈现，可以呈现为文字、图表、图像、声音、视频等，设计规划的产业系统架构必须包括产品的这些要素。

企业全要素是根据不同企业特点，将企业原材料的采购、供应、客户以及企业所有内在要素、数字技术生态进行系统架构。

产业全要素就是企业突破自身局限，向外打开视野，从全行业横向和纵向关联的产业链上中下游、供应链各环节、价值链各种关系中去研究、规划、设计产业系统架构。

2. 产业系统节点都包括哪些

产业系统架构的核心内容主要就是把产品、企业、产业全要素和数字技术生态进行系统规划、设计、实施。传统工业经济形态下，没有这样一个定义和概念，企业的数字化转型是产业系统架构在企业层面或者产品要素层面的系统架构，产业系统架构超越了企业数字化转型的局限。传统企业的产品、企业、产业关系主要是通过资本、公司、生产设备、经营管理、仓储物流运输、传统营销方式来实现的，通过产业系统架构，将各种数字技术和数字技术组织，以及目标企业的产品、所在产业进行数字化链接、组织再造、数字化营销、数字化渠道建设、互联网与物联网组织建设、数字智能的多场景应用，从而重构产品、企业、产业的要素关系。

3.产业链、供应链、价值链战略内容

传统工业经济时代产业链、供应链相互之间是物理形态的关系，主要通过机械的、物理的、离散的、分布式方式进行构建，相互之间的联系通过传统的机械、仓储、运输、人力、信息不对称、线性流程等方式建立，价值关系复杂、错乱、不公平。

产业系统架构重新组织，可以将分散的、联系效率低下的、组织系统臃肿的关系进行数字化、智能化系统架构，变革成为泛在链接的、系统化的、智能化的、高速度的、高效率的产业关系。

4.系统性规划、设计、融合类型

产业系统架构因为产品的复杂性、多样性，企业的复杂性、多样性以及产业的复杂性，没有一个固化的模式，需要全方位掌握最新数字技术生态资源，结合不同产品、不同企业、不同产业量身定制完备的系统架构，这一复杂性充满挑战，这是当今产业数字化最大的需求，也是最大的难点。

二、产业系统架构方案和实施

D12 模式会针对不同的目标客户提供不同的产业系统架构方案。包括三个方面：企业数字化转型方案、产业数字化系统架构、产业数字化战略报告。这三个方面构成 D12 模式的实施内容。

针对任何一个企业，通过对企业的基本调研可以获取企业基本状况和数字化进程的资料。

在传统的企业管理学领域，管理咨询成为非常普及的服务业务，包括企业战略咨询、企业管理咨询、企业营销咨询、人力资源咨询、企业财务咨询、企业产品咨询、企业品牌咨询等。但是，在产业数字化时代，在 D12 模式的 D2 模块中，服务者将向客户提供完全不一样的企业管理咨询业务，即完全按照产业数字化时代企业数字化需求和创新进行创新型设计，包括产品数字化战略、

管理数字化战略、财务数字化战略、人才数字化战略、营销数字化战略、企业数字化商业模式、数字化盈利模式、资产数字化战略等内容。

1. 企业数字化转型解决方案

企业数字化转型主要是指传统产业领域的各行各业将企业的全要素（包括供应、生产、加工、服务、设计、工艺、物流、仓储、财务、经营管理、市场、客户、产品、品牌、人力资源、存量数据、文化、组织结构、治理结构、商业模式、盈利模式等）与数字技术基础设施、数字技术平台、数字技术软硬件和应用（包括云计算、大数据、人工智能、数字智能、物联网、工业互联网、产业互联网、各种软件和硬件）进行广泛链接，展开各种系统性的深度融合，通过各种算法，产生各种数据，生成新的企业数字化生态和能力，达到提高企业效率、降低企业成本、重构企业行为、重构企业价值的目的，从而使企业成为实现全面数字化、智能化的企业。

制订企业数字化系统架构的实施方案，需要考虑几个方面：企业数字化转型系统架构和云计算技术、大数据技术、数字中台软件解决方案——数字技术升级；物联网解决方案，终端应用方案；营销数字化解决方案；数字化转型带来的商业模式变化、业务流程再造方案；数字化供应链解决方案；盈利模式变化；成本节约预测，效率提高预测；数字化管理方案；数字化转型实施周期。

（1）用数字技术升级产品的逻辑

比如工业领域的液压装置制造业，在其全球产业链、供应链、价值链体系中，中国一直处在产业链的中下端，产业链的高端都被美、日、德企业掌控。液压装置又被称为工业的"肌肉"，传统液压装置包括液压装置总成、液压控制器件、液压动力器件、液压执行器件等。由于液压装置在不同的应用主机上有不同的应用参数，导致液压装置难以大规模、标准化生产，中国几千家液压装置的生产制造企业主要生产控制器件、执行器件、动力器件。

北京亿美博科技有限公司创始人杨世祥、杨涛父子历时 40 年，发明了数字液压系统技术，这种创新不仅颠覆性简化了传统液压装置的设计、生产技术，而且从驱动上实现了数字化控制，可以通过数字化技术在液压缸、液压泵、液压马达、液压阀、液压装置总成、液压应用主机和用户之间进行产品、企业、产业系统架构，改变过去单一产品和单一企业的离散式设计，以及系统化、数字化、智能化、集成式的生产经营和运营模式。

假设一台挖掘机的销售价格是 100 万元，传统的液压装置由生产商卖给挖掘机厂商，销售价是 50 万元，挖掘机厂商的采购成本就是 50 万元。液压装置生产企业可获得 50 万元的销售收入。假设成本是 30 万元，使用数字液压装置解决方案，成本大大降低，只要 20 万元，挖掘机厂商采购数字液压装置的成本就节省了 10 万元。由于挖掘机安装了数字液压装置，效益提高了 30%，所以挖掘机厂商还可以提高挖掘机售价，卖到 120 万元，那挖掘机厂商获得的利润就增加，多出来的利润是生产数字液压装置的公司提供的，无形中就增加了效益。

（2）物联网架构和解决方案

物联网是通过信息传感设备，按照约定的协议，把任何物品与互联网链接起来，进行信息交换和通信，以实现智能化识别、定位、跟踪、监控和管理的一种网络。通俗地讲，物联网就是"物与物相连的互联网"，它包含两层含义：第一，物联网是互联网的延伸和扩展，其核心和基础仍然是互联网；第二，物联网的用户端不仅包括人，还包括物品，物联网实现了人与物品及物品之间信息的交换。

1999 年，美国提出"物联网"的概念，世界上最早的物联网企业大约诞生在 2006 年的美国，但是由于过去 4G 时代的带宽和容量都不够，物联网主要通过相对单一的射频技术进行物体感知和数据采集处理，创建物联网的投资成本很高。5G 出现之后，公网带宽增大、容量提高、速率加快，万物互联成为可能，物联网迎来发展机会，而且由于云计算、数字智能以及各种传感器的进步，物联网（IoT）进入智能物联网时代。

产业系统架构需要根据企业的类型、资产类型、产品类型、产业链类型、供应链类型决定是否架构物联网，以及架构什么样的物联网。

（3）新形态下的销售模式改变

如果这还没有充分体现出数字化的优势，还可以进一步通过数字化创新来创建产业数字化运行模式。数字液压装置生产商可以和挖掘机厂商协同建立产业链金融业务模式，不采用出售给用户的方式，而采用租赁方式，由用户根据使用数据支付挖掘机使用租金，不仅降低了挖掘机用户的设备投资，有效地减轻了用户的负担，还可以精确地提高挖掘机的使用效率。数字液压装置生产商亿美博和挖掘机厂商不仅卖出了产品，还可以获得持续的数字化使用收益，包括这些设备的使用状况数据、实时运行监测数据、使用寿命数据等，所有产品和部件、零件的生命周期数据管理，以及生产制造模式、销售模式、盈利模式也都发生了革命性变化。

如果我们再从这个环节植入供应链金融数字化服务，还会创造更好的数字化价值重构机会。

根据终端应用的情况，在客户端进行分账。比如有20万元共享利润，主机生产厂商分多少，数字液压产品供应商挣多少，可以用营销数字化的解决方案分配。这改变了传统的销售方式，这就是营销数字化带来的营销方式变革。

营销数字化是一套全新的区别于传统产业的销售方式。传统的销售方式就是直接通过各种销售渠道把产品和服务集中卖给一家，然后再进行分配、获得收益，这是传统的结算体系。而营销数字化可以通过数字化的链接，把产品、市场、渠道、销售人员组合成为私域流量，在这个流量系统中，形成销售和利益分配的数字化闭环，销售的同时，也完成了第一次实时分配，重构了市场关系。

企业展开数字营销的时候，也需要探讨营销的数字化解决方案。这里需要澄清两个概念，一个是数字化营销，另一个是营销数字化。

数字化营销是指利用数字技术和数字化平台销售产品和服务。数字化成为产品和服务的销售渠道、平台与工具。包括视频销售、直播带货、电子商务、微信微商、小程序销售等。

而营销数字化主要是指对于工业经济时代的销售环节，完全采用数字化战略、数字化手段、数字化工具、智能化系统而创新市场定位、渠道创建、客户开发、客户管理方式，从而实现产品销售和服务。

营销数字化也是数字经济时代一个全新的知识体系和理论体系。

数字经济时代，在产品和服务的销售环节也会出现颠覆性创新。工业经济时代最大的特点是供给和需求之间不能精准匹配。工业化、机械化、自动化、电气化可以创造强大的生产制造能力，满足市场的大规模、大范围需求，资本才容易从规模化制造中创造巨大的利益。但是，这也难以满足市场的需求变化和个性化。工业化生产和个性化需求之间存在巨大的矛盾。

数字经济时代的泛在链接、数据共享和算法可以迅速满足规划、设计、生产制造的需求，将供给和需求统一在产品、服务出现前或者出现时。比如工业经济时代的报纸，至少需要经过事件发生、记者采写、编辑审定、排版印刷这样一个生产周期，事件才能见诸报端。数字化时代，从事件发生到新闻呈现在客户端，几乎可以同步完成。未来各种产品都有可能直接创建客户和生产供应方面的数字化智能化链接，消费者、客户的所有需求随时都在研究、开发、设计、生产、供应链、物流数据平台上，客户端和消费者的任何需求以及变化都可以迅速被存储和呈现，彻底改变了工业经济时代产品生产和供给之间的关系。

产业系统架构同样需要将传统企业在产品、服务销售环节的模式通过产业系统架构重新创建营销数字化模式。

（4）新形态下的商业模式改变

商业模式是企业组织、企业要素从事生产经营活动并实现利益和价值创造的方法。从工业化时代到现在，商业模式经历了各种创新和变化。企业目前的所有商业模式都是工业经济时代的产物。数字经济时代，企业存在着通过数字化技术重构商业模式的变革需求；反过来说，企业通过全要素数字化转型，也必然带来商业模式的变化和创新。

站在工程机械制造企业的角度来讲，过去需要先付定金给液压装置制造企业，产品生产制造出来之后，工程机械制造企业将液压设备安装在挖掘机或者其他工程机械上，再卖给客户。从现金流的角度讲，客户需要先支付定金给工程机械制造企业，然后由工程机械制造企业支付定金给液压装置制造企业，并安装液压设备，再卖给客户，客户才能把全款支付给工程机械制造企业；同样工程机械制造企业也会在收到液压设备之后，给液压装置制造企业支付全款，这才能完成资金的周转。

用创新的商业模式，就可以根据客户的需要进行生产。比如客户需要什么样的产品型号，到底是需要传统的液压机还是数字化的液压机，可以直接按照客户的需求来进行定制化生产。

在这样的模式下，就实现了产业数字化中产业链、供应链、价值链的重构，工程机械制造企业基本不需要把钱支付给液压装置制造企业，只需要在制造挖掘机的时候，让客户把钱支付给液压装置制造企业，然后完成挖掘机的装配，最后提供给客户。整个现金周转的方式发生了变化，整个商业模式也发生了变化。

（5）数字化供应链解决方案

工业经济时代的产业体系主要由产业链、供应链、价值链构成。供应链是指在企业经营和产业运行过程中，产业链上中下游的各种生产资料、产品、企业要素、产业要素在生产经营和产业运行的规律下，采用各种运输、流通、存储、支付、结算方式而构成的链接供应、需求和销售的系统。

供应链主要由物流、信息流、资金流构成，供应链是产业链的链接组成方式，也是产业价值链的实现方式，供应链的水平决定了价值链的关系。工业经济时代的供应链在经济全球化背景下，形成了全球配置关系，这也使得供应链成为经济全球化最重要的内容。数字经济时代的供应链也将和综合性、系统性、协同性数字技术生态实现全方位的对接与融合，物联网以及智联网（AIOT）将重构供应链的人、货、场之间的关系，信息流被数据流取代，资金流依据数据进行流动，物品在数字化、智能化的驱动下进行精准、科学的配置，供应链的效率将会大大提高，供应链的关系也将重构，无人供应链、智能供应链还将大大减少人力资源的使用，大大降低劳动强度和人力资源成本。无人驾驶、无人仓库、无人码头、无人监控和可视、可感知、可追溯技术将大面积使用。

数字化供应链的解决方案同样以亿美博的数字液压产品为例。

根据客户的需求进行生产制造，传统的方法是直接将液压装置或者产品部件、执行器件卖给客户，客户在使用设备的时候，如果使用效率达不到70%，就会有闲置，重资产在负债表上不能满负荷运行，就会表现为设备利用效率低。

对客户而言，可以改变供应链方式，比如让金融租赁公司、融资租赁公司提供资金，由生产厂商和数字液压设备制造商共同提供设备，金融租赁公司把钱支付给生产厂商。设备生产出来之后，由融资租赁公司把钱支付给生产厂商，然后融资租赁公司去找客户，把产品进行经营性租赁，而不是卖给客户。

按照挖掘机或是装载机的工作时间、工作效率来支付租赁设备的钱，这样资金就全部循环起来了。钱既没有到客户的账上，也没到生产厂商的账上，所有资金是银行来提供的，各自算好账，设备就可以高效运转，然后管理也完全可以用数字化方式进行，这大大提高了设备的使用效率，也提高了资金运行效率。这个业务模式是传统的工业经济时代已经很成熟的大型工程机械金融租赁、经营性租赁业务模式。但是，如果将整个市场需求、设计生产、供应销售、客户使用运营完全通过数字化链接以及智能化计算、驱动，所有要素将会被精细的数据量化到每分每秒，需求、设计、生产、销售，应用所有场景的数字化、可感知、可预测、可读、可存储、可追溯、可视性、智能驱动、区块链分布式记账就可以实现全链路的极致量化。

把客户、生产制造商、金融机构、融资租赁公司各方用数字化的方式链接起来，整体优化，就是通过数字化技术解决供应链金融问题的方案，提高了整个产业的效率。

（6）新形态下的盈利模式改变

传统制造企业的盈利模式是通过自有资本和银行贷款等外部融资途径，采购原材料，采购零部件，建立和供应商之间的业务关系，产品生产制造出来之后入库，再去销售产品。产品销售获得回款，支付成本、利息、工资、管理费，都是占用企业资金。很多设备多、重资产比重大、负债率高的企业每年很多都是给银行打工。

数字化、智能化可以再造供应链关系来重构企业价值链，企业可以根据客户需求量身定制产品，采用客户预付款的方式，按照客户的需求进行设计、生产制造（C2M），实现价值链重构之后，企业的盈利模式发生改变。

著名的家用电器生产商美的集团已经用 10 年时间通过数字化完成了生产经营模式的改变，取得了很好的效果——成本下降，对市场需求和客户需求进行精准分析和预测，企业效率、企业管理水平提高，所有数据都可以进行重构。

企业通过预先设计、预先定制的方式，让客户支付定金，企业可以用客户支付的定金进行生产，生产出来的产品本来就是客户的，直接通过物流送到消费者或者客户手上，就不会再通过仓储物流存放到仓库或者进入经销商库存，不必占用资金。这改变了传统的供应、生产、销售、消费流程，形成了"销售—供应—生产—消费"的模式，产业链、供应链的变化带来资金链的重构，使得美的集团现金流非常充足，负债率大大降低，财务费用大大降低，企业利润率增加。

（7）成本节约预测，效率提高预测

产业数字化非常核心的功能就是通过数字化实现降本增效，这是产业数字化的基本要求，如果一个产业数字化系统架构的方案达不到降本增效的基本效果，那这个产业系统架构是失败的。

产业数字化系统架构提高效率、降低成本的技术手段有很多，包括使用大规模的人工智能、机器人、数字终端，包括各种数字智能技术、泛在链接产生的大数据和云计算服务都可以达到这样的目的。但是，在产业系统架构规划设计的时候，就需要将企业所有成本构成的状况、财务状况、资产状况、人力资源状况、交易支付的结算行为调研分析清楚，然后规划设计系统架构方案，计算系统架构方案实施之后的系统架构生态对降低成本、提高效率的贡献率。

（8）数字化管理方案

产业数字化的管理不仅仅是传统企业管理，还是从企业经营管理上升到或者外延到整个产业数字化平台的管理，管理学的内涵和外延都发生了变化。传统企业的管理主要是通过组织、制度、资本、治理结构进行，而在产业数字化时代的产业系统架构中，需要规划设计超越企业传统管理内容的数字化、智能化管理内容，在逐渐完成从传统产业向数字化转型升级之后，随着数字化、智能化的渗透率提升，传统管理模式逐渐被取代。数字化组织、数字化治理结构在管理中效率更高，甚至采用数字化、智能化决策的容错空间更小。

（9）数字化转型实施周期

企业数字化只有开始，没有结束。

首先，企业的发展是在不断变化的，企业的成长也在不断变化。企业在不同阶段需要不同的数字化转型和创新方案。

其次，数字技术也在不断变化的过程当中，企业的发展和数字技术的融合，会带来新的变化，企业是动态的，所有数字技术也是动态的。云平台从云储存到云计算再到云服务也在进化，数字智能随着系统架构更强大，数据海量增长，场景更加丰富，与企业的融合方式也会更加丰富。

再次，数字基础设施还在不断提升，虽然半导体技术下，芯片技术的设计和生产制造随着摩尔定律接近极限，但是，量子计算机的出现还会继续提高数字基础设施水平，量子计算之下，数字化还会创造更多的应用场景。

最后，人工智能基础设施的不断提升，也会给数字智能的应用带来很多想象空间，产品创新智能化、企业要素智能化、产业数字化运营的智能化也在各种数字技术应用和创新的变化中变化，所以，数字化是无穷无尽的。

这一阶段的数字化工作，可能会带来下一阶段数字化的需求，所以需要开展下一阶段数字化的创新。当下一阶段数字化工作完成后，可能前边的数字化工作、数字技术又变化了，又需要进行数字化的升级。因为数字化是没有止境的，所以数字技术在不断进步。

制订产业系统架构方案的第一件事情是针对大多数企业的设计规划制作一份《D12 模式产业数字化战略咨询报告》，通过这个报告让企业家知道从企业数字化到产业数字化的 D12 模式发展路径，帮助企业家在没有全面、大规模实施数字化转型之前对数字化战略做出决策。这样可以帮助企业少走弯路并减少不必要的成本，因为企业数字化转型实施之后是不能更改的。

提交战略报告之后，企业就可以根据战略规划，实施数字化转型企业战略，然后再根据 D12 模式逐渐实施产业数字化战略，循序渐进地完成 D12 模式。

2. 产业数字化系统架构

（1）产业数字化系统架构

产业数字化系统架构的重点是产业互联网。目前国际国内已经形成了若干个工业互联网、产业互联网系统，有工业生产部门、农业、服务业、供应链金融等。

互联网生态从 Web1.0 进入 Web2.0 就可以理解为进入了产业互联网时代，在这个阶段，产业互联网主要表现为零售行业的产业互联网、消费行业的产业互联网、服务行业的产业互联网、传媒行业的产业互联网、文化教育行业的产业互联网。阿里巴巴、京东可以理解为零售行业的产业互联网，腾讯可以理解为社交服务行业的产业互联网，顺丰可以理解为物流服务行业的产业互联网，携程属于旅游行业的产业互联网，国联属于资源、矿产供应链的产业互联网。工业和信息化部把工业制造行业的产业链、供应链通过"人机—机机—机物"等各种节点的数字化链接、智能化生产、大数据沉淀、图像化处理、视频化监控技术形成的互联网定义为工业互联网。

产业互联网是在企业内部所有企业要素节点链接的基础上，企业与所有外部开发者、供应商、市场渠道、经销商以及消费者的 2G、2B、2C 链接。一个强大的产业互联网平台可以囊括我们今天的所有数字技术生态。

（2）产业系统架构相关工作

A.对目标企业进行全面尽职的调查。

对企业尽职调查的作用是给产业系统架构提供丰富的基础资料，所以要安排数字技术或者产业系统架构师参与。具体调查的内容重点是企业信息化、数字化应用状况。

在开展产业数字化业务之前，每个企业在机械化、自动化、信息化方面的发展程度是不一样的，需要对其现状进行调查，包括：使用信息化的时间、效果；对数字化的理解；所有数字化业务的产品、模式、效果；不同程度数字化渗透方案的优劣；各种数字化硬件和软件的应用状况。

B.首席产业系统架构师提供初步的数字化和数字化转型解决方案。

①根据系统解决方案设计投资方案和交易结构；

②签署包含数字化转型解决方案的投资意向书；

③和数字化解决方案提供商签署合作协议书；

④数字化专业公司与目标企业签署数字化转型协议书；

⑤目标企业、数字投行与数字技术团队组成数字化转型工作组；

⑥完成投资、加入董事会；

⑦提供数字化转型及战略咨询方案；

⑧核心是数字技术与企业价值投资属性之间的链接及价值提升可行性。

3.产业数字化战略报告

产业系统架构战略帮助目标企业判断数字化的成本和可能带给企业的价值。企业根据调查结果决定是否投资，重点是研究决定投资与数字化的关系，必须在投资与数字化战略方面达成高度共识，包括投资价格与产业数字化价值之间关系的分析。

投资估值：

（1）企业现有估值；

（2）企业数字化转型估值；

（3）第一期数字化投资估值；

（4）投资金额与数字化升值的比价关系。

4. 新职业产生：产业系统架构师以及专业的外部咨询

产业系统架构的复杂性决定了产业系统架构师仅仅懂得互联网的系统架构，通过系统架构来链接服务行业，链接法律、金融，娱乐业、媒体，这样已经远远不够了。产业系统架构需要渗透到产业的纵深，尤其是对复杂的产业。不同产业有不同的运行规律，不同产业秩序有不同的运动规律，不同产业有不同的业态，不同业态又有不同的运行规律，任何一个共性的、标准化的、普遍性的系统架构解决方案，都满足不了产业数字化对系统的要求。因此无法利用一个数字系统架构解决所有产业数字化问题。以目前的状况来看，虽然产业系统架构往往需要一个综合性团队来完成，但这个环节上最需要的专业人才还是产业系统架构师。

这要求产业系统架构师不仅要懂技术，还要懂各种技术的应用、产业以及企业，要有跨界思维，掌握跨界知识、跨界经验，或者需要组织和创建综合性的跨界团队，才能完成产业系统的架构。传统产业的系统集成专家需要从系统集成升级为产业系统集成，成为高水平的产业系统架构团队成员或者产业系统架构师。

产业系统架构要把企业的需求、产业的需求、企业的运行规律、产业的运行规律跟数字化系统架构以及各种数字技术完美、深度、个性化、系统性、专业化地融合到一起，这才能真正解决这个产业对数字化的需求。

产业系统架构师成为这个产业的系统架构师，但不一定会成为另一个产业的系统架构师，因为所有产业都是个性化的，所以这对产业系统架构人才要求也非常高。因此产业系统架构是产业数字化的核心竞争力。

在D12模式下的D2模块里，不管是上市公司，还是非上市公司，第二件事情是要去研究产业系统架构，做产业系统架构的初步规划方案。

另外，产业系统架构也是一个产业组织创新的过程。这是一个打造产业互联网的过程，产业互联网是传统企业组织与互联网组织的结合，是人与人、人与物、物与物的结合，是数字技术创建的组织模式。其中，区块链技术是数字技术组织在技术方面的另一种创新。Web3.0 是数字技术在组织系统的创新，元宇宙也是数字技术在技术空间组织的创新。数字技术带来的技术组织创新以及系统组织下的技术创新、应用创新还会不断出现，这些都将被产业互联网所应用。

产业系统架构是企业数字化和产业数字化的灵魂和大脑，也是一个高度跨界的工作，再高水平的个人，也不可能成为一个完美的产业系统架构师，但是，中国极其需要培养上百万个产业系统架构师。

高水平产业系统架构师必须进入企业最高决策或者管理层，这是企业数字化和产业数字化的关键。美的、平安银行、云南白药这些优秀的产业数字化企业，其企业决策或者高级管理团队中都有高水平产业系统架构师。

没有实际大股东和实际控制人的云南白药为什么有这么高的产业数字化评价呢？研究发现，这个企业的 CEO 竟然是高水平产业系统架构师。如果从农业经济时代进入工业经济时代，用从事农业经营的人来管理工厂，能管好吗？同理，从工业经济时代进入数字经济时代，如果我们还是用工业经济时代的管理者设计数字经济时代的企业架构，能够做好产业数字化吗？

按照 D12 模式，首先从 D1 进行价值发掘、价值判断，决定可以给某企业投资，然后为实施产业数字化战略导入产业系统架构，提升企业价值。D12 模式不仅提供数字化解决方案，还直接投资于目标公司，让目标公司不仅获得数字化解决方案，还能够获得用于数字化解决方案的投资。而数字技术提供商还可以将数字技术转换为股份，真正体现资本、数字技术与企业创建经营者三者之间的命运共同体、利益共同体关系，使企业、产业系统架构形成创新闭环，这是 D12 模式的一个重要逻辑。我们研究了中国上市公司数字化进程和数字化渗透方式之后发现，4677 家上市公司中，几乎没有一家上市公司达到 D12 模式的理解和认知高度，所以我们的整个评价系统对上市公司数字化进程的评分最高也只有 92 分（满分 100 分）。这也能看出，即使拥有高水平产业系统架构师，要达到 D12 模式的高度也是不够的。这就出现了一个问题：谁来提供和组织实施 D12 模式呢？

目前市场上也有不少数字技术团队给企业提供各种产业数字化解决方案，但都存在各种局限。4677 家上市公司中仅仅有几个优秀的产业系统架构师，说明我们今天的产业数字化或者实施 D12 模式最大的瓶颈就是缺少高水平、复合型专业系统架构的人才和团队。我们也看到美的、苏宁、宗申等企业在将自己团队形成的产业数字化解决方案用于市场、服务市场，光靠一个人、一个团队、一个模式、一套解决方案还是难以驾驭各行业产业数字化的深度发展。

5. 为什么要设计这个架构

（1）产业系统架构是 Web3.0 时代的核心竞争力

和产业系统架构有关的概念，一个是系统集成，另一个是系统架构。系统集成是信息化的产物，系统架构是互联网时代的产物，产业系统架构是产业数字化时代的产物。从这个角度理解，如果我们还在讲"互联网 +"，还在讲"互联网思维"，对不起，已经落后了。现在应该讲产业系统架构。

系统集成通常是信息化时代将软件、硬件与通信技术组合、集成起来创建的一个信息系统解决方案。第一代互联网（Web1.0）是企业、事业机关根据系统规模，把服务器、电脑用硬件、软件链接起来，形成一个独立运行的网络，这叫系统集成，其工作就是采购这些设备和软硬件，集成安装在一起，然后调试、运营、升级、维护，俗称"搬砖"。

系统架构可以理解为对系统集成的升级，是指对一个确定的数字系统目标进行规划、设计、构建、实施，实现系统运行的过程。

互联网到 Web2.0 的时候，升级创建了移动互联网。互联网系统规模扩大了，需要链接更多的节点，每个节点就是一个数字终端，系统数字容量对服务器的要求提高了，就有了云计算。因为海量数据或者是链接的点太多，之后互联网除了作为发布平台之外，还成为交互平台、社交平台，有交易属性，互联网平台有更多人的参与、互动，流量更大了，这个时候系统集成就不够了，就升级为系统架构。

总体来讲，系统架构虽然和产业有关，但主要是服务行业和互联网之间的架构关系。在5G出现的万物互联时代，除了人和人，还增加了人和物、物和物的关系链接，于是市场出现了各种新名词，包括物联网、工业互联网、产业互联网等。真正到了生产制造环节之后，对计算机与互联网在系统架构方面的要求就更高了，系统架构才从产品级、服务级进入企业级、产业级。

从5G出现开始，数字经济基础设施的进一步发展，催生了数字技术对于各行各业深度影响的新能力。但是，这种新能力很难从数字技术的角度满足产品、企业、产业的深度需求，也就是必须站在产品、企业或者产业生态的角度，个性化满足产品、企业、产业的某一环节或者全局的需求。这时候就不能通过企业级系统软件架构来解决问题了，所以必须对系统架构提出更高要求，需要系统创建一个全面、个性化、量身定制的产业数字化解决方案。企业需要总体规划云技术、智能技术、感知技术、物联网、数字系统方案、企业数字化和产业数字化战略与产业系统架构的关系等。

产业系统架构的设计和创建超越了对一个企业战略管理的要求，这是企业内部的一把手工程，需要上升到董事会这个层面去讨论决策。产业系统架构方案的设计需要多个数字技术团队和产业专家、投资专家帮助完成。

（2）产业系统架构的价值

数字经济尤其是产业数字化需要实现数字技术与实体经济的深度融合，这就需要把数字技术系统架构与企业和产业架构结合起来，创建企业系统架构或者产业系统架构。

D2通过初步的产业系统架构，可以改变企业和产业的系统架构价值，从而大大提升企业价值。

D2主要针对非上市公司。这个设计也表明，产业数字化或者企业数字化的转型包含了各行各业，也包括中小企业、非上市公司。

三、不同企业怎么结合自身情况设计产业系统架构

我们在用 D12 模式对中国上市公司进行数字化价值投资评价的时候发现，几乎所有上市公司都没有进行高水平的产业系统架构规划设计，主要都是在企业数字化转型这个层面按部就班地展开数字化工作，只有极少数企业展开全面产业数字化的渗透。根据这一现状，我们的解决方案是：

任何企业在实施数字化转型的时候，都必须先完成产业数字化系统架构，再推进数字化转型的步骤和进程。

企业规划设计产业数字化系统架构的时候，要重点研究企业的产业数字化属性，可以根据不同企业的定义和定位，重构企业和产业数字化属性。

我们在对上市公司进行产业数字化价值评价的时候，发现了一个特别的理论，就是在从工业经济向数字经济形态转换的时候，存在一个既适合传统产业价值投资，又适合数字化价值投资的"三高一低"（高速度、高增长、高回报、低风险）的时间窗口，这个时间窗口为 10—15 年，所有企业都在这个时间窗口期存在这样的产业数字化系统架构机会。

四、政府可以做什么

政府在这个环节可以做的事情就是转变观念，重新认识数字经济和产业数字化，不要再制定补贴政策推动企业进行简单的数字化转型，而是营造数字技术生态，推动企业创建产业系统架构条件，引进高水平产业系统架构师。另外，最近这些年在中国经济发展过程中，各地方政府逐渐从单一的企业招商、投资引进上升到产业链招商，形成了非常有地方特色的产业集群和产业生态关系。产业系统架构必须根据每个地方的产业结构、产业战略以及产业集群状况来设计，要在政府指导下，构建产业系统架构，从而通过产业数字化整体提高地区经济质量和产业水平，这些工作没有各地方政府的统一规划、引领是做不了的。

我们最近在研究烟台的 D12 模式落地实施项目。提到烟台就会想到张裕

葡萄酒和烟台葡萄酒产业，站在政府的角度，就应该通过产业系统架构，探讨烟台葡萄酒产业数字化和张裕葡萄酒这家上市公司的重构关系。

小结：

产业系统架构来自信息化、数字产业化进程中系统集成、系统架构的延伸。系统集成、系统架构既是数字技术语言，也是数字产业化的语言。产业数字化有两个方面的要求，一是继续沿着系统集成、系统架构的思维逻辑，让数字技术部门和专家延伸到产品、企业、产业部门，从数字技术专家转变成为数字技术与产业融合的专家；二是传统企业和产业部门的老板、高管们转变观念，学习数字技术和数字技术生态，掌握产业数字化规律，发展成为产业系统架构的专家。

如果说 D1 价值发掘让你看到希望和方向，D2 产业系统架构就是沿着正确的路线铺路架桥。

第三节　D3——数字化转型

数字化就是将真实世界和虚拟数字表达链接起来，泛指整个经济社会领域的数字化。经济的数字化包括数字技术产品化、产业化，以及企业产品数字化、企业要素数字化、产业数字化、资产数字化，是整个经济数字化进程中数字技术与实体经济的深度融合。社会领域的数字化是指全社会的所有要素和数字化的关系。

而企业的数字化是将企业的所有要素与系统的数字技术链接、融合起来，从而改变企业的商业模式、经营模式和服务模式。我们这里讲的数字化，包括宏观层面和微观层面，宏观层面是指数字技术与实体经济的深度融合，是企业数字化、产业数字化的过程和数字化转型；微观层面的企业数字化就是指企业所有要素的数字化。

企业要素都有些什么呢？包括供应商、规划设计、生产制造、科研工艺、资产、财务、管理、人力资源、组织体系、投资结构、治理模式、商业模式、技术工艺、盈利模式、产品和服务、市场和渠道、客户和经销商、品牌和文化等。企业要素的每个节点相互之间的关系与各种数字技术软硬件、数字技术系统构成的数字技术生态所建立丰富多彩的联系，经过数字技术的链接、感知、数据分析、处理、传输和驱使，通过智能化来改变企业的生产经营模式、管理模式，从而提高企业效率、降低企业成本、减轻劳动强度、重构企业价值，甚至重新定义企业。

D12模式中D3这个数字化转型环节不是直接和数字技术机构讨论数字化转型的方案，而是在D1、D2基础之上的转型，是D1、D2步骤完成之后的递进。这个环节是产业系统架构的实施，也可以理解为产业系统架构的咨询和交付。当企业和经营主体、投资主体完成了产业系统架构规划设计之后，就可以进入D3环节，这个环节就是把产业系统架构解决方案用于实践中，具体规划设计、落地实施和交付。

一、企业的数字化转型：传统企业再造

企业数字化重点是研究企业在数字经济时代的存在方式，包括创办方式、运行方式等。

企业随着工业化进程在不断转型、不断升级。企业早期经历了从手工业化到机械化、自动化、信息化的过程，现在要从过去的机械化、自动化、信息化阶段进入数字化阶段，通过数字化来改变传统的生产经营方式，这个过程就是数字化转型。核心是把企业的业务和数字化技术融合进行创新，达到企业降本增效、业绩增长与持续发展的变革目的。

目前我国还处在工业经济向数字经济发展转型的初级阶段，企业数字化不可能完全达到数字经济高度发达阶段的运行水平。企业本身是工业经济时代从事商业和经济活动的组织，而数字经济时代已经出现的物联网、工业互联网、产业互联网、区块链、元宇宙、Web3.0 等技术创新和进化则是数字经济时代的商业组织，企业数字化将和以上这些由数字技术构成的商业组织形成叠加、融合、并列、协同的各种关系。

所以，我们这里所说的企业数字化或者数字化转型还在初级阶段。

二、企业数字化转型的三个层次

通常讲，企业数字化包括三个阶段或者三个层次。

1. 内部管理运营的数字化

（1）新经济形态下技术层面的数字化

企业管理是企业重要的节点和要素，企业管理的内容主要是企业管理者有效地运用好各种企业要素，包括人力资源、市场、客户、资金、技术等实现有效生产经营、有效销售和成本管理、风险控制的方法。传统的企业管理主要是通过管理制度、组织系统、分配激励机制和内部考核奖罚约束机制等多种方式来实现管理效率的提升。

信息化时代诞生了各种管理软件来提高管理效率，包括 ERP、SAP、HR、CRM 等企业管理软件都是企业管理手段的重要加强方式。数字化时代创新地把各种管理要素全面贯通的软件系统（包括 SaaS 系统的软件及服务）嵌入云系统，不断调整系统和企业管理的需求变化。

比如，过去传统的管理方法逻辑首先是原材料采购，然后是生产经营的组织系统——管理、销售、技术、资产、财务等，都有不同的模块，这些不同的内部模块管理系统又分为传统管理系统和现代管理系统，要么是自动化的，要么是机械化的，要么是内部传统的业务流程，把这些内部运营管理模式全部数字化，全部打通，实现数字交互，这叫管理的数字化。

这里有个重要的区别，就是信息化和数字化的区别。很多企业至今还分不清信息化和数字化的区别是什么，错把信息化理解为数字化。

信息化是工业企业在经历机械化、自动化之后，由于信息技术尤其是软件技术的发展，诞生了非常丰富的企业管理软件（ERP），即信息化管理软件。这些管理软件针对企业不同的管理内容和要素镶嵌在企业内部网络系统，包括财务软件、经营管理软件、库存商品软件、业务流程软件、客户关系管理软件、人力资源软件等。这些软件的格式都是标准化的、分布式的，软件和软件之间是没有经过数字化关联的。

数字化可以将这些软件全部打通，并且可以通过网络实现智能化，产生自适应、自学习、全时不断更新的效果，而且是可以全要素链接的智能关联。

（2）数字经济形态下管理模式的转型

数字化转型之后的管理模式创新主要由传统的制度化管理转型到节点化管理，很多节点可以通过直接量化，从传统的制度化管理方式进化到节点数字化管理方式。从制度约束性管理向利益和价值协同性管理转型，很多节点的个人或者班组不再被直接主管人为约束，而是通过分布式节点的自约束和自创新，形成利益生态和价值生态管理方式。

（3）数字经济形态下业务模式的转型

业务模式也是传统意义上的商业模式。不同企业数字化转型后，商业模式也会发生很大的变化，产品的设计可能是数字化、开放式、开源式的设计方式，最后不是由企业领导或者设计主管决定用什么设计，而是由市场和消费者决定产品设计。原材料采购和零部件生产、加工、供应都有可能是柔性化、个性化的按需采购方式。产品的营销完全是数字化的营销。供应、生产、销售等流程完全被颠倒、再造。这里我们重点讲述一下企业数字化转型中的营销数字化。

数字化营销和营销数字化是数字经济的重要内容。就中国企业基本状态而言，企业数字化转型最容易实施的内容是企业的营销数字化，这样也能有效地让企业感受到数字化对企业的作用。

首先区分一下数字化营销和营销数字化。数字化营销，主要是指各种商业主体利用互联网平台从事产品销售的方式。包括京东、阿里巴巴、美团、拼多多等互联网平台公司，也包括各种利用视频进行产品销售的个人和机构，还包括通过微信平台进行销售的微直销平台以及跨境电商平台。在消费互联网时代，以阿里巴巴为代表的平台级互联网企业在数字化营销方面开创了一个全新的空间，马云提出的新零售不仅给消费互联网创造了巨大的商业机会，也给传统企业的销售带来巨大的影响。

数字化营销的主要特点是：

①营销团队针对产品或者市场需求，通过视频、App、微信、小程序等数字技术进行销售，一种是商家通过互联网平台直接与消费者达成交易；另一种是销售方从商家采购，通过数字化营销出售商品，赚取差价。

②销售者不拥有品牌，不生产产品。

③销售者拥有品牌，不生产产品。

企业的营销数字化是企业通过数字技术和手段销售企业自己生产、研发、加工的产品或者服务。其特点是：

企业在原有线下销售渠道的基础上，创建线下和线上结合的营销手段；企业通过第三方数字营销团队实现营销数字化。

营销数字化可以改变企业的生产方式，可以从批发业务进入零售业务，可以改变产品结构、商业模式和盈利模式。所以，数字化营销和营销数字化有着本质的区别，企业的数字化转型，是从数字化营销升级到营销数字化。

D12模式为不同的产品类型、客户类型、传统销售渠道进行营销数字化模式创新提供了以下思路：

A：延长产品链：从产品上游向下游延伸；从产品链下游向上游延伸；产品链横向的关联延伸。

B：营销外包：对于没有针对C端客户市场的企业，不仅要创建营销体系，还需要在营销体系创建中，采用数字化手段。包括终端产品的生产加工方式、产品技术和产品种类、产品的市场定位、产品包装方式、产品品牌、产品供应链、产品销售渠道、产品营销方式、项目资金投入、产品盈利模式。

C：传统营销与营销数字化融合：传统营销总结；传统客户分析，如何获取客户数据；传统渠道与数字化渠道的关系。

D：重构产品、营销和消费者的关系。

(4) 数字经济形态下组织模式的转型

经过数字化转型的公司组织与各种数字化组织融合、叠加之后，形成多种组织生态融合关系，包括公司创建的小程序、区块链、微信群、供应链、产业互联网等，都成为新的组织模式，传统公司从高层管理者到中层干部，再到班组长、普通员工、临时工的垂直组织模式都会被分布式链接关系、扁平化组织模式打破。

通过数字技术和算法显性切入企业的业务流，形成智能化闭环，使得企业生产经营的全过程可以度量、追溯、预测、传承，重构了质量、效率、成本结构，形成核心竞争力。

但也可以理解为通过泛在的链接、感知技术、智能化的运行来改变企业的生产经营模式，改变企业的商业组织，从而运行企业，这些都叫作企业的数字化转型。

2. 外部企业要素的数字化

所谓外部企业的要素数字化主要是指企业在生产经营过程中，内部管理系统和外部企业要素达成数字化统一，也就是企业和外部客户、供应商、合作伙伴、开发者、外包服务机构、第三方物流、银行、税务、工商、环保等要素的关系。

企业除了把内部的节点链接起来之外，还可以把外部关系都用数字化的方式链接起来，比如生产经营方面，从上中游设备制造厂商到设备维护、电力、供气部门等，然后到销售与渠道、批发商、市场、品牌、产品设计、原材料供应商、零部件提供商、开发商，这是外部商业关系上的数字化。

还有各种外部的非商业关系，如和税务局的关系、和银行的关系、和工商部门的关系、和监管部门的关系。在金融领域，要链接和金融机构的关系，包括和银行、保险、租赁、资产管理机构的关系；还要链接和监管部门、政府金融主管机构、环保部门、消防部门之间的关系，这是外部行政关系上的数字化。

3. 行业平台生态数字化

采用数字化生态组织生产资料、组织产业要素，从而形成独立的工业互联网、产业互联网、物联网、区块链数字化平台都可以理解为行业数字化生态。就像华为的各种行业军团，以及用友提供的企业云服务平台都属于这种性质。

行业平台生态，是指不同的行业有不同的行业平台，行业平台创建的数字化是一个更大范围的行业生态数字化。比如制造业有机械制造、能源制造等不同平台。

综上，从数字化的技术层面，企业数字化转型又可以理解成：

A. 内部节点和要素的数字化：把企业在供应、生产、管理、销售的所有要素节点全面数字化。

B. 外部要素的横向数字化：和企业外部产业链联系的每个供应商、开发商、服务商之间的关系；生产环节与横向的生产制造商之间的关系；把销售环节与所有市场渠道之间的关系、消费者之间的关系等所有要素节点全面数字化。

C. 平台端到端的链接：每个端口的链接，如上游供应商端口、中游生产制造端口、销售端口之间的链接。

D3 这个节点是根据目标客户数字化现状，完成企业数字化和数字化转型的第一个阶段，也就是内部运营管理的数字化阶段。外部企业要素数字化在本方案中属于产业互联网范畴。

对 D3 数字化与数字化转型，有两个方面的解读，一方面是因为从 D1 到 D4 是专门针对非上市公司、拟上市公司的，从 D5 到 D12 是针对已经上市的公司的。如果是非上市公司，就要从 D3 展开数字化与数字化转型。另一方面，如果企业是上市公司，也要研究上市公司的数字化程度和信息化程度，如果数字化、信息化程度不高，也需要完成数字化和数字化转型这样的基础工作。总之，需要根据不同企业以及不同行业的特点确定数字化方案的推进程度。

三、数字化转型进程和方案设计

经过 D1 和 D2 的进程，D3 就要根据 D1、D2 的工作内容实施企业的数字化转型。

1. 数字化和数字化转型的事前评估

不论是对上市公司还是非上市公司开展数字化和数字化转型，都需要对目标公司进行信息化和数字化评估。

在过去这些年，中国的优秀企业都在信息化过程中或多或少应用了各种信息化软件，有的企业也在数字化进程中使用了局部的数字化服务，尤其是数字化营销和营销数字化，也包括大量使用 SaaS 系统软件。

在工业革命进程中，从传统的机械化到自动化，再到信息化、数字化，目前处在从信息化到数字化的阶段。由于中国企业工业化的时间比较短，工业化进程快慢不一，所以很多企业的自动化程度还不高，信息化的程度也不高。

所以必须要在全面评估的基础上设计数字化以及数字化转型解决方案，该解决方案需要提出与原信息化和数字化状态的对接、兼容方案。评估的一个重点是了解企业的信息化状况：企业管理软件（ERP）使用状况，财务软件、企业人力资源软件（HR）使用状况，企业资产管理软件（EAM）、企业协同办公软件（OA）、企业客户关系管理系统软件（CRM）使用状况，企业供应链管理系统（SCM）、机器人流程自动化（RPA）、企业公众号应用情况，企业微信小程序、企业 App 等。

通过对企业现有数字技术产品的应用调研，可以分析与考察其线上、线下的数字化程度以及数字化前景，为企业数字化转型提供方案设计参考。

2. 对企业信息化、数字化方案进行讨论

这一工作由数字投行组织和数字技术生态合作伙伴完成。数字化和管理咨询结合方案（数字化转型）包括：

产品价值属性与数字化融合；

市场价值属性与数字化融合；

技术价值属性与数字化融合；

品牌价值属性与数字化融合；

品质价值属性与数字化融合；

服务价值属性与数字化融合；

消费者、客户价值属性与数字化融合；

原材料价值属性与数字化融合；

原材料供应商价值属性与数字化融合；

供应链物流价值属性与数字化融合；

生产制造价值属性与数字化融合；

生产工艺价值属性与数字化融合；

生产设备价值属性与数字化融合；

生产管理价值属性与数字化融合；

企业成本价值属性与数字化融合；

产品、品牌、技术附加值价值属性与数字化融合；

企业财务状况价值属性与数字化融合；

企业销售方式价值属性与数字化融合；

销售渠道价值属性与数字化融合；

客户管理价值属性与数字化融合；

企业资产状况价值属性与数字化融合；

企业组织结构价值属性与数字化融合；

企业战略定位价值属性与数字化融合；

企业投资结构价值属性与数字化融合；

企业治理结构价值属性与数字化融合；

企业社会责任价值属性与数字化融合；

企业价值观价值属性与数字化融合。

以上这些内容细节，与目前市场上企业数字化解决方案最大的不同，就是需要将数字技术解决方案供应商的标准系统和企业的具体要求结合起来。企业数字化这个阶段最重要的数字化产品就是针对各行业的 SaaS 软件（目前这类软件进化的速度很快，有专门针对企业各要素节点设计改造的 SaaS 软件系统，包括人力资源、市场、内部管理、决策系统、上游供应链、企业经济计划目标管理、生产制造以及全流程软件管理）进行设计改造。

3. 企业数字化和数字化转型的实施

创建企业数字化转型云架构：

混合云数据架构：管理混合、应用混合、AI 混合、数据混合、资源混合；

大数据规划；

以业务支持为目标的大数据规划；

聚焦数据管理的核心问题；

利用混合云推进数据治理；

以数据为中心，实现数据与应用的解耦；

全面系统的数据安全防护体系。

4. 企业数字化和数字化转型结果测评

主要有如下几个方面：

企业效率的提升；

企业成本的变化；

企业数字管理和应用；

企业收入结构的变化；

企业管理结构的变化；

企业协同性的变化——管理协同、资源协同、数据协同、应用使能；

数字化转型交付、验收。

企业数字化和数字化转型是一项非常复杂的工作，很多企业由于担心数字化转型难以带来企业业绩的量化提升而影响对数字化转型的积极性，也担心难以承受的转型成本给企业经营造成财务负担。D3是从资本市场的角度帮助企业进行数字化转型，之后会带来企业商业模式、盈利模式、组织模式、管理模式的变化，企业需要重新定义，企业估值也由传统的企业估值改变为按照高科技、数字化方向估值。企业将从传统企业转型成为高科技、高成长的企业。企业的估值模型也将从传统的PE估值模式转变为高科技、高成长的企业估值模式。所以企业数字化转型是对企业价值全面升级的过程。

综上，在D12模式下，企业数字化和数字化转型的两个区别在于，一是D12模式不是为了给企业提供企业销售数字化解决方案，而是通过投资行为和投资联结数字化服务环节，给被投资企业带来科学的数字化解决方案，从而改变企业属性、企业定位，重新定义企业并且实现企业的价值重估。二是D12模式的数字化解决方案仅仅是企业数字化战略的一个基础工作，是企业在数字经济时代长期发展战略的一个开始。没有D4，就不会有D12模式的后续进程。这是D12模式价值投资的重要环节。

D12模式在帮助企业完成投资和数字化转型之后，不仅要帮助企业实现降低成本、提高效率、改变商业模式、改变组织模式以及经营模式，还会重构企业的收入结构，挖掘企业的数字化价值和智能技术创造的价值，使企业成为数字化运营企业，为企业从企业数字化走向产业数字化做好准备。

最重要的是，D12模式使企业通过数字化和数字化转型，从传统企业成为一个高科技企业。在企业定位、企业战略、企业属性都发生了变化之后，企业的价值就会得到质的提升。

四、成功案例：美的的企业数字化转型

从中国上市公司的案例中，我们看到最成功的企业数字化转型案例是美的的数字化转型。目前我们看到的中国产业数字化大潮中，绝大多数企业在产业数字化工作中的方式停留在企业层面的数字化转型。

站在产业数字化价值投资模式的角度来看，企业数字化转型只是 D12 模块的 1/12 的工作，而中国数字产业化大厂包括华为、中国电科、浪潮、新华三、阿里巴巴、腾讯、百度等企业，所做的仅仅是提供了企业数字化转型解决方案或者沿着一些行业产业链架构一些数字产业化的应用。

但是，企业数字化转型是所有产业数字化创新和发展的基础，没有这个基础，产业数字化高水平、高层次的发展方式就是一句空话。

除了企业数字化转型之外，随着中国特色全域数字化形态的推进，中国已经掀起了一场西方任何一个国家都不可能展开的全域数字化战略浪潮，这个战略包括全地域数字化、全领域数字化、全行业数字化创新，所以，哪怕是再小的企业，只有完成企业数字化，才能有机会分享全域数字化红利。

通过对上市公司数字化价值投资评价体系的研究分析，我认为，广东美的这家上市公司可以称得上中国传统产业数字化转型的经典案例。我们从两个角度来对美的数字化战略进行分析和解读。

第一，我们看看 2020 年以前，美的董事长方洪波先生对美的数字化历程的回顾。2012 年，方洪波担任美的董事长，这个时候的中国家电行业，形成了美的、格力、海尔三巨头对行业相对整合的局面，同时三者也存在高度竞争，主要依靠拼库存、拼销售，形成了生产商、供应商、经销商博弈的格局。但是，互联网电子商务崛起后，以苏宁为首的企业开展数字化营销，开始改变市场格局。

然而在 2012 年整体上市之前，美的内部高度分权，离散化严重，业务体系之间形成系统孤岛。美的数字化 1.0 版本就在这个背景下展开了，方法是"一个美的、一个系统、一个标准"，光是统一流程、统一 IT 系统、统一数据标准就用了三年时间。

从 1.0 到 2.0，美的再次进行数字化升级，从数字化阶段进入工业互联网阶段。它建立数字孪生的智能制造工厂，创建精细化的柔性制造环节，使数字化的客户需求与服务端、线上线下统一，构建产业链、供应链的全链路数字化，打造新的价值链。这包含几方面内容：

1.极大地改变了美的的所有员工，包括合作伙伴、上下游相关者之间的工作方式，他们在手机上就可以完成过去的线下程序。

2.极大地提高了企业的运行效率，包括改善现金周期、提高运转效率、缩短产品开发时间、加快市场反应速度、提高盈利能力。

3.改变了商业模式，包括如何生产、如何开发产品、如何实现销售等，数字化技术提高了这些方面的速度。

这样的系统化工作，美的一干就是十年，而且投入了巨资，一开始每年都是几十亿元的投入。这样的投入和创新，使推行数字化十年的美的成为中国家用电器市场最大的企业。

如果按照 D12 模式，美的也仅仅走到了 D3 这个阶段。

为了研究中国上市公司数字化价值投资评价体系，我最近研究了几百家上市公司 2021 年的年报，其中给我印象最深刻的就是美的的年报。

第二，我们再看看美的 2021 年的公司年报给我们披露的内容。

在年报的第三节——管理层的分析与讨论中，其内容远远超过了其他公司描述的内容。

"美的是一家覆盖智能家居事业群、工业技术事业群、楼宇科技事业部、机器人与自动化事业部和数字化创新业务五大业务板块的全球化科技集团，提供多元化的产品种类与服务。"

这说明美的已经不只是一个家电生产制造企业，它的业务有五个板块。其中，智能家居事业群，作为智慧家电、智慧家居及周边相关产业和生态链的经营主体，承担面向终端用户的智能化场景搭建，用户运营和数据价值发掘，致力于为终端用户提供最佳体验的全屋智能家居及服务。

对第一个业务事业群的描述，使我们看到数字化转型之后的美的家电业务定位发生了根本性变化，已经不再是简单地生产产品，而是在"承担面向终端用户的智能化场景搭建，用户运营和数据价值发掘，致力于为终端用户提供最佳体验的全屋智能家居及服务"。这标志着美的已经开始从企业数字化向产业数字化发展。

在2021年主要业务介绍中，美的年报的表述是：

1.以用户为中心，聚焦场景化产品布局，利用美的多品类优势和数字化手段，持续推动全价值链优化，以实现业务场景、产品和服务升级；延续"以用户为中心"的战略变革，在面向用户的业务场景、产品和服务上进一步深化对用户的价值。立足用户对于美好生活的向往和追求，以科技创新成果实现"科技尽善、生活尽美"的企业愿景，深入融合科技创新与家用电器，基于用户需求和消费趋势，以厅室、阳台、厨房、卫浴等空间为依托，结合美的自有产品及生态合作产品，利用IoT技术全面深化家居服务，提供全屋智能综合解决方案，使家居生活更加高效、便捷、健康和舒适，打造业内领先的智能家居服务平台。美的自主搭建集市场、用户、舆情等数据于一体的大数据平台，构建大数据创新企划中台，落地大小数据双轮驱动的产品创新，围绕企划流程，实现单品企划与智能场景企划流程的融合；行业首创企划通系统，覆盖企划工作全流程，通过实现跨部门数据流通和整合内外部全价值链数据，提升数据流通效率，缩短新品开发周期，同时通过智能分析、智能预警、智能预测、智能决策、智能管控，独创企划辅助智能决策模型，赋能企划决策；相较传统的市场调研，大数据创新企划中台的智能化市场扫描效率提升50%以上，可密切跟踪上千个品类，探索市场机会与用户需求变化趋势，已覆盖全球多个国家与地区，进一步夯实美的全球企划能力；通过大数据平台赋能，使数字化营销向C2M模式延伸，通过用户洞察与用户研究，赋能品牌与产品，利用市场对新品的实时反馈精准定向市场营销工作；通过全球数以亿计的用户触点感知用户、盘活用户信息，实现与消费者实时交互，紧密衔接创新供求信息，产品开发由链状模式转为闭环模式。此外，美的在产品工业设计方面持续创新引领用户体验和交互升级，2021年获得141项工业设计荣誉，其中包含德国红点奖41项、IF设计奖49项，美国IDEA奖40项，日本G-mark奖11项。

2.坚持科技领先，加大研发投入，搭建全球平台推动研发效率提升，构建数字化敏捷创新的研发体系，实施"创新专利化、专利标准化、标准国际化、美的标准走出去"的战略。

3.深化渠道变革转型，持续提升渠道效率、重塑零售服务与IoB服务能力，实现用户直达战略。

4.加速推动全球突破，强化海外本地化运营，深化东芝家电协同整合。

5.推动全面数字化变革，实现全价值链数据运营与平台化运作，提升数字时代的企业竞争力。

6.推动数智驱动战略，加速全面智能化落地，为用户打造更美的智慧生活。

7.面向用户分层匹配多品牌、多元化的产品组合，强化品牌核心价值传播，为终端零售与用户运营赋能。

8.把握国内国际双循环背景下市场发展机遇，响应国家"碳达峰"与"碳中和"目标，坚持技术突破与创新，不断完善ToB业务布局。

从美的家用电器业务领域，我们可以看到几个特点：

1.美的已经不在产品经营阶段。如果不是推行数字化，没有企业敢提出根据产品的应用场景进行产品开发、设计和生产，分别进行厅室、阳台、厨房、卫浴等场景的开发。

2.研发数字化。

3.销售渠道数字化。

4.搭建全球化数字平台。

5.全价值链数据运营。

再读美的的企业战略和2022年的年度计划，用D12模式作为评价模型进行评价，可以发现美的的数字化已经涉及了D3、D5、D6、D8、D10的内容，包括数字化进程中的数字转型、产业系统架构、数字化创新、数字全球化、数字智能等步骤，数字金融和数字化整合尚未有涉及。

我们期待未来的美的亮出更加丰满的产业数字化战略。

小结：

企业数字化转型就是企业数字化、产业数字化的基本门票，舍不得买这张门票，数字经济就是一座金山也和你没有关系。当然，只有买了门票，你才有机会见识云计算、大数据、各种数字化软件、各种数字化场景和人工智能等数字技术"万花筒"的五彩斑斓。

企业数字化转型没有一个固定样板，千万不要以为聘请一家数字技术服务机构给你设计一套解决方案就是数字化转型了。从这一刻开始，老板必须懂数字化，不懂的话，要么学习，要么退休，要么就在董事会请一位"产业系统架构师"参与你的决策。

但是对于任何企业来说，作为一个经营主体，最重要的是明白为什么要实现数字化，不同行业、不同规模、不同业态、不同商业模式的经营主体数字化转型之后的方向和战略是不一样的。

另外，企业数字化转型仅仅是企业数字化的敲门砖，是企业数字化参与产业数字化、全面数字化的开始。数字技术发展永无止境，企业数字化也永无止境。

第四节　D4——公司上市

一、为什么 D12 模式要辅助公司上市

为什么 D12 模式要把上市作为一个独立的模块，主要有以下原因：

1. 企业上市是企业融入资本市场，从企业经营进入资本运营的重要手段，而产业数字化进程中，企业上市是将产业数字化运营和资本市场结合的重要手段。

2. 在工业经济形态下，企业上市不仅改变了企业单一的产品经营和企业经

营方式，还可以通过资本运营与产品经营、企业经营相互协同，创造企业的资本价值。如果企业数字化和产业数字化的主体是一家上市公司，企业和产业的数字化经营就可以和上市公司的特点结合起来，把数据的要素优势与资本的要素优势结合起来，获得更大的价值。

3.资本市场的优势一方面可以改变企业的投资融资结构，有利于企业通过资本作为纽带实施产业整合。但缺点是必须通过资本纽带和企业的控制关系才能够实施，而数字化组织关系可以和资本的纽带关系进行协同和配合，处理好资本纽带与数字链接的关系，避免资本的缺点，发挥数字化链接的优势。同样，可以通过数据价值与资本价值的重构、置换，让数据资产转换成为资本资产，让数据作为资本参与分配，也有利于让数字专业工作者获得更大的利益。

4.企业上市之后，有利于在产业数字化进程中开展D12模式的后续工作，前后之间是相互协同、层层递进的；也有利于将企业架构、产业架构、资本架构与数字架构深度融合，为产业数字化的后续节点打下基础。

5.资本市场是传统产业企业开展产业重组、并购整合的重要手段和工具，企业数字化和产业数字化时代，将传统产业整合与数字化结合起来，将会起到提高整合速度、降低整合难度、提高整合质量的效果。

如果说企业数字化、产业数字化仅仅是"数实融合"，那么通过上市打通资本市场通道，就可以实现"数—实—融"三者的融合。

二、重新定义数字化后的企业

这就要求从企业的每一个节点以及商业模式、盈利模式等多个角度描述其在数字化之前和数字化之后的变化；描述数字化之后的所有比较数据；描述数字化之后的发展战略；描述数字化之后的财务数据；披露企业数字化之后的知识产权；描述数字化之后在企业经营、原材料、生产管理、技术品质、市场营销、企业品牌、财务数据等多方面带来的新定义。

俞敏洪所创办的企业新东方在2022年所掀起的直播风暴，可以让大家看到一个相对简单但非常有效的案例。新东方是中国市场化英语教育领域的龙头企业，有很高的知名度。2021年，整个K12教育政策的调整使新东方遭遇致命打击，市值下降了90%，员工数量由11万减少到了5万。没想到几个月之后，新成立的数字化直播营销平台"东方甄选"，将新东方旗下的教育资源与数字化营销直播带货结合起来，迅速实现了公司市值的数倍增长，一举扭转传统教育企业向数字化营销模式的转型。

中国的上市公司几乎都需要进行产业数字化创新，这也就意味着中国所有上市公司都存在产业数字化发展的机会以及产业数字化价值投资机会。同时，由于上市公司信息公开，通过年报、季报也可以看到一个上市公司在数字化方面的战略和规划，加上上市公司具有资本运营空间，也能够保障资本进入和退出，产业、数字化、资本三者之间的关系可以形成良性循环。

但拟上市公司如果在上市之前就进行数字化转型，会改变公司的定义和愿景，也可以发掘很多有价值的机会。比如高瓴资本集团投资的几个项目，包括良品铺子、贝壳、百丽鞋业，都有把投资和数字化结合的痕迹，这不仅给高瓴资本集团创造了巨大的投资回报，也形成了价值投资的创新模式，带来了不错的口碑。

如果说从D1到D4是在做企业数字化和数字化转型，那么从D5开始，就是在创建产业数字化系统。如果说从D1到D4是在步行，那么从D5开始就是准备飞行。

我们看看以下几个案例有什么特点。

第一，良品铺子

良品铺子在2017年上市之前获得高瓴资本集团的投资，同时，高瓴资本集团让良品铺子进行数字化转型。

由于成功的数字化战略和高瓴资本集团的加持，良品铺子在2020年上市的时候股票受到市场热烈追捧，股价最高达到过68.83元。随着高瓴资本集团的退出，公司在数字化战略方面调整变更上市招股时的募资投向，将原来还要继续加大对数字化的投资改为加大对线下实体店的投资。但出现业绩的下滑，公司股票到 2022 年 3 月 25 日，跌到了 27.09 元，跌了一半多。

上市前通过数字化提升价值，获得高估值，但上市后没有更好的数字化路径，调整数字化策略让投资者没有看到持续数字化带来的期待，导致市值下降。

我们从公告中可以看到，公司已经决定将原来安排的用于数字化战略的募集资金投向进行修改，用于线下营销渠道的建设。

良品铺子这样曾经雄心勃勃通过企业数字化战略来上市发展的公司，实际上并没有真正找到产业数字化的方向而基本止步于企业数字化阶段。

第二，百丽时尚集团

百丽时尚集团前身是百丽鞋业，在中国香港上市之后，业绩逐渐下滑，上市 10 年之后股票市值从最高峰的 1500 亿元缩水到 500 多亿元，创始人退场之后，高瓴资本集团联手鼎晖完成百丽鞋业的私有化，成为战略投资人。

私有化之后，高瓴资本集团对百丽鞋业进行了一系列重组，投入大量资源对百丽鞋业展开数字化整合和转型，积极发展线上业务，用数字化优化线上线下关系，业绩大幅度提升。截至 2021 年 11 月 30 日，已经改名为百丽时尚集团的这家公司营收为 176 亿元，经营利润为 30.35 亿元。百丽时尚集团已经再次向交易所提交上市募集申请，募集资金还将加大对数字化转型的投入。而此前早在私有化时，高瓴资本集团已经将百丽鞋业旗下的滔搏品牌独立分拆上市。这次产业数字化价值投资有很大的功劳。

第三，贝壳

贝壳作为一个房地产零售服务领域的上市公司，得益于线下传统的房地产中介"链家"，高瓴资本集团通过同样的产业数字化手法，打造了基于线下"链家"的数字化平台。贝壳在美国上市，市值最高的时候，曾经达到 6000 多亿元人民币。

但高瓴资本集团的这几个案例只做了 D1 到 D4 的工作，而我所理解的产业数字化战略，从 D1 到 D4 仅仅是打了一个基础，从 D5 开始才是 D12 模式真正意义的价值所在。原因是高瓴资本集团还是基于投资和企业数字化的关系，运作企业数字化业务和投资，没有把自己定位成为产业数字化的战略投资者。

在良品铺子和贝壳两个项目中，高瓴资本集团都是作为 PE+ 数字化赋能进入的，完成上市之后就会选择逐渐退出的方式。但是我们看到，高瓴资本集团运作百丽鞋业项目则是用了战略投资的方式，实际上充当了战略投资人的角色，对于企业发展和企业人、财、物拥有投资决策权及经营管理决策权。正是因为这样的角色转换，百丽鞋业才有机会从企业数字化走向产业数字化。

三、设计数字化企业上市方案

目标企业形态不同，上市方案也不同。企业形态主要有两种：

单一企业主体：也就是一个主营业务清晰的企业作为拟上市公司主体。

集团内部资产重组：在一个多元化企业集团旗下，通过主营业务资产重组，形成企业上市主体，包括上市公司旗下对外投资或者控股子公司从上市公司重组剥离出来的上市主体。

要根据目标企业的不同状态设计不同的重组方案，在这个过程中需要做的工作有：

1. 明确公司上市主体

满足证监会对上市公司的基本要求；

根据中国、海外上市条款分析重组主体的上市条件；

资产独立、财务独立、经营独立、业务独立、团队独立；

产权明晰；

治理结构完整，股东会、董事会、监事会、经营管理团队完整；

财务状况符合上市条件；

经营业绩符合上市要求；

不存在同业竞争状况；

关联交易符合监管要求；

环保符合国家有关规定；

高级管理团队符合资格；

实际控制人不存在瑕疵。

2.编制上市工作计划

尽职调查计划；

审计评估安排；

法律意见书安排；

于地方监管机构报告。

3.编制上市招股说明书

着重叙述公司数字化与数字技术；

数字化与业务的关系；

公司上市的数字化战略；

募集资金关于数字化投向的说明。

4.选择上市资本市场

选择有利于数字经济上市公司的市场；

对每个市场数字化上市公司或者产业互联网上市公司的认同度；

分析每个市场产业互联网上市公司表现数据。

5.选择上市中介机构

券商、律师、会计师等中介机构在承销发行数字化企业或者产业互联网企业方面的经验、业绩；

中介机构团队对于数字技术和数字经济的理解。

6. 确定上市辅导机构

辅导机构在产业数字化方面的理解和经验、业绩；

辅导团队在产业数字化公司辅导的过往业绩。

四、上市进程中的数字化优势描述

我们在研究分析上市公司数字化价值评价体系的时候发现，有一个 2021 年刚刚上市的乳业公司还没有开展数字化进程，整个招股说明书完全没有数字化的内容，募集资金投向没有一个项目和数字化有关，公司董监高团队也没有数字技术专业背景。但是，这个公司所处的乳业产业环境竞争高度充分，产业集中度很高。著名的蒙牛、伊利、光明都在大规模地开展数字化，作为一个区域品牌，完全采用传统经营模式怎么有能力和巨头们竞争？这样的公司上市，投资价值在哪里？所以，D12 模式一定要把公司上市与数字化进程结合起来。

1. 根据数字化之后的预测提供业绩预测报告。

2. 结合数字化系统架构设计重组资产架构、业务架构、市场架构。

3. 产品数字化重组方案。

4. 市场数字化重组方案。

5. 公司数字化重组方案。

6. 产业数字化重组方案。

7. 重组方案中数字技术和数字化战略对公司价值的影响。

8. 不同行业、不同商业模式与不同数字化解决方案的融合对公司重组上市构成的价值逻辑。

9. 不同行业、不同商业模式对于各种数字技术的不同应用所带来的公司价值设计。

五、借壳上市公司的数字化要点

这是不通过首次公开发行的方式，而是采用借壳上市的一种方式，具体需要做的工作包括：

1. 选择借壳上市的必要性

对选择借壳上市和首次公开发行上市进行分析比较：

——上市成本；

——上市时间；

——借壳上市财务模型分析；

——借壳上市风险分析。

2. 选择壳公司借壳上市的方法和必要性

——交易结构的设计和谈判；

——交易对价分析；

——退市风险分析；

——壳公司资产、财务、法律分析。

3. 选择主营业务一致或者关联的公司，实现借壳上市的方式

——主营业务协同性分析；

——数字化协同性分析；

——产业链关系分析；

——供应链协同性分析；

——价值链协同性分析；

——估值对价模式分析；

——借壳上市之后的整合方案；

——借壳上市之后的实际控制权；

——借壳上市之后的治理结构安排；

——借壳上市之后的产业数字化解决方案；

——借壳上市之后的产业数字化战略。

4.选择优质上市公司被并购的重组上市方式

和前面重组上市方式不一样，选择优质上市公司被并购上市是实际控制人失去对公司的主导权而实施的上市方式。

——选择被并购的意愿是什么；

——并购交易结构设计；

——并购支付方式设计；

——并购整合方案设计；

——并购后的治理结构设计；

——并购后的数字化整合方案；

——并购后的产业数字化战略；

——并购后对资本价值的影响；

——并购后数字技术对公司价值的影响；

——并购后产业数字化战略对公司价值的影响。

六、数字化转型后企业上市申请变化

1.根据新的产品定义、业务定义、公司定义，改变企业发行定价方式，具体描述数字技术带来的价值依据。

2.重点设定上市后利用市场募集资金展开产业互联网布局战略，提供产业互联网可行性发展报告。

3.设计数字化之后的企业招股说明书。

4.招聘企业首席数字官（CDO）。

5.上市申报期间加大数字化工作力度，为上市募集资金投资做好准备。

七、数字化企业选择上市市场

对于上市市场和渠道的选择也是和数字化相关的。数字化程度最高，数字化价值最能够被市场、投资者、监管者、推荐者接受的国家毫无疑问是美国。如果中国最早的互联网公司网易、新浪、搜狐、百度没有美国发达的资本市场，那么这些企业没办法创立，也没办法生存，包括后来的阿里巴巴。同样，对产业数字化上市公司最理解和接受的，还是美国，其次就是中国香港。我们对数字经济的理解，对数字技术的理解，对数字化的理解大多数停留在概念上、媒体口中。

上市市场包括中国市场和美国市场等；上市路径包括直接申请首次公开发行，并购上市和借壳上市，也包括通过SPAC方式上市。

1. 美国的 SPAC 市场介绍

拟上市企业如果不是高科技企业，完成数字化转型之后可以从主板市场、中小板市场到创业板市场、科创板市场上市。比较快速的方式是可以选择美国的 SPAC 市场。

SPAC（特殊目的收购公司）市场上市是最近几年比较活跃的上市方式，主要由投资银行机构和投资者在资本市场率先设立一个现金上市公司，这个公司没有主营业务，只有现金，然后选择未上市优质企业，通过并购和股权置换实现反向收购，达到上市目的。SPAC 最早发源于加拿大、澳大利亚、美国等国家，中国有多家公司通过 SPAC 在美国市场上市。

为了参与资本市场竞争，中国香港已经引入 SPAC 市场上市机制，于2021 年 9 月公布了《有关收购特殊目的公司的咨询文件》，2022 年 1 月 1 日开始生效。

中国香港资本市场引入 SPAC 机制，对于 D12 模式推进内地企业到中国香港资本市场具有非常积极的意义。主要包括几个方面：

第一，虽然美国有全球最大的资本市场，更有优势，但是，中国香港市场毕竟是中国的境外资本市场，更适合中国企业上市。同时，中国香港市场的国际化程度也会吸引全球资本参与对中国企业投资。

第二，中国香港市场是国际资本市场，市场投资者比国内资本市场投资者更加成熟，更懂得价值投资，也有更多的价值投资机构。D12 模式的核心就是数字经济时代的价值投资创新。D12 模式参与的每一个项目都会按照价值投资理论，从价值发掘到产业系统架构再到数字化价值重构，与传统的借壳上市价值观和操作模式完全不一样。

第三，D12 模式从 D1 到 D4 仅仅是使企业完成从传统产业向企业数字化、产业数字化转型的基础设施建设，完成 SPAC 借壳上市仅仅是一个价值创造的开端。随着企业完成 D4 并在 SPAC 上市之后，从 D5 开始，上市公司更容易创新设计企业的数字化系统架构，更容易获得国际资本投资者的理解和支持，更容易完成未来从 D5 开始的价值提升和价值创造。不管是从 D7 开始的产业数字化整合还是全球化整合、资产数字化创新，也都更容易发挥国际市场的优势，包括通过资产数字化设立资产 NFT 交易产品和海外数字货币进行交易、结算、支付、兑换。

在美国、中国香港以及海外所有 SPAC 上市，和传统的借壳上市方式有很大的区别，传统的资本市场上市主要涉及被借壳公司财务、资产、法律、股权的复杂重组和交易，上市资产也需要满足 IPO 条件；而 SPAC 最大的好处就是壳公司只有现金，没有复杂的资产财务以及复杂的法律、债权债务问题。具体来说，SPAC 模式上市优势有：

（1）上市成功率高。

（2）由于 D12 模式区别于传统 PE 投资和上市，相对于传统公司，使用 D12 模式上市的公司丰富了价值投资空间，而且上市之前已经完成了深度的产业数字化融合，上市成功率更高。

（3）上市时间短，费用低。

（4）SPAC 从造壳到完成借壳并购交易，只需不到一年的时间，在实施 D12 模式的时候，就可以按照 SPAC 的时间计划，安排好从 D1 到 D4 的时间节奏；同时，在推进 D2 步骤的时候，就可以把 SPAC 上市所需要的资金计划安排到融资计划里。

（5）公司上市估值比较容易确定，交易更加灵活。

（6）由于在 SPAC 造壳的时候，已经完成了资金的募集，并购交易通过发行股票和现金进行交易，不存在 IPO 上市需要的市场询价，不同的市场周期，定价幅度非常不确定。

（7）上市门槛比 IPO 低，没有盈利要求。

（8）由于公司实际上是先上市，然后用上市公司并购，避开了 IPO 审核程序，不需要满足 IPO 的标准。

（9）投资保障度高，若公众投资人对 SPAC 并购的标的不满意，可以行使赎回权，收回本金和利息。

2. 在 SPAC 上市的基本程序

SPAC 主办人需要按照中国香港的 SPAC 规则造一个壳公司，然后按照上市流程完成上市工作。

在规定时间内找到合适的重组、并购对象。

实际操作的时候，可以通过 D1 到 D3 的工作进程开始在中国香港造壳，从 D1 到 D3 的进程与 SPAC 同步进行，产业数字化工作完成得差不多了，SPAC 也就完成了。并购标的完全是根据目标公司量身打造的。

完成造壳上市之后，通过现金和发行新的股票，实现对目标企业的并购。

到这个阶段，D12 模式完成了一个完整的业务闭环，从业务开始实施到完成公司上市，需要 2—3 年时间。这个过程完成之后，前期的投资可以获得不低于 3—5 倍的投资回报。但是，从产业数字化价值投资模式的全程来看，这只是 D12 模式的基础工作，走到这一步也仅仅是前一个闭环的结束和第二个生命周期的开始。从 D1 到 D4 仅仅是为产业数字化战略打下了一个基础。

在这个阶段，前期投资可以选择适当时机退出一部分，实现一定投资回报，减轻投资者的压力。这个阶段完成之后，关键是要给后一个阶段留下接口，也要给产业数字化找到数字化的持续解决方案，以便于进入 D5 之后延续本模式。

从 D1 到 D4，不管是上市公司还是非上市公司，都是需要在产业数字化进程中去经历的，没有这个主动的意识和战略安排，企业的生存空间就会越来越狭窄，就会在产业数字化时代成为被整合者，失去发展的主动权。这个阶段最重要的工作就是发掘产业数字化时代的价值空间，找到产业数字化价值创造解决方案，然后通过价值创造获得投资机会，形成产业、数字化、价值投资的良性循环。这个阶段的工作完成之后，给企业进入后面的程序奠定了基础。

这个阶段的难题还是设计好产业数字化系统架构方案，因为每一个产业以及我们面对的企业都是不一样的，产业数字化系统架构方案也就会有不一样的设计，这个难题在未来 5 年之内都是产业数字化发展的难点，也是中国传统产业利用产业数字化进行重构的巨大机会。

小结：

数字化和公司上市没有必然联系，华为这么一个头号数字化企业至今也没有选择上市。但是，将数字化和上市结合必然可以形成完全不一样的企业生存和发展模式。可以把企业发展规律、产业发展规律、数字技术融合创新、资本运营深度融合整合成为数字经济时代企业和产业的生存发展方式，这是一门科学，也是 D12 模式的精髓，上市过程仅仅是一个程序，但是上市是资本运营和 D12 模式深度融合的门槛与有机组成部分。一家上市公司全面开展数字化创新和一家非上市公司开展数字化创新所带来的操作空间与想象空间完全无法比拟。如果华为的任正非能够在华为体系内科学地应用业务板块分拆上市技术和资本市场的运营方法，可能不会出现要把"活下去的寒意"传递到每个人身上的担忧。

第六章

从企业数字化到产业数字化

这里所指的"产业数字化"不是泛指产业领域的数字化,而是指数字经济时代产业的数字化运行方式。

工业经济时代有工业经济时代的产业运行方式,主要是指以资本作为纽带,通过资本投资、控制现代公司组织,创建形成了各行业全球化的产业链、供应链、价值链的产业运行方式。

数字经济时代的产业运行方式是在工业经济时代各行业产业运行方式的基础上,融合综合性、系统性、协同性、生态化数字技术,并与工业经济时代的产业运行方式进行深度融合,形成数字技术与产业生态的新关系,从而创造出数字经济时代的产业运行方式。在工业经济时代,直接进入产业整合阶段的中国现代企业本来就不多见,还没有多少企业真正掌握全球范围的产业重组和整合方式,所以现在要上升到产业数字化经营这个层面和高度,有比较大的理解难度,这个方式目前在全球范围还基本没有出现。但是,我们相信这就是未来,这就是趋势。

第一节　D5——组织创新设计

一、新经济形态的组织创新:产业互联网公司

我们知道,工业经济的成功除了得益于科技发明之外,还得益于一个伟大的商业组织形态的发明,那就是股份有限公司(包括有限责任公司)。世界上最早的股份有限公司是英国东印度公司。现代公司组织诞生几百年来,至今没有被一个商业组织超越,股份有限公司至今也是全世界所有经济行为中最主要的商业组织之一。

数字经济时代有可能出现商业组织的巨大变革。几百年来的公司组织形态有可能渐渐失去其作用和魅力，被数字经济时代的新商业组织取代。

D12 模式在企业完成基本数字化转型（D1、D2、D3）或者创建了产业数字化战略并进行了产业系统架构设计之后，就需要组织实施产业系统架构，建设产业互联网，创建产业互联网公司。什么是产业互联网公司呢？产业互联网公司是指企业与投资人以及从事产业系统架构的专业人士、产业互联网技术专家共同创建的公司，它依托企业原有线下业务，打造产业互联网业务。产业互联网是由数字技术与产业要素之间整合并与其他商业组织合作而创建的数字经济时代的商业组织。

从研究的情况看，我国 90% 以上的上市公司没有全面实施数字化转型，即使部分上市公司实施了数字化，也仅是局部实施。

比如，在国内的数千家上市公司中，第一个把自己定位为产业互联网公司的上市公司是国联股份（603613），截至 2022 年 1 月 12 日，该公司收盘价格为 110 元，公司市值已达 378.29 亿元，市盈率 81.45 倍。该公司 2019 年 7 月 31 日上市股票发行价格为 15.3 元，两年半时间涨了 6 倍多。

但是国联股份不是真正意义的产业互联网公司，最多算是用数字技术服务于行业的 B2B 行业互联网公司。但毫无疑问的是，国联股份绝对是在做产业数字化业务而不是在做企业数字化业务。国联股份的业务也只是提供行业数字技术服务，并没有真正参与到资源行业的科研、生产、制造整个产业链上，和产业链上的经营主体也只是服务关系，但是不排除国联股份存在着从服务互联网到产业互联网的转型机会。

即使物联网、工业互联网、产业互联网、区块链、元宇宙、Web3.0 这些概念在很多人看来是数字技术，但其实这些在数字经济时代都是数字系统架构形成的商业组织。D12 模式中 D5 的任务就是创建新的组织——产业互联网公司，主要内容是产业互联网的设计、架构以及运营。

二、产业互联网子公司的架构思路

组织创新呼之欲出，D5 的主要任务是创建产业互联网公司这样一个新型组织形式。

"上市公司＋基金"与产业数字化团队组建产业互联网公司。在这个模式中，由上市公司或者实际控制人出资，与数字投资银行共同组建产业数字化基金，基金由数字投资银行管理。其中，基金在产业互联网公司中的股权份额不超过 50%，保持产业互联网公司的相对独立性，充分体现数字经济时代数字驱动的作用。

国内的海尔、三一重工都采用了这一方式，海尔创建的产业互联网平台公司是卡奥斯，三一重工的产业互联网公司是树根互联。除了基金之外，数字技术团队以数字技术作为知识产权，持有产业互联网子公司股份，同时，吸纳对于产业互联网子公司可能有贡献价值的企业作为股东。这个模块适用于两种情况：其一，跟着 D12 模式从 D1 一直走到 D4 成为上市公司的企业；其二，本身就是已经上市的公司。

1. 创办基金平台

由上市公司或者实际控制人出资，与数字投资银行共同组建产业数字化基金，基金由数字投资银行管理。

2. 组建数字技术团队

除了基金之外，数字技术团队包括数字营销团队、区块链技术团队、人工智能团队、供应商、企业技术团队。子公司实收资本需要满足基于该公司产业互联网系统架构和交付的全部支出。

3. 创办产业互联网公司具体需要考虑的问题

（1）上市公司加基金：上市公司加基金是指上市公司利用自有资金与上

市公司以外的基金管理团队共同设立的基金，主要是指上市公司与数字投资银行设立的基金管理公司共同设立的基金。

（2）上市公司的出资理由在招股说明书中体现。

（3）基金设立的目的是用于基于上市公司业务的产业互联网平台的搭建。

（4）基金由数字投资银行设立的基金管理公司管理。

（5）基金将与数字技术团队合作，成立基于上市公司业务的产业互联网子公司。

（6）产业互联网子公司除了基金之外，主要由数字技术团队持股，其基金持有股份比例不得少于51%。

（7）数字技术团队主要由提供产业互联网总体解决方案的设计机构担任。

（8）数字技术团队可以用现金投资，可以将总体解决方案报价折算为货币资金折股。

（9）产业互联网子公司也可以开放给市场著名财务投资人，开放股份不超过总股本的25%。

（10）基金可以全额出资，在完成前期投资之后，溢价邀请外部投资机构加入。

（11）产业互联网子公司实收资本需要保证产业互联网平台的创建、运营直至产生盈利。

（12）产业互联网子公司董事会由上市公司、数字投资银行专家、数字技术专家共同组成。

（13）产业互联网子公司CEO必须懂上市公司主营业务，熟悉数字化运营以及产业互联网运作模式。

三、产业互联网公司运营特点

1.产业互联网是上市公司主营业务的数字孪生，是在保持原有上市公司经营状态的情况下重新规划、设计的一种数字化经营模式。

2.产业互联网公司业务来源于上市公司已有业务，但是不构成对原有业务业绩的冲击；与原有业务构成全新的业务生态关系，相互具有协同性；对原有业务业态的冲击和利益关系的调整；产业互联网公司发展运行相对成型之后，再寻求与原有业务之间的整合，实现相互协调和平衡。

3.产业互联网公司的商业模式、盈利模式、团队建设、管理方式、考核机制和母公司线下业务完全不同。如果完全由母公司控制和管理运营，很容易让产业互联网子公司掉进传统企业的管理运营模式，所以，产业互联网公司通过分散股权结构、数字技术团队管理人持股来实现运营的自主性、独立性。

产业互联网公司是一个特殊的创新载体。由于其主营业务依托于上市公司，是把上市公司线下业务用产业互联网的线上逻辑、数字化方式开展，同时还要和母公司所有企业要素相关联，所以会出现不一样的商业模式、业务模式以及不一样的团队、考核机制、分配方式、管理方式，必须要满足互联网公司的经营特点，相当于将传统产业的企业基因和互联网的组织基因进行重组，产生出来一个新物种。国内比较典型的案例就是海尔的卡奥斯产业互联网平台，其创建于海尔这样一个强大的家用电器平台之上，完全独立运营，开拓了全新的市场和业务空间。发展成熟之后，卡奥斯已经于2020年从海尔智家母体剥离出去，成为一个独立面向市场的产业互联网平台企业。

这里把产业互联网更多地解读为组织创新，这是我的个人观点。不管是物联网，还是通常说的工业互联网、产业互联网，特点是以数据作为基本要素，以互联网作为基本载体，通过各种感知和链接技术、智能技术创建互联网，然后利用数字技术把企业和产业的经营行为链接起来，形成一种商业和市场的经营能力，并且与传统的经营行为深度融合。

除了从数字技术角度去理解之外，产业互联网公司也是由数字技术建构的商业组织，它不能取代公司，可以和公司协同和叠加。它开创了一种公司组织所达不到的经营能力，把人与人、人与物和公司组织下的经营行为结合了起来。当然，这里的组织创新也仅仅是开始，其内容也极其复杂。

四、案例：海尔的卡奥斯

我们同样以孕育于海尔这个母体、孵化成熟之后又独立于市场的卡奥斯为例，解读一下产业互联网到底是什么。这里所讲的卡奥斯工业互联网平台实际上就是产业互联网，工业互联网和产业互联网在海外都是同一个词。中国出现了工业互联网和产业互联网两个概念，有冲突，但也有一定道理。我认为未来的工业互联网、产业互联网、物联网都会是一个概念。事物在发展过程中的阶段性定义都会随着发展进程发生改变。

卡奥斯（COSMOPlat）目前全称为"卡奥斯创智物联科技有限公司"，这是由海尔推出的具有自主知识产权、全球首家引入全流程参与体验的工业互联网平台。其核心是大规模定制模式，通过持续参与用户交互，将硬件体验变为场景体验；将用户由被动的购买者变为参与者、创造者；将平台由原来的以自我为中心变成以用户为中心；将用户的所有需求和整个智能制造体系链接起来，让用户可以全流程参与产品的设计研发、生产制造、物流配送、迭代升级等环节。

卡奥斯创建于2017年4月，是海尔基于30多年的制造业经验打造的"跨行业、跨领域"工业互联网平台。平台自创立以来，对工业企业的全要素、全流程、全价值链需求进行拆解，将智能制造、供应链、采购、政企服务等企业最急需的能力模块化，打造为灵活组合、快速部署的专业化云平台和应用，可以帮助工业企业快速落地智能化生产、个性化定制、网络化协同、数字化管理等新模式，让工业企业能够高效且低成本地实现数字化转型。立足于企业数字化转型的需求和痛点，卡奥斯为其量身打造"诊断—识别短板，咨询—明确方向，实施—智造升级"的整套数字化转型战略方案，从设计、生产、物流、仓储、销售、服务、人员、资源等多个维度进行全面升级。在卡奥斯和某客户共同打造的数字化工厂内，实现了人工和能源成本降低10%，生产效率提升80%，研发周期缩短10%，良品率提升至99.5%。

卡奥斯虽然创建于海尔、孵化于海尔，但是又能独立于海尔、超越海尔，早已从海尔的主营业务中脱离出来，成为数字经济时代产业数字化运营平台。

除了海尔之外，三一重工孵化的"树根互联"，富士康孵化的"工业富联"、航天云网、重庆宗申动力孵化的"忽米网"都有这样的特征。

五、机遇与挑战并存，创新发展是重点

近年来，我国积极发展工业互联网。在政策和市场的双重驱动下，我国工业互联网迎来发展"东风"。那么在当前新基建形势下，工业互联网的发展，有哪些机遇和挑战呢？

在当前形势下，工业互联网迎来更加强劲的发展动能和更加广阔的发展空间，已经从最初以网络、数据、安全为基础，发展平台应用的基础架构，升级为围绕业务场景，在技术体系的支撑下落实功能架构和实施框架的体系架构。

然而，在迎接新基建发展机遇的同时，工业互联网也面临应用端扩展慢，行业发展受制约，落地应用场景有待完善，复合型人才、跨专业人才缺失，行业信息化、智能化水平参差不齐等众多挑战。

D5 的工作是要依托上市公司这个已经成熟的商业组织，重新架构一个产业互联网组织，这个组织主要由资本经营者、数字技术平台经营者、上市公司本身共同组成，而业务还是上市公司业务，最重要的就是处理好新的产业互联网组织平台和上市公司这个组织平台的关系。

所以 D5 所说的组织创新是一个标准化设计，而不同行业、不同规模的企业，以及企业所处的阶段不同，组织创新都是不一样的，都需要量身定制。

比如马铃薯行业产业数字化的 D12 模式必须把上游育种、中游种植、下游销售三个矩阵组织打通。从组织创新上，需要创建公司组织、产业互联网组织、区块链的 Web3.0 组织，三者之间相互关联、相对独立，多种组织叠加与融合才能实现马铃薯产业的全产业链重组和整合，才有机会提高产业水平。

小结：

产业互联网是数字化组织之一，可以按照数字技术不同的功能以及不同产业、不同市场、不同业态、不同客户的需要，创建多个产业数字化组织以及产业数字化生态、场景。包括物联网、工业互联网、区块链、NFT、元宇宙、Web3.0、DAO 等组织形式和治理模式、场景形式。

目前在市场上，区块链技术组织、元宇宙技术组织、Web3.0 技术组织已经非常活跃，很多深度研究这些组织的技术拥有者难以找到产业应用场景，往往就独自创业，自己创建场景。这样的创业行为在消费行业的互联网商机失去之后，难以形成创业投资赛道，我们还是尽力鼓励和发动传统产业领域的企业在数字化进程中觉醒，它们的觉醒既是自己的机会，也是数字技术创业者、科研者的机会。

第二节　D6——产业互联

进入 D6 这个阶段，相当于 D12 模式进入深水区。截至 2021 年底，国内有 4677 家上市公司，但是产业数字化程度都不高。

一、什么是产业互联

D5 的组织创新是基于上市公司基本业务模式的分析所进行的组织创新，它在上市公司正常的经营资产和业务体系之外，通过与数字技术、资本、D12 模式操作者形成创新的组织关系，这种组织关系独立于现有经营业务，不直接投资控股，而是形成上市公司组织运营、治理模式与产业数字化系统架构组织的生态关系。D6 是把这种生态关系进行系统架构，并且与上市公司业务形成有机联系，创建产业互联网。

我们先看看百度百科关于产业互联网的定义："产业互联网是基于互联网技术和生态，对各个垂直产业的产业链和内部的价值链进行重塑和改造，从而形成的互联网生态和形态。产业互联网是一种新的经济形态，利用信息技术与互联网平台，充分发挥互联网在生产要素配置中的优化和集成作用，实现互联网与传统产业深度融合，将互联网的创新应用成果深化于国家经济、科技、军事、民生等各项经济社会领域中，最终提升国家的生产力。"（引自陈春春《产业互联网定义和分类》）

按照这一定义，我提出几个不同的观点：

1.产业互联网已经不仅仅是互联网技术和生态了，要和消费互联网有所区别，产业互联网的数字技术生态才是核心，互联网是互联网架构，产业互联网是产业系统架构。

2.产业互联网不仅仅是"基于互联网技术和生态对各个垂直产业进行重塑和改造"，而是要根据各行各业的产业链、供应链、价值链关系，利用互联网载体的综合数字技术生态对产业进行重塑。主体和客体关系是不一样的，前者是互联网思维，后者是产业数字化思维。

3.产业互联网不是一种经济形态，只能是一种新的产业组织方式。

4.随着数字技术生态的不断进化，未来工业互联网、产业互联网、物联网都会趋同，成为数字经济时代的商业组织。

从总体上看，目前市场或者学术领域对于产业互联网的解读，侧重于互联网或者数字技术领域，从数字技术领域的角度解读产业数字化，是当今中国数字经济领域的一个共性。随着国家的重视，数字经济领域的很多概念和定义都将被重新解读。D12模式中关于产业互联网的定义：

"产业互联网是在现有企业和产业的基础上，以互联网为载体，基于人工智能技术，综合运用云计算、大数据、物联网、区块链等数字技术手段，实现企业数字化、产业平台化、跨界跨网的产业数字化生态。"

D12模式中，产业互联网是企业沿着产业链对产业上游、中游、下游的外部要素进行链接，通过云计算、大数据和人工智能技术的综合运用来重构企业和产业关系。已经实现数字化转型的上市公司可以在数字化转型的基础上创建产业互联网，没有实现数字化转型的上市公司可以分步实施数字化转型与创建产业互联网。

为什么这样定义呢？主要原因在于实际操作和运营。由于前面的定义，市场上很多互联网从业者在初步研究行业和产业生态之后，创建了不少称作"产业互联网"的平台公司，最为典型的就是医药和医疗行业的"产业互联网"，包括京东健康、平安好医生、阿里健康等，这些平台借助强大的资金优势、在消费互联网时代形成的消费终端（C端）的流量优势和互联网技术优势，通过对医药和医疗外部资源的整合，提供医疗咨询和药品销售，迅速在资本市场上市，获得巨大的资本追捧效应。这个类型的互联网实质是医药、医疗行业的消费或者服务互联网，事实上尚未投身于医药产品科研、生产、制造这样的产业链，仅停留在利用互联网重构供应链和价值链阶段。

目前市场上的产业互联网绝大多数属于这个类型，不是真正意义上的产业互联网。产业互联网可以有多种创办形式，但是，不管是什么样的创办形式，一个真正的产业互联网都必须深度融合产业链、供应链、价值链的各个环节，而不是仅仅通过互联网数字技术生态提供行业供应链服务或者数据、咨询服务。

二、为什么要建立产业互联

产业互联是数字技术发展到万物互联阶段的一个必然结果。在工业经济时代，所有产品、企业、产业要素都是基于物理形态进行分布的，都是离散的。这些要素相互之间通过传统的文字、语言、声音、图像进行联系，存在速度慢、效率低、不准确、不真实的状态。数字技术进入5G时代之后，通过万物互联、万物智联，有能力将工业经济时代的所有要素链接起来，让所有数据真实、准确、实时、可同步传输、可预测，从而改变工业经济时代所有产业要素的产业关系。

说得通俗一点，阿里巴巴创建了一个产品要素的互联网平台，通过云计算、大数据、数字智能等数字技术，搭建了一个产品买卖双方的交互式互联网商城，也被称为消费互联网。数字技术进一步发展之后，数字技术搭建的互联网平台不仅可以链接产品的买卖、支付、结算各方，还可以链接原材料、规划、设计、生产、加工、仓储、物流、市场、渠道、客户等所有要素。这样的链接和数字化平台，目前阿里巴巴还达不到，一旦实现，就是产业互联网平台。

具体来说，产业互联网平台可以扩张的企业功能包括：

1. 产业节点的链接功能

包括产品所有要素链接、企业所有要素节点链接、产业要素节点链接。

2. 数据功能

所有链接节点的数据采集、存储、分析、处理、计算、驱动。

3. 征信融资平台

产业要素在平台上的交易行为形成数据信用，可以给金融机构提供征信融资依据。这个平台的技术机制主要来自区块链技术和数字信息的分布式记账，由此创造出融资和投资机会，实现资产数字化交易。

同时，由于企业所有节点通过数字化同步实时呈现在平台上，传统金融服务机构和产品赖以生存的产业生态被重构，金融机构必将通过业态重构找到适应产业互联网时代企业和产业生态变化带来的金融服务需求。产业互联网的金融服务需求被全面满足。

4. 智能制造功能

通过对行业最新技术的集成和链接，为产业提供最具有竞争力的智能制造解决方案，适应柔性化、个性化制造要求。

5. 物流交付和供应链金融功能

从供应、生产到销售的所有环节相互之间的信息流、物流、资金流都被各种具有高感知度的感知技术采集，泛在的链接和数据存储、分析、处理、预测，通过强大的算力和算法，实现智能化。物与物、物与人、人与人的链接以及货币数字化配置和管理得以实现，从而提高物流效率、节约物流成本。

6. 服务业重构功能

服务业将被重构，服务产品的无人化、虚拟化、智能化、远程性以及个性化定制将重构服务业的场景、体验方式和交付方式。包括教育产业互联网、旅游产业互联网、医疗行业互联网、法律服务互联网等。

创建产业互联网的第一步主要是植入上市公司的全部业务，重构原有业务生态，全面打通原材料采购、产品设计、规划包装以及生产销售等所有外部节点。

上市公司选择适当时机通过发行股票、现金支付等方式实现对产业互联网公司的并购。如果实际控制人要把产业互联网打造成为平台型产业互联网，也可以将产业互联网公司分拆独立，再次对外融资。

7. 各种数字技术组织与各种应用场景的创造功能

通过产业互联网可以突破企业内部要素的制约空间，超越工业经济时代企业组织不能胜任全产业链整合的局限。虽然产业互联网也是由一家公司或者若干家公司和若干个投资人创建的，但产业互联网系统建设完成之后，就会突破资本作为纽带的限制和公司组织的限制，从线上和线下无限链接全世界相关的所有产业节点，也会和无数个公司或工作室链接，形成数字化共享关系。这真正实现了用数字经济时代的产业数字化经营模式运营一个又一个产业。

三、什么公司适合建立产业互联网

原则上每个公司都可以创建产业互联网平台，就看公司的能力和具备的条件。小米相当于一个产业互联网平台，在创建的时候什么都没有，从零开始，是数字原生企业。在实际操作中，上市也应该是每个公司都具备的创建产业互联网的条件，就看自己制定什么样的产业数字化战略和具有什么样的资源组织能力。

产业互联网可以由一个公司来创建；可以通过组织一个产业集群来创建；可以分地区按照全域数字化的产业内容而创建；可以用Web2.0的互联网组织模式创建；可以用Web3.0的技术组织模式创建。此外，还可以在Web2.0的产业互联网平台上形成与Web3.0之间的整合关系。

D12模式经过前面几个流程，到这个阶段的时候，已经具备了创建产业互联网的条件。

实际操作中有几种情况：

1.以自己为主，创建产业互联网平台，逐渐去整合产业资源。

2.联合其他企业共同创建产业互联网。

3.在产业互联网中成为被链接的一员。

4.已经完成企业全要素数字化转型。

四、建立产业互联网需要什么条件

创建产业互联网最基本的条件是企业对产业数字化有全面、深刻的理解，制定了完整的产业数字化战略，企业的实际控制人高度重视该项目，所以该项目被称为"一把手工程"。

创建产业互联网需要具备以下条件：

1.具有足够大的产业规模。

2.产业互联网创建主导者具有产业资源整合的能力。

3.企业内部要对产业互联网创建达成高度共识。

4.设计科学合理的产业互联网战略规划。

5.寻求高水平的产业互联网系统架构专家和团队，并建立深度融合的战略合作机制。

6.设立产业互联网需要的资本。

五、创建何种产业互联网：三种类型

1.产业链纵向产业互联网

产业链纵向产业互联网也可以称为垂直产业互联网，以单一企业或者产业链内几家企业为基础，在企业现有的产品和业务基础上，按照产业链的垂直产业关系，通过创建产业互联网深度链接产业链上游、中游、下游资源，从原材料采购、产品开发设计、产品技术和知识产权、体外产品品牌到内部生产加工、企业管理、供应链、财务结算支付、产品市场拓展、产品销售渠道、产品机构和个人消费者，利用云平台、大数据、人工智能、区块链等数字技术的综合协同架构，链接可以链接的开放式平台，通过数据交互、智能化等手段重构企业组织、产业组织、商业模式和盈利模式，从而达到产业整合、提高效率、重构价值的目的。

严格地说，目前国内尚未创建一个完整的垂直产业互联网平台。数字原生企业小米可以从这个角度被解读为垂直产业互联网企业。小米的特点就是通过数字化、智能化市场研究，开发、规划、设计市场所需要的智能消费品。然后，通过数字化平台创建开发者、供应商关系，由开发者、供应商按照小米的市场化要求，生产制造出小米品牌产品，再通过线上、线下市场实现销售，形成数字化互联网产业链上、中、下游的全要素链接。唯一的区别就是，我们在这里强调的是更需要已经上市的符合产业数字化价值创造的企业，通过创建产业互联网，实现传统产业的转型升级和传统产业价值投资、产业数字化价值投资的双重叠加。

创建条件：创建产业链纵向产业互联网的上市公司最好是主营业务相对单一的公司，如果自身就是某个产业领域的龙头企业，就可以发挥龙头企业的产业带头能力。因为在工业经济时代，产业龙头企业就已经积累了丰富的行业和产业资源，在产业领域具有强大的号召力。

如果是非龙头企业，最好是联合行业的合作伙伴共同创建，这样可以利用合作伙伴的优势形成合力。如果这个行业的集中度本来就很高，而自己也不在龙头企业的范围之内，这就需要看看自己有没有能力整合更多的产业资源。

比如，我们在研究上市公司的时候发现，国家电网集团旗下的上市公司国网信通是一个产业数字化公司，它有天然的优势，可以把国家电网的线下电力采购、供应、销售、管理、运营企业的业务，用轻资产方式做到线上，创建电力产业互联网平台，整合发电、供电、管电数字化资源。

2. 平台型产业互联网

平台型产业互联网是在强大的云计算、物联网、大数据、人工智能、区块链技术以及各种数字技术综合协同、系统架构的基础上，集成多个相同行业或者不同行业的企业、机构和个人的产业节点，通过开源的技术设计，将所有企业的主要节点全部打通，在平台上链接全球范围内的各种产业资源、金融资源、技术资源、规划设计资源、市场渠道、机构终端和个人消费终端，满足所有节点的精准需求。

平台型产业互联网的特点：

（1）平台资源、数据共享。平台型产业互联网能够让产品开发者、技术开发者、原材料供应商、产业各层次客户、消费者、金融机构、行政管理机构、市场监督管理机构等，共享大数据平台资源、共享客户资源、共享金融资源、共享人工智能服务以及由此产生的各种数据资源。

（2）平台节点之间的关系是共生关系，所以可以创建泛在链接生态。产业互联网是交易平台，所有产业要素都可以在产业互联网平台上进行交易，而这个平台可以是一个类似公司的组织，也可以是多种商业组织的融合体。

（3）平台的非垄断效应。不是依靠资本的垄断性创建的平台，而是依靠所有节点的共生性质创建的平台，不具有竞争垄断性。平台型产业互联网既可以是相同行业企业建立的具有相同行业属性的产业互联网，也可以是不同行业建立的存在产业链、价值链、市场客户关联的企业构成的产业互联网。

（4）受规模效应影响，数据规模、节点规模、交易规模使得平台规模非常巨大。在传统经济时代，全球最大的产业组织可以是各种行业联盟、行业协会，但是最大的问题是这些行业组织和协会是非营利的，不能成为一个公司或者企业。平台型产业互联网可以成为行业组织，这就意味着，平台型产业互联网有可能创造人类历史上最大的企业。

（5）范围经济。虚拟平台的空间延展不受线下很多障碍的约束，使得范围扩展变得极其容易，不论是上游资源拓展还是客户关系拓展，都很容易形成巨大的范围效应。

（6）全球化优势。传统经济下，因国与国的地理、民族、宗教、意识形态、法律、市场成熟度、经济发达程度、经济资源、经济水平等不同，产品全球化、企业全球化受到很多局限，而数字化、虚拟化容易避开物理形态的很多障碍。平台型产业互联网一定是全球化的。

创建条件：创建一个平台型产业互联网需要强大的产业资源整合能力。

以海尔创建的卡奥斯为例，如果想凭空创建一个平台型产业互联网，用传统的类似于阿里巴巴、京东、美团这样的互联网思维，基本不可能实现。核心原因就是这些平台上的交易要素主要是信息、数据和商品。平台型产业互联网的所有要素，除了产品、企业要素之外，还包括产业链、供应链上的所有要素。而且既然是平台型产业互联网，就不止一个产业链和供应链，而是多元化产业链和供应链，这对产业资源的要求很高，对数字技术生态的要求更高。

卡奥斯就是基于海尔这个企业强大的产业基础、资本实力、对数字技术的理解而独创了"人单合一"模式。从2017年创建之后，实现了系统平台的高价值评估，估值10亿美元，完成独立融资之后，结束了海尔智家的孵化使命，于2020年从上市公司剥离出去。

目前卡奥斯的业务已经完全超越了海尔智能家居的业务范畴，全面进入十多个行业，包括农业、陶瓷、服装等等。

3. 产业集群产业互联网

产业集群产业互联网主要是指在传统产业集群的基础上，创建产业互联网平台，整合产业集群的所有数据，链接产业集群的所有要素，从而形成产业数字化平台，实现产业集群所有成员的数字化、智能化运营。

通常每一个产业集群都是由处在相同产业链上游、中游和下游不同节点上的企业构成的，它们集中在一个产业园区，形成产业集中的优势，缩短产业链、供应链之间的物理距离。但是，这些企业同质化比较严重，相互之间信息不对称，经常出现恶性竞争。产业集群产业互联网通过产业数字化集群资源的整合，赋能所有产业集群节点，可以给每个产业要素创造新的价值，提高产业集群的效率和竞争力。

前面说的产业互联网主要是通过一个企业主体发展成为整合一个产业数字化资源的主体，由公司通过产业互联网部门或者子公司去链接更多的企业和产业节点，从而形成产业互联网。

创建条件：产业集群产业互联网不是由一个企业主体来创办的，而是由几个骨干企业或者更多企业主体通过产业共识来搭建的。用产业互联网来整合、重构线下产业集群的若干节点，将分散的产业和企业组织整合成为一个产业数字化主体，从而提高产业集群的效率，赋能产业集群中每一个分散企业的节点，就能给企业经营者和投资者创造价值。

中国已经在各地形成了很多产业集群，建立了完备的产业链纵横关系，很多产业集群已经是全球最大的产业集群。

针对产业集群，可以选择集群龙头企业，在政府支持下，率先搭建产业互联网，上市之后再通过传统产业整合与产业互联网平台整合相结合的方式，不断扩大产业互联网平台规模，最终实现产业集群平台型产业互联网创建，大大提高产业集中度，提高产业集群效益。

上市公司深圳华强集团就是一个典型的产业集群产业互联网平台企业。深圳华强集团基本上是全球电子元器件的地理标志。这个地方从改革开放以来就密集形成了各种消费电子产品和电子元器件的集成，曾经被称为全世界最大的"山寨版"消费电子产品集散地。深圳华强集团利用广东、深圳在消费电子领域的产业优势，用产业互联网方式重构电子元器件产业集群，成为目前最具数字化价值并投资上市公司产业互联网的经典案例。

创建产业集群产业互联网必须要依托于产业集群，这是一个先决条件。同时需要上市公司参与，也需要数字技术团队对产业集群有非常深刻的理解，能够设计出让所有集群要素上的节点都接受和满意的平台。

浙江绍兴柯桥是中国最大的纺织行业产业集群所在地。所有纺织产业集群要素，包括纺纱、面料、整染、服装设计、裁剪、定制、品牌、渠道等，集中于一家上市公司在轻纺城几十万平方米的面积内，而上市公司则坐拥几十万平方米的产业园区物业，和所有产业集群节点仅仅就是物业租赁关系。我们建议，通过轻纺城创建产业集群产业互联网，在保持产业集群产业、资产、股权关系不变的状态下，整合数字化产业要素，然后将这个产业互联网植入上市公司，就重构了轻纺城、产业集群、数字技术团队之间的关系，从而实现共赢的格局。

六、如何创建产业互联网

提出产业互联网创建方案、实施方案、预计可以达到的效果，具体方案可能包括：

1. 产业互联网云架构规划（IaaS 基础即服务）；

2. 产业互联网大数据解决方案（PaaS 平台即服务）；

3. 产业互联网数字中台方案（SaaS 软件即服务）；

4. 产业互联网数字化营销方案；

5. 产业互联网数字智能应用方案；

6.产业互联网、区块链技术应用方案；

7.产业互联网 VR/AR 应用方案；

8.产业互联网开发者解决方案；

9.产业互联网 2B 合作解决方案；

10.产业互联网 2C 获客及运营方案；

11.产业互联网与元宇宙生态组织、机构之间的合作方案；

12.产业互联网与 NFT 生态的融合方案；

13.产业互联网市场发展策略；

14.产业互联网和企业业绩变化预测；

15.产业互联网安全解决方案。

七、创建产业互联网的注意事项

1.完全根据上市公司原有业务形态、商业模式、市场规模、发展战略、盈利模式进行个性化设计。

2.强调现有业务供应、生产加工、销售、消费等业务生态的重点和特点。

3.解决方案与现有业务的适配性以及耦合空间。

4.注重产业链、供应链、价值链的数字化重构，解决产业互联网创建的价值驱动问题。

5.注重产业互联网系统架构的科学性、耦合性、兼容性。

6.注重系统性解决方案与个性化的高度融合。

产业数字化进程中，产业互联网的创建是一个循序渐进的过程，每一个行业和每一个企业在创建产业互联网的时候，都不可能一蹴而就，而是要以巨大投入创建一个高水平、大容量的产业互联网平台。随着业务发展和数据规模的扩大，产业互联网的容量才会逐步扩大。

完成产业互联网创建，就打通了目标企业原有的内部与外部节点，完成了基于原有业务的数字孪生业务再造，是企业从企业数字化进入产业数字化这一高级阶段的重要转折点。虽然产业互联网是传统产业和数字化融合的高水平发展模式，但并不是所有的企业都要去创建一个产业互联网平台。不具备创建产业互联网平台条件的企业，可以通过与产业互联网平台创建公司进行战略合作，从而成为产业互联网的重要节点。

案例：律师行业的产业互联网架构

律师行业是一个典型的知识密集型行业，也是专业性极强的全球化服务行业。人类社会进入高度发达社会之后，创建了许多满足人类文明所需要的规则和秩序，这些规则和秩序就是法律。各国都制定了浩繁的法律条文，理解和执行这些法律条文就需要律师行业的存在。截至2020年，中国已经有3.4万多家律师事务所、50多万名律师。传统的律师行业主要是依赖执业律师的水平和能力，一个律师事务所的成功与否主要取决于拥有多少高水平律师。

工业经济时代律师行业的特点：

1. 以律师事务所为单位，提供全面的律师业务。

2. 律师事务所主要通过合伙制，创建律师个人品牌与该所在行业内的品牌。

3. 律师事务所的成功不是靠资本的强大，而是靠律师能力和律师事务所的资源与品牌，核心能力还是这个律师事务所在各种业务中对于法律知识和经验的运用。

4. 主要以人为中心，提供线下专业服务。

5. 律师行业的难度就是掌握和运用丰富的法律知识和经验，最终能够获得委托人的信任。

6. 随着全球化的加剧，国与国之间的交往、经济活动使得不同国家的不同法律对律师提出了新的要求，需要有更多掌握不同国家法律的律师。

随着数字经济时代的到来，数字技术和数字智能会给律师这个行业带来巨大的颠覆性变革。是否可以按照D12模式打造中国乃至全球最大的律师事务所呢？显然不可以。因为D12模式是价值投资，律师事务所是不可以投资的。

是否可以按照 D12 模式创建律师行业的产业互联网呢？就是把法律服务、数字化、律师执业、律师事务所科学系统地架构在一起，这样既可以创建法律行业产业数字化平台，又没有破坏律师行业的基本游戏规则。

律师业务就是高效率、高水平、客观公正地帮助委托人达到目的，涵盖知识服务、资质服务、咨询服务。数字化和数字技术、智能技术可以提供什么样的服务场景呢？具体如下：

1.可以通过数字化的法律知识平台，为所有个人和机构提供精准、快速、便捷的法律知识。

2.可以以通信系统覆盖任何地方，帮助律师在任何时间都能用最快的速度获得最精准的法律条文。

3.可以通过区块链技术实现对任何法律文书的确认、追溯。

4.可以通过智能合约满足所有交易行为的需求。

5.可以通过创建法律知识图谱，给法律业务需求者提供人力智力难以掌握的复杂法律知识体系和结论。

6.可以通过人工智能与知识图谱结合，提供任意法律方面的知识、咨询、培训、教育。

7.可以通过虚拟现实技术，让当事人与律师面对面交流。

8.可以给所有全球化交易行为提供数字化、智能化的法律服务。

9.可以为任何高频交易行为提供数字法律支持和支付服务。

10.在数字经济时代可以为所有线上交易行为提供法律服务。

11.可以规划设计元宇宙形态下所有与法律相关的实物、生态以及服务。

12.可以通过分布式数字技术解决方案，定制化、量化处理所有线下、线上法律和律师业务的收益分配问题。

瀛和律师事务所创始人孙在辰律师对其事务所的第一句介绍就是：国内法律服务行业数字化发展引航者。这是我看到的国内第一个这样定位的法律服务机构。该所的 7 个合伙人曾经都是中国某个著名律师事务所的合伙人，由于他们对法律服务数字化有共同的认识，决定一起合作创办一个"为行业提供数字化律所工具、管理、产品、业务赋能，推动律所数字化改造升级，提升法律服务效率"的数字化平台。按照这样的思路，从2013年到2022年，数字瀛和用9年时间，打造了"赢了网""法大大"平台，用数字化赋能500多家律师事务所。

我认为在产业数字化时代，律师行业可以通过产业互联网系统架构创建一个商业化平台。

未来产业互联网系统架构下的律师业务服务平台首先是从法律和律师行业出发，通过公司组织而不是合伙人组织，投资创建高水平法律和律师服务的数字化平台，通过云平台创建，链接赋能律师和律师事务所。通过数字智能知识图谱数据库建设，以及区块链技术、Web3.0、DAO的组织创新，开发各种知识产品，链接所有和法律相关的机构和个人，为律师服务对象提供专业化、个性化、量身定制的法律服务，满足律师、律所、司法机构的需求，满足诉讼业务中的原告、被告的需求，满足非诉讼业务中的个人、机构的综合法律服务需求。

这个系统架构一定不是由某一个律师事务所创建的，某个律师事务所创建的平台很难解决这个律师事务所与其他律师事务所的同业竞争问题。这样一个系统架构模式，是一个公平、开放、共创、共享的平台。这个平台是公司化的，可以对接资本市场，可以提高律师和律师事务所的效率以及服务精准度，同时结合产业互联网与区块链平台，创建"元宇宙"平台，通过VR/AR终端提供丰富的法律服务数字场景。

这样一个系统架构设计同样可以采用D12模式。

产业互联网的架构是D12模式的一个基本功能，根据不同的产业形态有不同的架构形式。同样，D12模式对产业互联网的理解除了产业互联网是一种由数字技术生态构建的产业网络之外，也表现为数字技术所构建的组织功能。产业互联网通过数字技术形成人与人、人与物的链接，链接的有效性和链接之后的数据关系、驱动关系，构成人与人、人与物之间的组织关系。在这种组织关系上，人与人、人与物建立了互通互联的信息和数据关系，构成了组织系统，这个组织系统将会表达创建系统的投资者以及公司的意志，既形成投资人、公司组织与产业互联网之间的组织链接和组织融合，也形成产业互联网链接的所有节点之间关系意志的表达。这些节点既可能是一个物，也可能是一个人；既可能是一个集群化的物，也可能是集群化组织下的人，或者是另一个网络组织。

另外的网络组织可能是互联网，也可能是区块链。所以，在产业互联网架构建设的时候，一定是开源的、互联互通的、开放的。关键是传统公司组织、产业互联网组织、区块链组织多重叠加和融合之后，对于产业链、供应链、价值链会进行最佳重构和配置。

关于产业互联网，国内曾经有一个观点，就是4G时代的数字化平台型企业是消费互联网，5G出现之后是产业互联网的世界。其实我个人不太同意这个观点。产业互联网是产业数字化的高级形态，确实和消费互联网有根本性区别，但是，产业互联网仅仅是产业数字化运行的一种数字化组织系统。一方面，产业互联网可以把传统的产业运营逻辑发挥到极致；另一方面，产业互联网也将和其他的数字技术组织通过叠加与融合，形成综合性、系统性、协同性、生态化数字技术和组织。

小结：

鉴于中国的国情，各地方政府应该在D12模式创建过程中，发挥非常重要的作用，助力D12模式的系统推进：

第一，至少需要各级地方政府的高度重视和深度理解。

第二，需要营造各地D12模式推广生态，这个生态不是一个企业可以创建的，一般的智库也没有这么强的组织能力。

第三，需要组织产业主体、众多数字技术团队和专家、产业数字化基金三方力量共同发力。

产业互联网其实是互联网和所有产业之间的新组织生态，在这个阶段与工业互联网、物联网、智联网或者"互联网+"都是分别定义的，体现出数字经济发展中的阶段性特征，未来叫什么？能否统一？谁也说不清楚。

第三节　D7——数字整合

"数字整合"是"产业数字化整合"的简称，完成前面几个阶段，尤其是 D6 之后，就有机会进阶 D7。D7 也是 D12 模式的精华之一，是工业经济形态向数字经济形态过渡和转换的必然规律，是传统产业价值创造和产业数字化价值创造双重叠加最重要的形式，目前中国所有上市公司没有一家达到这个水平。"数字整合"是企业在数字经济时代完成产业互联网创建之后，利用产业互联网的数字化、智能化优势，结合传统产业重组整合模式，开创一个基于数字经济时代产业运行的方式。

数字整合是数字经济时代传统产业整合模式与数字化整合模式相结合的模式，是双重价值叠加的创新运营方式。这个定义涉及两个概念的整合，一个概念是产业整合，另一个概念是产业的数字化整合。

产业整合是工业经济时代产业发展和运行的方式之一，是指大型企业以资本运营为核心手段，采用战略投资、重组、并购等方式对产业链上下游企业进行整合的方式。

工业经济发展进程中，各行各业都有一个从产业初创到产业高速度增量发展再到产业整合的阶段。如房地产，一开始中国有几万家房地产公司，到处都可以生存，后来行业高度集中，门槛提高，很多企业生存不下去了，就进入行业整合阶段。产业整合主要就是企业规模发展到足以参与行业整合的阶段，通过重组、合并、并购、整合的方式去发展，这也被称为资本运营。

在消费互联网时代，腾讯、阿里巴巴、京东、美团这些大型的数字化平台企业也进行过大量的重组、并购和资本运营，但还是采用了传统产业整合的思路，从事消费互联网行业的产业整合，比如京东利用资金、技术、人才优势创建京东健康，这是消费互联网平台企业产业纵深发展的尝试。但是，由于京东的消费互联网基因，其所投资创建的京东健康同样不是真正意义上的产业互联网系统架构和产业互联网的整合，仅仅是一个医疗健康领域的服务型互联网而已。

传统产业整合主要是沿着上市公司产业链上下游进行产业并购。所采用的方式主要是以资本作为工具，以现代公司作为组织系统，通过资本控制来实现产业链、供应链、价值链的协同。

中国绝大多数企业没有进入产业整合阶段，除了钢铁、石油、乳业、家用电器、房地产这些高度集中的传统产业外，各行各业都还存在产业整合机会。

但这个阶段还没有过去，产业数字化机会就到来了。产业数字化存在着采用数字技术和数字技术组织形态进行产业整合的功能，中国产业数字化达到一定阶段就可以进行"产业 + 数字化"整合。

在工业经济时代，企业发展到一定阶段需要参与产业重组和产业整合，从而提高企业在行业和产业中的地位。在数字经济时代，数字整合是数字化在产业整合中的应用。

D7 的数字整合是产业互联网平台充分利用产业互联网的优势，将传统产业整合、数字化链接、资本市场三者进行整体规划和设计。

D7 是产业互联网创建成功之后的一个关键模块，是完成 D1—D6 所有基础数字平台和业务深度结合之后，D12 模式开始高速发展和创新的转折点。

一、传统产业整合与数字化整合

1. 什么是传统产业整合

在传统的工业经济时代，公司上市之后有两方面经营内容，一方面叫企业经营，就是经营企业的产品、市场、品牌、技术，以及控制成本、创造价值和利润，核心是收入、成本、利润等考核指标；另一方面是资本经营，企业上市之后的收入、成本、利润、技术、品牌、价值都要体现出资本价值。企业的价值存在体现在两方面：一方面是企业价值；另一方面是资本价值。

企业一般更多的是经营企业价值，经营好会创造更高的资本价值。企业经营和资本经营结合，就会展开运营活动。

资本没有在公开市场上发行和交易，流动性不够，在上市之前进行资本运营的公司不多。上市之后，公司每天都要进行高频交易，资本高速流动，但人们对资本价值关注不多，所以资本价值跟企业价值的经营规律完全不一样。

企业经营是指生产经营和成本效率等具体的经营内容。资本经营则是通过选择企业战略，将资本和企业经营结合，创造出更高的资本价值，获得更多的融资通道。

由此，企业的战略、价值观、视野也会发生变化。这就需要从一个企业去研究一个行业，研究上游、中游、下游的产业链，再研究产业链和供应链之间的关系，然后通过产业链和供应链的关系来研究企业的价值。最后根据企业的价值，制定资本经营战略。从战略投资和企业经营的角度讲，这叫产业整合，企业不仅要站在一个企业的维度，还要站在资本的维度，把企业经营和资本经营这两者结合起来，研究产业的经营战略。尤其是进行战略投资的企业大股东，要研究产业经营战略，对企业的经营需要上升到整个产业链的高度。比如，公司上市之后通过一系列分析，利用资本市场开拓融资通道、联合资本运营。资本运营的手段有很多种，比如控股性投资、财务性投资、收购；收购有很多种，比如战略并购、股权合并收购。企业建立资本战略，通过对资本的运营，进行一系列并购、重组、整合。

在世界范围内的传统产业里，不管是百年还是几十年的大企业，其成长过程几乎没有一个不是通过并购、整合、重组来实现自己的商业目的，从而满足企业的愿景、实现企业发展战略。

所以在传统的产业领域里形成了一整套逻辑：通过战略并购确定战略投资，通过重组、整合实现行业的集中，在相对区域范围内用资本来配置产业链、供应链和价值链关系，这套逻辑就称为价值投资。

价值投资运用在企业的经营发展过程就是战略投资。反映在股票市场，对巴菲特、芒格等价值投资者来说，就创造了股票市场的价值投资机会。

如果不能理解或者没有深度参与过传统产业的重组、并购、整合，就很难理解产业数字化整合。

可以这样理解，产业整合是传统产业或者工业经济形态下，企业发展的最高阶段。过去的复星系就是民营企业进行产业整合的成功案例。政府官员中黄奇帆是一个产业整合高手；央企领域中国化工的任建新、经营过四家世界500强企业的宁高宁都是难得的产业整合人才。

2. 产业的数字化整合

数字化整合是通过产业互联网的方式，用数字技术对产业链、供应链上下游的产品、技术、品牌、工艺、原材料、市场渠道、供应商等要素进行整合，形成数字生态共生共创、价值共享、智慧共享的局面，重构数字化交易、合作、协同的方式，从而达到提升产业效率、降低产业成本、重构产业生态、重构产业价值的目的，是把传统的产业整合和数字化进行结合的高水平操作方法。

D12 模式就是在传统战略投资的基础上，充分借鉴和学习传统产业战略投资、战略并购、产业整合、战略管理这一整套的技术和方法，结合数字技术，通过资本运营的方法实现战略投资、战略并购和产业整合。

把资本运营技术和数字运营技术这两者结合起来就是 D7。在 D7 之后，由于为资本运营这台发动机增加了数字化的翅膀，所以企业获得高速扩张和发展的机会，D7 是 D12 模式的核心竞争力。整个 D12 模式，之前是边打基础边创建平台，从 D7 开始进入高速成长、高速起飞阶段。

产业数字化整合既可以采用数字化链接的方式，形成产业互联网与产业链相关企业资源链接，共享产业数字化生态，相互达到默契之后，通过发行股票进行并购；又可以直接通过并购加链接，达到产业整合的目的。

数字化整合模式可以在人工智能的行业分析报告基础上，采用链接、融合模式进行比对整合，或结合重组并购和数字化整合模式进行协同；也可以通过人工智能技术进行比对分析、深度预测、协助决策，形成强大的整合优势，使上市公司的业绩在低风险扩张中快速提高，公司市值迅速增长。

在产业数字化整合方面，全球的高水平整合者莫过于埃隆·马斯克，他在产业数字化领域的整合可以称为一骑绝尘。特斯拉是一个数字原生企业，生产汽车和手机，二者互联互通。它之前宣布准备收购美国社交媒体推特公司，如果把推特公司的数字化社交平台和特斯拉汽车、手机结合起来，难以想象这样的产业数字化整合将创造什么样的商业奇迹。

可能会有很多人以为，中国的传统产业整合都没有做好，怎么可能做好数字化整合呢？这的确是一个非常经典的问题。如果中国已经完成工业化、实现现代化，各行各业达到了高度整合阶段，就像家用电器、房地产、乳业、工程机械等行业的集中度，那中国的产业数字化运行就不是这个模式了。但如今数字技术的成熟、数字化整合逻辑的出现，正好可以使中国产业在未完成现代化整合的基础上，实现一次换道超车，直接跨越工业现代化进入数字化、智能化。如果利用好数字化整合模式，整合难度会比传统产业的整合难度低，而且速度快、投入小、风险低、易操作。

比如精准营养领域的特医互联公司，按照其目前的产业数字化平台系统，在中国已经覆盖超过 8000 个医生、20 万个患者、几十个产品。但是怎样让这几十个中国产品得到西方循证医学和线下市场的认可，卖到发达国家去？

按照过去的方法，就得把整个产品检测报告拿到欧洲或美国，要么投资创建公司，要么收购别人的公司，这都是用资本运营并购的传统方法。而现在只需要链接欧洲、日本、美国的数字化接口，把发达国家的网络打通，将客户资源进行数字化链接，这样就不需要并购了。

数字化整合怎么做？有了这个强大的产业数字化精准营养平台，特医互联公司把国内外同行业的产品链接到自己的产业互联网平台上，产品由原来一年只能卖 2000 万元，增加到 5000 万元。原来的线下销售额并没有减少，转移到平台上在线销售品种增加了，还可以共享分成，这对特医互联公司的产业互联网平台来说，成本没有增加，反而创造了更多销量，增加了利润。对平台的合作伙伴来讲，没有被收购，反而通过搭接平台大规模增加销售收入。持续几年后，平台对合作生产商的销售更有利，可以获得资本收益，可以发行股票，还可以把合作伙伴发展成股东。

用传统并购的方式一年只能并购一两个项目，失败的概率还很大。用大数据链接、人工智能驱动的数字化链接方式，一年可以链接 10 个、100 个项目，也没有传统并购那么大的风险。企业把传统并购整合跟数字化的整合结合起来，能够获得几十倍的超级发展速度，一年相当于百年，这就是产业数字化整合带来的超级速度。

所以说产业互联网的创建，到了D7之后，能在整个产业数字化中发挥特别的作用，走向全面的产业数字化。

我们关注的中国混凝土行业的项目，也许是最具典型意义的。这个行业有上万亿元的产业规模，全国有超过1.1万个的混凝土搅拌站，排名第一的企业是中国建材集团，第二名是中建西部建设集团，后面依次是一些地方性企业投资创建的搅拌站企业。这个行业的特点就是高度分散，地域化特征明显，产业门槛很低，主要原材料是水泥、河沙、石子、配料、炭渣等，客户就是地理半径内的建筑施工现场。如果按照传统的产业整合方法，这个行业的整合难度非常大，所以现在导致这个附加值不高、科技含量不高、门槛不高的行业集中度也不高。大规模的企业也只有几百家，市场占有率不到10%。

重庆建工建材物流有限公司经过13年的努力，开发了公鱼互联产业数字化平台，目前只是覆盖了自己投资建设的5家搅拌站企业，它有没有机会把这样一个数字化平台用到全国呢？如果中国每个搅拌站企业都去做这样一个数字化平台，同质化投入会造成恶性竞争，产业数字化不会达到应有目的。我们从中建西部建设集团的年报中看到，这个集团已经明确表示要打造混凝土行业的数字化平台。如果自己投资规划设计一套产业数字化解决方案，即使做得再好，也是集团内部的。如果全中国都这样做，就会出现全混凝土行业物理形态的数字孪生、垂直数字化，完全达不到产业数字化目的。如何把重庆建工建材物流有限公司的公鱼互联这套系统通过数字整合覆盖到全行业、全国，在不改变资本关系、资产关系、经营管理的状况下，实现数字化整合？

D12模式中的D7就是要达到这个目的。

3.数字化整合赋能传统企业的优势

为了让大家更加清晰地理解数字化整合，我可以把数字化整合形象地比喻为新能源汽车的油电混合动力。传统汽车只有燃油发动机作为单一动力，但是燃油面临资源枯竭的危险，同时燃油产生的二氧化碳排放造成环境大气污染。目前，全球已经大规模开展新能源汽车生产。同时，还有一种很受欢迎的动力就是油电混合动力，即用燃油发动机和储能电池作为汽车的两种动力，油与电智能切换，既发挥燃油发动机的动力优势，又发挥储能电池的省油、环保优势。

数字化整合也是在企业和产业运行中进行的，传统的资本重组、并购相当于燃油发动机，数字化整合相当于储能电池。使用数字技术作为整合工具，没有扔掉资本和公司，在利用资本和公司的同时，也创新了数字化整合。

传统的战略投资、并购重组、资本运营是把分散的中小型企业，通过并购重组实现行业集中、行业整合，从而形成大型企业。过去的工业经济时代，这一操作基本上都是由跨国公司运营资本在全球范围内进行配置，形成各行各业的产业链、供应链、价值链关系。某些行业集中度非常高，比如农产品、食品、汽车、医疗、医药、机械、矿山、石油消费品、化工、天然气等等，在各行各业都形成了一些世界级的企业，全球的整合空间已经形成，工业化也已经实现。工业化实现之后，就形成了全球的产业链、供应链和价值链关系。

所以就不存在一个做发动机或者医疗设备的企业，能够从零开始逐渐成长，再发展成世界著名企业。这几乎不可能。中国的工业化是从20世纪70年代起步的，当中国打开国门来搞市场经济的时候，全世界的产业整合已经基本完成，而中国则是一个空白地带。

中国打开国门后，政府为保护民族工业，培育自己的企业，没有完全让外资在各行业控股、投资，而是有一定限制。所以过去的几十年中，中国各行业在重新走发达国家两三百年前走过的工业革命道路。

比如汽车行业，世界汽车业通过一百多年的发展和重组并购进行了整合，当前全世界一年生产几亿辆汽车，主要制造企业就是日本的丰田，韩国的三星、现代，欧洲的大众、戴姆勒，意大利的菲亚特，美国的克莱斯勒，还有已经被并购的福特、通用。过去的几千家企业被整合为十几家最大的汽车企业。

但中国没有完全跟世界同步进入工业化和现代化，对外开放后，中国允许世界著名汽车公司进入中国，但只能成立不控股的合资公司而不能成立独资公司。如果国家不设门槛，可能这些世界最大的汽车生产商就完全占领了中国市场。

中国加入 WTO 后，一方面发展自己的民族汽车品牌；另一方面引进外资，允许其占大股，而且规定外国品牌加入后最多只能做两个合资公司。比如日本本田和上汽、广汽合作，就不能再和第三家合作。福特只能和长安、江铃合作。由于国情和在全球产业中的特殊性，使得中国企业还存在着参与并购整合的巨大机会。

再比如医药行业，中国每年有上万亿元的医药市场规模，中国医药生产企业极其分散，有 7800 多家，产量全部加起来也不如辉瑞、强生。中国只有上海医药集团进入世界 50 强。中国在全球经济总量排名第二，照理来讲，医药领域的世界 50 强企业至少应该占一半，但就只有一家。这说明中国经济体量虽大，但是产业整合水平不高，产业集中度低，工业革命还没有完成，还没有达到发达国家的水平。

在这么多年的全球并购过程中，不管哪个行业，世界最著名的企业一定来自日本、美国、欧洲发达国家。亚洲是韩国、日本，欧洲是英国、法国、德国、意大利，美洲是美国、加拿大。所有行业，只要是大规模的行业，基本上都被这些国家垄断。所以从全球产业的角度讲，并购整合产业的机会已经没有了。

从传统经济来讲，中国行业整合按照传统的工业化进程，用市场化的方法和资本运营的技术，要想真正做到世界第一，还需要 20—30 年的时间。

当中国各行各业的企业能进入世界 500 强、100 强、50 强，才能真正说明中国工业进入了高水平发展阶段。

在过去几十年，中国工业化从零开始，从低端产业到中端产业再到高端产业，前边比较容易，越往后越难，每个企业要进入世界 100 强、50 强的时候，尤其是动了人家的蛋糕的时候，就遇到了全球化的瓶颈。我们的全球化达不到人家那样的程度，工业化水平不行，人均收入就不可能实现 3 万—4 万美元，只能处于中等收入水平，很难达到现代化国家的水平。

中国正好处于这样一个困境中，突然来了一个新东西——数字技术。那就让中国完全有可能在没有完成工业化的情况下，通过数字化的方法实现跨越。它不叫弯道超车，因为弯道超车会有各种问题，时间更长。要收购兼并，越到高层次的时候并购的机会就越小，自己要研发周期又很长。

在这种情况下，数字经济、数字技术可以改变传统的并购整合方法。这就是中国实现产业数字化最核心、最关键的环节。

传统的方法就是上市公司用资本去并购。中国同行业企业的水平都差不多，一盘散沙，同行业企业收购兼并是合并同类项，最多能够提高讨价能力、降低一些成本，但在技术水平上并没有提高。国内的整合当然也需要并购重组来提高行业集中度。

中国是全球最大的出口国，必须要实现全球化，如果人民币不能自由兑换，资本进出就有难题，也不可能用发行股票的方式去并购人家的公司，所以会遇到并购上的难题。

那数字技术能解决什么呢？就是在并购的基础上，用数字技术去链接。我们拿一个案例来说明。

迈凯伦是世界著名的高级跑车生产商，有很高的科技水平，有很好的发动机研发和汽车设计能力，有著名的一级方程式赛车车队。过去迈凯伦车队的成绩在一级方程式里非常好，品牌有很高的认知度。所以迈凯伦每设计一款产品出来，只要向客户发出信息，就能获取一年生产数量的订单。比如只生产300辆，这种车几百万元一辆，会被爱好者直接一抢而空，这会带来几亿元人民币的销售收入。

从奔驰、宝马、本田到福特，中国的汽车市场被世界著名品牌占领，新能源汽车领域出现了很多造车新势力，包括蔚来、小鹏，小米也开始造小米汽车，但它们都是同质化的，几乎都是用互联网的思维来造新能源汽车。

有人说能不能去并购迈凯伦，让迈凯伦与理想、蔚来这样的企业整合，用迈凯伦的品牌造车，用迈凯伦的设计师做设计，用迈凯伦的技术生产，让中国同质化的造车新势力通过差异化竞争，超越其他同质化的汽车品牌，甚至把迈凯伦的品牌卖到全世界，这比中国所有造车企业的品牌都更有优势。如果实现不了并购，我们用数字化的方式建立社群经济的私域流量，通过社群用户体验，用数字化的思维来做汽车，把新能源汽车当成一个数字化的终端，再嫁接迈凯伦的技术和品牌，不需要收购迈凯伦，也不需要迈凯伦到中国投资，就与迈凯伦这个著名世界级品牌达成深度合作。如果再做长远规划，还可以考虑在适当时机让中国一级方程式车手转会到迈凯伦，进一步挖掘产业价值，充分实现传统产业整合与数字化整合的融合。

具体来说，与传统产业整合对比，数字化整合具有如下优势：

（1）产业整合的速度非常快；

（2）产业整合效率高；

（3）产业整合成功率高，降低了失败率；

（4）数字价值驱动力有可能超过资本驱动力；

（5）从纵向垂直并购整合到横向关联链接；

（6）从资本的控制转换为链接，降低了整合难度；

（7）提高了管理效率，降低了管理难度；

（8）减少了人与人的接触，降低了整合的文化难度；

（9）扁平化的整合模式，有利于充分体现每个节点的价值，提高了公平性；

（10）价值投资哲学贯穿始终。

这个节点的难度体现在数字技术和产业整合的融合性上，对数字技术架构以及数字智能的要求非常高，不同行业同样存在不同的整合方式。当这个节点达到一定程度的时候，这个企业的市值已经是数千亿元的水平了。

产业互联网的创建主要是通过数字技术的链接以及大数据的算法、算力，在资本纽带和公司组织协同下，建立产业链、供应链关系，从而重构产业价值链，改变产业运营模式，提高产业发展效率。

产业互联网是企业和产业在数字经济形态下的创新发展方式。产业互联网由于不受时间、空间限制，改变着地理半径关系，超越了物理空间的障碍，具有产业整合属性。

将传统战略投资理论和产业整合方法结合，依托以产业互联网为载体的多种数字技术，充分发挥战略投资和产业互联网数字化整合优势，将是一种前所未有的企业和产业发展模式。

这种模式目前在全球范围几乎为空白。美国的特斯拉、中国的小米有这样一些基因，但还不是全面的产业数字化整合逻辑。

二、数字化整合思路和方法

1.利用战略投资原理进行行业分析和研究，发掘行业产业链、供应链、价值链关系。

2.通过智能技术和产业互联网泛在链接技术，发掘分析产业链、供应链上的每一个产业节点，包括原材料节点、供应商节点、开发者节点、技术节点、设计节点、品牌节点、生产节点、加工服务节点、市场节点等，采集所有节点数据进行研究分析和计算，建立资本、链接、财务模型，根据模型提供决策依据。

3.结合传统产业并购整合模式进行比较分析，重构产业链和价值链、供应链的关系。

4.对整合对象进行全面调查、整合谈判、交易结构设计、风险因素分析、数字安全分析、信用分析等。

5.采用合资整合、授权整合、并购整合、链接整合、投资整合、融资整合、智能整合等方式，实施产业数字化与产业整合相结合的快速裂变。

6.使每个整合节点在价值观、文化观、风险观方面达成共识。

7. 在产业整合与数字化整合中，结合资本市场技术，掌握标的公司的资本安排和市值影响。

8.对整合后的企业进行实时数字化考核，不断优胜劣汰。

9.灵活应用传统产业整合工具与数字化整合工具，数字化整合工具包括各种数字技术和各种数字技术组织。

10.根据整合后的业绩不断调整合作方式，提高产业互联网的质量和安全性。

11.快速完成传统战略投资非常难以实现的裂变式产业整合。

案例 1：亿美博数字液压

北京亿美博科技有限公司经过 40 年的研发和创新，多项技术成果具备了全行业产业数字化条件。通过与 D12 模式深度融合，打造亿美博产业数字化操作主体，在液压部件、执行器件数字化、智能化的基础上，创建产业数字化平台（物联网、工业互联网、产业互联网、区块链），链接国际国内液压部件、执行器件和液压装置的生产制造企业，以及各液压驱动主机生产制造企业、各行业应用场景，实现执行器件数字化、液压装置数字化、液压装置与主机协同数字化、液压驱动主机应用场景数字化，完成了液压相关行业产业链、供应链、价值链数字化体系的集成。

中国仅有 700 多亿元液压装置的市场，竟然有 3000 多家企业从事液压元器件的生产制造，而且基本都是生产制造液压执行器件，而不是液压装置总成。核心原因是液压装置的应用场景对液压装置的做工要求极具个性化，液压装置的生产制造很难满足应用场景的不同要求，而液压装置应用场景的主机生产厂商只有通过分别采购不同企业生产制造的液压执行器件才能达到客户的要求。

亿美博研发的数字液压装置既可以生产数字化液压执行器件，同时还可以根据不同应用场景的主机生产厂商生产开发数字液压装置总成。这样，亿美博就存在通过建立产业互联网突破数字化液压执行器件、数字化液压装置总成限制的可能，根据各类需求开发各类数字化液压产品，通过产业互联网，赋能中国数千家液压执行器件生产制造企业。

如果亿美博创建了基于数字智能的产业互联网平台，就可以从以下业务内容展开一系列产业数字化整合。

1.核心零部件与核心零部件之间的数字化整合

数字液压核心零部件，包括液压泵、液压缸、液压阀、液压马达等，如何设计创建与中国乃至全球所有液压核心执行器件生产厂商之间的合作关系，不再是传统产业的思维能解决的。亿美博研发的数字液压执行器件可以通过产业数字化整合模式，与国内外所有执行器件生产厂商建立数字化赋能关系。

2.核心零部件与数字液压装置企业之间的整合

亿美博不仅要面对中国或者全球液压核心执行器件的整合，还需要创建和中国以及全球液压装置整机之间的整合逻辑。

在这个模块，亿美博可以和每个液压装置总成或整机生产厂商创建数字化整合关系，从需求出发，满足需求方对整机的做工要求并升级为数字化水平。

3.数字液压装置与液压装置企业之间的数字化整合

亿美博的数字液压装置在中国是独一无二的，确立亿美博数字液压装置与国内数百家液压装置企业的整合关系，也需要采用产业数字化整合的逻辑，把亿美博与传统液压装置企业联系起来也需要创新。

4.数字液压装置与各行业主机生产厂商的数字化整合

液压装置不是一个终端应用产品，每一台液压装置必须安装到装载机、挖掘机、建筑机器人等具有各种功能的主机上才能发挥作用，那么亿美博数字液压装置和每一台应用终端设备之间是什么关系呢？也需要数字化创新整合。

5.液压数字化主机协同与应用场景之间的数字化整合

这是亿美博液压数字化场景的第五个层次，那就是液压装置通过主机被用户购买之后，与应用场景之间的产业数字化整合关系。

在产业系统架构中，将这五个层次都通过传统的产业整合与数字化整合协同起来，亿美博就可以创造出液压装置行业产业数字化整合方案，把40年艰苦卓绝创新研发的数字液压技术转化为数字化的行业应用和价值创造。

案例2：法律服务平台整合

前面讲过的瀛和律师事务所的几位创始人创建了几个数字化法律服务平台，让数字化平台赋能律师事务所和律师，提供数字化的产品，让数字化、智能化服务链接法律机构。不论是金杜律师事务所还是大成律师事务所，都可以在这个平台上成为客户，相互之间通过交流，共同进行案件的分发。至于获得赋能的律师事务所，合伙人还是原来的合伙人，名称还是原来的名称。线下律师事务所没有发生变化，生存也没有被威胁。

律师业务总体来讲分为两类：一类是诉讼业务；另一类是非诉讼业务。

这个行业的第一个特点是，每个国家都有独立的立法、司法、执法系统，每个国家的法律条文都是不一样的，不管是民法、经济法还是刑法，每个国家都有自己浩繁的法律条文。所以对律师来讲，受到大脑的限制，不可能掌握所有法律条文。第二个特点是，社会交往，包括社会文化生活、政治外交、经济活动，都是跨地域、跨国界的，全球化的交流和法律的差异又导致非常复杂的跨境法律需求的产生。

利用数字化平台知识图谱、机器学习，可以掌握更多的法律工具。所以通过系统的架构，能够集成中国乃至全球更丰富的知识平台，可以通过产业互联网的架构，去链接各种案源，链接全中国的法院、检察院，链接所有诉讼人，链接原告、被告，链接律师。通过大量的数字化赋能，让原告能够找到最合适的律师，让被告也能够找到最合适的律师。这个系统可以创建全球各种法律条文的智能化云平台，形成全球数字化律师业务平台。

律师业务数字化广泛链接各种感知系统、数字终端，采用各种语言服务的文字、语音、图片、视频、虚拟现实、元宇宙技术，可以呈现更丰富的法律场景，能够把各种业务里边的甲方、乙方、丙方全部都用数字化的方式架构在一起，就有可能形成中国甚至全世界最大的法律行业的产业数字化架构。这个架构是公司行为，所有律师事务所不是竞争关系。它是构建了一个开放的生态，有巨大的案源、强大的人工智能服务能力，让律师能够获得更多案源，让更多诉讼和非诉讼案件都能够得到更公正的裁决。

用产业互联网的形态构建一个全新的法律数字化的平台，同时将互联网与区块链技术、Web3.0技术、DAO的机制结合起来，能够让各方面都受益，彻底改变了传统律师事务所相互封闭、价格信息不透明、分配机制不科学等局面。它是对整个行业的创新和颠覆，它并没有把原来的业态全都推倒重来，或者是形成恶性竞争，而是建构了一个开放的、共生的、共创的、共享的、分配更加科学的机制。

链接知识系统，可以收集各种法律数据、法律文书、法律条文，用智能的方式创建法律知识库，把一个个知识库数据库放到云里，然后再来链接所有跟法律相关的机构和个人，这就是用公司组织创建一个产业互联网的组织。在这个组织过程当中可能还会根据律师的特点、需求，用链接加密的技术以及最新的 DNA 机制（包括保护原告或者被告的隐私），形成加密的组织系统，这就形成了组织之间的融合和链接。由公司组织创建产业互联网组织，产业互联网组织又来创建区块链的技术组织，然后又把这些组织跟原有律师事务所的组织打通，形成链接关系，这就是多重组织之间的链接、叠加、融合。链接的有效性和链接之后的数据关系与驱动关系就构成了人和人、人和物之间的组织系统，这个组织系统将表达创建系统的投资者以及投资者对创建公司的意志。

它一开始是一部分投资者创建的，但是随着组织的扩大，形成不同的利益和分配关系，同样也会形成产业互联网所链接的所有节点之间关系的意志表达和使能。

通过感知，通过链接，通过数据的传递和算法形成一种使能关系，如果在这种关系中的节点可能是一个人、一个物，可能是一个群、一个集群化的物，可能是集群化的人或者是一个网络组织，那么网络组织也可能是一个互联网区块链。所以在产业互联网进行系统架构建设的时候，它就一定是开源的、互联互通的和开放的。

传统公司组织、产业互联网组织、区块链组织，这些组织多重叠加和融合之后，对于产业链、供应链、价值链的最佳重构和配置很关键。

如果实现了这样的数字化整合，中国原有律师行业的基本格局并没有什么变化，但是，在所有律师和律师事务所的基础上，架构一个产业数字化、智能化平台，可以实现将分布在全国、全球的律师事务所、律师这样非常离散的组织系统，构建为一个全国统一、全球统一的数字化平台，线上与线下实现交互，就可以创建全球最大的数字化律师和法律服务平台。

小结：

我们通过 D12 上市公司数字化价值投资评价体系对 4677 家上市公司进行评价之后看到，目前中国的这些上市公司还没有一家进入 D7 阶段，我们评价出来的数字化价值投资 100 组合的名单里面，即使排在最前列的企业，包括海康威视、美的集团、云南白药、顺丰控股等，在数字化、产品数字化、产业数字化领域都涉足了，就是没有上升到产业数字化整合阶段。如果谁最先掌握了 D7 这样一个先进武器，谁就会最先到达产业数字化平台企业的巅峰。未来中国、世界最大的企业一定是来自以 D7 为起点的企业。

第四节　D8——数字全球

一、什么是数字全球

数字全球是"数字经济时代 D12 模式全球化创新"的简称。工业经济时代有工业经济时代的全球化，数字经济时代也会有数字经济时代的全球化。D8 是数字经济时代产业数字化在全球的整合模式，是在传承工业经济时代已经创建的全球产业链、供应链、价值链关系基础上，利用数字技术生态超越传统产业全球化能力的数字化、全球化模式。

我们现在处在一个非常特殊的时代，第二次全球化浪潮正在终结，新的全球化还在酝酿。但是，数字经济驱动的全球化形态正在形成中，D12 模式的 D8 就是在这一状态下，预测数字经济时代全球化的产业发展方式。

梳理三次全球化可以看出，2019 年开始的 5G 通信商业化将开启一个数字经济时代，也将进入数字经济驱动的全球化时代。

数字经济驱动的全球化和资本驱动的全球化具有完全不一样的方式和结果。数字经济的主要内容是数字产业化、产业数字化、资产数字化三个方面，那么数字经济驱动的全球化也存在数字产业化的全球化、产业数字化的全球化、资产数字化的全球化三个方面。作为全球化新的驱动因素，数字更能规避资本的劣根性、剥削性、垄断性、分配的不公平性，使得数字经济能够在新全球地缘政治多极化中得到发展。所以，D8 模块将设计数字经济时代产业整合的全球化方式，主要分享产业数字全球化，以及产业数字化平台的企业数字全球化之路。

二、中国企业全球化现状

在第二次全球化浪潮时代，中国企业通过加入世界贸易组织，加快了全球化的步伐。2001 年之前主要是美国主导的发达国家向中国输出中低端产业链以及消费品。之后，随着双向关税的全面降低，全球的中高端产业要素向中国转移，中国成为全球最大的制造基地。同时，中国企业在全球产业转移中逐渐强大起来，开始了中国企业全球化的历程。到 2014 年，中国已经从产品全球化、产业全球化走到了资本全球化的阶段。中国对外投资第一次超过吸收外资。

工业经济时代的全球化由于第二次全球化浪潮的逐渐终结，全球化产业链、供应链存在断裂、重构的危机。第三次全球化浪潮也就是数字经济驱动的全球化浪潮，会在承接第二次全球化浪潮的同时，成为掀起第三次全球化浪潮的新动力。

三、中国企业正在凝聚产业数字化走向全球的条件

数字经济的全球化所具有的互联网全球化、数字技术全球化、数字技术标准全球化、数字技术低延时的特征，使得数字经济的全球化在广度、深度、范围和速度方面都远远超过了工业经济时代的全球化，所以数字经济的全球化将会给中国产业数字化带来更加巨大的空间。中国产业互联网全球化自身也具备了技术和市场方面的条件，具体包括：

1.5G 已经是全球都在布局和发展的数字基础设施和基础条件。

2.5G 的全球化标准以及随之而来的软件、硬件、数据接口、自然语言处理、数据的全球化交互、数字货币的全球化支付和结算都会给产业互联网创造条件。

3.发达国家的工业 4.0 在产业数字全球化方面已经走在世界前沿，从信息化到数字化基础都领先中国，有利于中国产业数字全球化发展。

4.中国已经发展成为全球最大市场，中国持续发展的消费市场和消费能力对全球产品具有非常大的吸引力。

5.中国也是全球跨境电商最活跃的国家，给数字经济驱动的全球化奠定了基础。

6.电子商务是消费互联网时代的产物，产业互联网时代必将重构电子商务生态，电子商务将会由消费互联网主导转换为产业互联网主导。

7.中国已经成为全球最大制造基地，也是产业门类最齐全的国家，强大的制造业形成的产业数字化能力也给产业数字全球化准备了巨大的市场空间。

8.第二次全球化浪潮时代形成的资本驱动的全球化产业链、供应链、价值链关系有可能随着第二次全球化浪潮的终结而重构，但是，毕竟这是经过几十年时间形成的，重构也是需要付出巨大代价的，实际上也不可能完全断裂、全面脱钩，除非爆发毁灭性的第三次世界大战。

四、产业数字全球化之路

产业数字化走向全球是产业互联网与产业融合的进一步裂变。D8 主要分享产业数字全球化，从产业互联网的全球化这一基础开始构建。企业的产业数字全球化之路需要具备和创造的条件有：

第一，企业实施产业互联网全球化的外部条件：以中国创建产业互联网生态为基础，研究产业互联网生态的全球分布，根据资源规模、市场规模创建全球产业互联网网络生态架构；根据全球化需要决定是否在所在国家创建地域网络架构；考虑与相同产业范围的国外产业互联网平台整合；根据中国产业互联网与产业链的关系，研究产业链、供应链的全球分布情况，根据产业数字化逻辑创建不同的产业节点和数字节点。

第二，企业微观层面的布局：消费互联网为数字经济驱动的全球化奠定了一定的基础，包括字节跳动、阿里巴巴、小米、华为都成为数字经济驱动的全球化先锋。跨境电商也打通了产品数字化的全球销售、支付、通关、结算、物流节点，奠定了产业数字化的基础。这些都为产业数字化的全球化奠定了基础。数字全球整合方式场景的具体表现和实现思路如下。

1. 产业互联网平台的全球化

根据全球化战略，在有需要的国家创建跨境产业互联网平台，在所在国家和地区创建与国内平台互联互通的产业互联网平台。

中国产业互联网生态的全球化：在全球范围通过数字智能构建产业数字化生态下全球产业链、供应链、价值链新体系。可以在线上发布全球消费者需求，可以由全球顶级开发者设计、研发，再找到全球最适合的原材料以及最合适的生产商，以个性化、分布式、自适应、柔性化满足消费需求。

中国产业互联网企业的全球化要利用中国产业基数大的优势，通过数字智能，发掘数字化产业链、供应链、价值链全新生态，采用并购整合与数字整合模式，创建全球产业数字化新秩序。

前面讲过马铃薯产业，在数字化过程中其全球化的模式是什么样的？中国是马铃薯的生产大国，但在育种技术上不如荷兰、法国。可以通过数字化的链接，按照中国市场的需求，邀请马铃薯科学家，研发出适合中国需要的产品来。通过精准营养产品模式，可以把中国的产品用"药食同源"的方法生产出来，用西方认同的规则到全世界去销售。也可以把符合西方规则的产品，通过数字化的方法导入中国，让中国消费者可以分享世界各国的优良产品。还可以用中国的原材料，在中国生产制造加工产品，然后销售到世界各地。这些都是精准营养领域数字化、全球化的模式。

2. 产品的数字全球化

这是指产品数字化创意、设计、渠道、市场、销售的全球化。

中国产业互联网产品的全球化：在中国生产制造的产品，通过产业互联网出现在全球化产业互联网交易平台，然后卖到世界各地。

产品全球化有两种方式，一种是工业经济时代的产品销售全球化，即把生产的产品卖到全世界。另一种是产品采购全球化，即低价买进、高价卖出，然后挣差价。如果采购的产品有价格优势，可以并购产品生产制造企业，如果企业数量太多，没法并购怎么办？只需要把一个节点用数字化的终端物联网链接起来，直接在互联网上进行各种交易。

以日本药妆产品为例：现在中国的女士们都喜欢去逛日本的药妆店，它有丰富的医疗健康小产品，专门用于耳朵、鼻子、眼睛，产品品质高，大多是通过跨境电商采购的。从这个角度来讲，它也是数字全球化，只是从线下贸易变成了线上贸易，对国内的厂家来讲没有变化。日本的药妆企业规模都不大，不愿意到中国设立工厂、组建团队、做营销。中国纯粹把产品采购进来卖，只是一个贸易行为，那么数字化可以解决什么问题？

数字化可以挖掘日本最好的药妆产品，包括口红、粉底霜，然后和一些品牌进行深度合作，利用知识图谱去挖掘它们的品牌价值、产品价值，最后通过数字化的链接，在中国的平台去推荐。还有很多种合作方式，比如中国有原材料、生产制造成本优势，可以在中国成立合资企业，用中国的原材料生产产品，然后通过产业数字化的方式，把所有产品的知识信息与消费者的信息在数字化方面全部打通。

甚至可以反过来，根据使用过程中线上私域流量消费者的需求，让日本合作伙伴找到更适合的产品，之后通过数字化的方法研发产品，把消费者和生产者的需求吃透。

以日本温泉旅游行业为例。温泉旅游是日本著名的旅游项目，日本大概有几万家拥有上百年历史的温泉酒店，但是每个酒店都有不同的文化、不同的品牌和不同的服务特点。

中国旅游行业的产业互联网公司可以提供日本温泉酒店的系列服务。

过去，许多日本温泉酒店的家族传承难以为继，中国的企业如果只是去并购一两家，形成不了规模优势。规模化并购，又会遇到外资进入日本的难题和管理困难，现在这些都可以用数字化的方法解决。

针对不同产品的特点、历史、故事、品牌、服务、价格进行谈判，然后签订长期数字化的合作协议并在中国营销，用数字化来解决产品的全球化问题，这跟过去资本驱动的全球化完全不一样，它的速度会远远超过资本全球化的速度。

我的朋友郑剑豪先生在日本生活了30多年，2021年偶然去日本的夕张考察发现，这是日本第一个破产的城市，过去以煤炭开采闻名，资源枯竭之后，城市的可持续发展就出了问题，非常萧条。郑剑豪接受委托，托管了这个城市的滑雪场，在很短的时间内就让滑雪场恢复了经营，如果不是受疫情影响，相信很多中国人会在2021年冬季到日本夕张滑雪。

既然是中国人负责经营，这就很容易与中国的旅游产业互联网建立战略合作关系，通过互联网优势可以开发中国市场的客源；同时，中国旅游产业互联网平台也可以通过战略合作，对夕张项目进行深度资源探索与价值挖掘，从而获得双赢。这种关系不像组织旅游团到日本旅游那么简单，也不像传统的并购那么复杂。

3. 品牌的数字全球化

中国生产制造产品时可以创建全球品牌，与其他全球品牌建立战略合作关系，在全球范围内开发产品品牌。用产品品牌全球合作的数字化解决方案，可以改变传统产业时代的品牌经营模式。

在资本驱动的全球化时代，世界著名品牌消费品背后都是大资本或者家族资本运作的，品牌成为很多消费者选择产品的第一考虑因素。数字化时代，互联网对消费者的个性化需求进行数字画像，聘请相应的设计师、生产加工企业和工作室，设计生产个性化产品。但在数字经济时代，消费者的个性化趋向明显，一个品牌统治天下的历史可能会被改写；工业化的规模化、品牌垄断的全球化模式，在数字经济时代也会被改写。

LV 让大家追寻品牌的价值，是品牌主导消费者；而数字化时代是所有设计生产制造商围绕消费者的需求进行设计，所以产业数字全球化会改变品牌的产业链、供应链、价值链关系。根据个性化需求选择设计师进行个性化设计，产品价值也不会低于 LV，品质可能比 LV 还高。

这就是数字全球化给商业模式系统结构带来的变化。

4. 技术全球化

技术全球化是指专利全球化布局、技术成果全球化创建、技术全球化转化、技术成果全球化应用。全球很多技术都控制在少数公司手里，想获得技术，通常可以签署技术服务协议，但是专利方又担心知识产权难以保护，往往要并购购买专利的公司以维护知识产权。比如澳大利亚、新西兰有很多生物制品，其技术在全球范围内非常有价值，但技术拥有者不会卖这些技术。即使对他们讲这个技术在中国有好的市场，他们也不追求，只想赚钱养活自己，过安逸日子足够了。全球类似这样的很多没有进入中国市场发挥价值的技术，都可以用数字化的方式链接，其创造的利润、价值，通过技术架构的共享机制分成，都可以引入中国，这都是数字技术全球化带来的成果。

5. 设计全球化

设计方面的全球化是设计师的全球化、设计标的的全球化、设计市场的全球化、设计应用场景的全球化。发达国家在过去两三百年里积累了大量设计人才，这些人才要么在纽约，要么在米兰，要么在巴黎。他们的设计，包括工业设计、建筑设计、消费品设计，大多不适合中国的文化、生活方式，中国设计师和这些有几百年人文艺术积淀的设计师比起来，也有不小的差距。但通过互联网和世界各地著名的设计师合作就可以解决这个问题。

不管是日本、韩国的设计师，还是意大利、纽约的设计师，都可以提供方案，把所有方案通过平台发布给中国的消费者，看哪个方案获得消费者的认同，就可以面向消费者直接销售。消费者可以把定金、联系方式留下来，商家采用设计指标，可以在任何地方生产，然后直接卖给消费者。

在设计方面，中国著名设计师贾伟创办的洛可可创新设计集团创建了洛克设计平台，聚集了全球超过100万个创造者、4万个专业设计师，该平台根据消费情况并结合市场需求进行设计和生产，就是这个类型。

6. 市场全球化

市场的全球化包括：不同产品在不同的全球化市场；相同产品在不同的全球化市场；相同产品在全球不同的市场。通过产业互联网在全球的架构，可以在全球生产、开发产品，中国消费者可以直接在产业互联网购买全球的产品。

比如数字长城全球化：传统工业经济时代的全球化逻辑，是把长城的故事讲好，把长城拍好，然后做成宣传片，与全世界各国的旅游机构联系，让它们去推荐、推销，让全世界的旅游观光者到中国游览长城，使其通过吃、住、游、购、娱了解中国文化，我们从交通、居住、纪念品、名特产品的销售中获得收益。

产业数字化的方法，是把长度为2万多千米的明长城，用卫星遥测数据进行建模，之后用软件技术架构它的三维数字模型，再用数字技术仿真、渲染，就可以营造出一个新的长城，这就是元宇宙长城。

今天不管谁去长城旅游，只能看到长城的局部，并且只能看到现在长城的物理空间。明长城到今天已经600多年了，只剩下残垣断壁，物理长城已经看不到全貌了，现在可以通过数字元宇宙，把整个长城用数字化的技术修复，重新修建一个数字孪生的长城。再设计一系列人工智能应用，使各种长城文化、场景再现，让游客可以在长城见到古今名人，看到明朝的生活方式、娱乐方式，体验沉浸式游戏、攀登、徒步等。

数字长城不需要全世界的人到中国来，通过虚拟长城这样一个元宇宙产业互联网，就能在世界上的任何一个角落游览长城。

但是铸造这么一个数字长城，花费也会很高。可以把数字长城的资产数字化，做成 NFT，即非同质化通证，然后计算出铸造数字长城需要多少块数字砖，把长城的每块数字砖作为一种 NFT，向全世界发售，让全世界的人都有机会、有权认购长城数字砖，通过卖数字砖的方式，募集修筑数字长城的钱，用世界人民的钱来建设一座世界人民共同拥有的数字长城。每一块数字砖属于固定的人，通过人工智能把这块数字砖上个人或者机构的信息链接起来。比如微软公司买了一些数字砖，就可以通过这些数字砖链接微软产品，通过这些数字砖的虚拟世界链接微软平台。比如某块数字砖是扎克伯格的，旅游者参观数字长城的时候，点击这块数字砖就可以和代表扎克伯格的虚拟人进行对话，等等。把历史、今天、未来打通，甚至把虚拟世界跟现实世界也打通，这就是产业数字化的全球化模式。

7. 人才全球化

数字经济的全球化和工业经济时代的全球化还有一个更容易理解的内容就是数字化人才的全球化。比如，全球范围内出现大规模"数字游牧民"，优质人才分布全球，人才需求全球化。

工业经济时代有一套全球化的产品标准、贸易方法、货币支付和结算体系、财务标准，而数字经济的全球化特点在于数字基础设施和技术在全球是统一的，互联网、计算机语言也是统一的。于是，数字技术人才也会是全球通用的。

目前已经在全球范围内形成了一个庞大的数字人才群体，被称为"数字游牧民"，主要有系统架构师、软件工程师、高级程序员、人工智能专家等，他们大多拿着很高的工资，不需要固定的工作环境，只需要一台电脑可以和工作系统链接，总人数 400 多万。他们一年四季在世界各国生活和工作，这是对数字化人才全球化的有力支撑。

8. 产业数字化的组织全球化

产业数字化的组织创新都来自国外，包括 Web3.0、区块链、NFT、元宇宙概念和场景。

目前，中国除了传统产业全球化，数字经济领域的全球化还主要在数字产业化领域和消费互联网平台全球化的阶段。包括字节跳动旗下的抖音在海外的平台 TikTok、阿里巴巴在海外的平台"世界电子贸易平台（eWTP）"，都抢占了消费互联网、娱乐互联网全球化的先机。

但是，由于产业数字全球化还没有全面展开，我们仅可以看到在家用电器领域，海尔智家、美的集团的销售全球化设计。美的集团也在公司年报中披露，期待产业数字全球化时代的到来，它已经在布局全球的业务体系中展开数字化计划。

9. 产业数字化支付结算的全球化

工业经济时代的支付结算只用各国的主权货币或者是全球可兑换的国际货币。数字经济时代还将有国际数字货币，包括未来各国的主权货币以及资产数字化的数字货币。

五、不同行业数字全球化的模式思路

1. 种猪繁育产业的数字全球化

中国是全球最大的养猪和猪肉消费国。但中国的商品猪种群都不是自己培育的，规模化养殖的种猪主要来源于美国的杜洛克猪、丹麦的长白猪、英国的大约克夏猪。没有养猪行业的上游优势，就应该想办法通过资本化、数字化的方式与全球著名的种猪繁育科研机构和生产机构建立互通互联关系，用数字化、人工智能技术去创新，逐渐掌握种猪繁育的科技主动权。

在生猪肉加工的下游，西班牙、意大利的火腿具有很大的产品优势，中国的宣威火腿、金华火腿都达不到西班牙、意大利产品的品质，同样可以考虑整合这些国家的火腿科研、生产、加工技术。

2. 马铃薯产业的数字全球化

中国的马铃薯产业也存在许多全球化整合的机会。一方面，从种植的角度来说，东南亚一带有巨大的马铃薯消费市场，但没有种植马铃薯的地理气候条件，我们的种植产业链可以进入东南亚。此外，中国同样需要荷兰优质、高产的马铃薯品种；另一方面，中国在马铃薯生产加工下游，生产的薯片品质至今也达不到日本、欧洲一些著名薯片品牌的品质，都存在着产业数字化全球整合的巨大商机。

3.精准营养产业的数字全球化

在临床营养环节，发达国家在特殊医学配方食品、临床营养领域都具有非常成熟的机制。全球范围内很多具有精准疗效的临床营养产品和技术，都可以通过产品数字化、品牌数字化、技术数字化的方式建立全球链接。

基本可以这样理解，中国任何一个行业的产业数字化平台创建出来，都绕不开产业数字化，同时又会有巨大的机会，中国在工业化时代没有完成的现代化使命有可能在产业数字化时代完成。

六、产业数字全球化与资本驱动全球化的比较

1.资本驱动的全球化是以资本为核心驱动力的全球化；产业数字化驱动的全球化是资本和数字融合驱动的全球化。资本驱动的全球化已经超过百年历史，形成了巨大的全球化产业存量，为数字驱动的全球化创造了丰厚的物理基础。

2.资本驱动的全球化主要以资本为纽带，通过公司组织与公司治理体制进行控制和决策；产业数字化驱动的全球化主要采用数字技术进行泛在链接，提高和数字智能效率。

3.资本驱动的全球化按照资本的利益进行分配，而产业数字化按照产业节点在产业和技术生态中的作用和价值进行分配。

4.资本驱动的全球化需要巨大的资本投入，资本交易周期长、效率低、成功率不高、整合难度大；而产业数字化驱动的全球化速度快、投资资本小、交易简单。

5.资本驱动的全球化存在意识形态、价值观、民族、宗教、文化的诸多差异，产业数字化整合形成的全球化容易规避这些障碍和冲突。

6.资本驱动的全球化要素单一、组织手段简单、分配不公平；数字要素驱动的全球化节点丰富，容易达成交易和价值共识，信息更加对称平等。

7.资本驱动的全球化受地理、交通、自然环境等多种限制，全球化范围和面积都有局限；数字技术覆盖的面积更加宽广，受益人更多，不仅可以覆盖更多机构，还能够覆盖全球更多的 C 端市场。

七、产业数字全球化的意义

1.是对传统价值投资模式下资本驱动的产业链、供应链、价值链全球化的替代和升级。即使从第三次全球化浪潮带来的地缘政治从单极化发展到多极化，形成新的多极化全球地缘经济政治格局，也不会过多影响数字化的全球化秩序构建。

2.是数字经济驱动的全球化最主要的业务模式。资本驱动的多极化全球化重构之后，最大的损失是资本本身、传统价值链本身，而数字化的重构将更有优势。

3.有利于产品、企业、产业、技术、服务、品牌、资源在全球范围内优化配置。

4.有利于发掘全球范围内所有有效产业和经济资源，有利于落后经济体经济价值的提升。

5.减少资本驱动的经济全球化带来的垄断、控制、分配不均衡等矛盾冲突，有利于创建人类经济命运共同体。

6.有利于实现商品、服务在信息充分透明的状况下进行交易，减少商品贸易中的利益冲突。

八、政府能做些什么

中国从中央政府到各级地方政府，都是全球化的推动者，也是全球化的受益者。工业经济时代的全球化已经走向终结，美国虽然主动重构全球地缘政治秩序和经济秩序，但已经无法分享工业经济全球化的红利，而它也不愿意坐等中国在全球化进程中崛起并占据世界第一的位置。我们应该创建数字经济全球化的国家战略和地方战略。包括：全球数字基础设施和链接系统的全球化标准；全球数字交易系统的规范和标准；全球数字货币支付结算的解决方案；全球商品数字化进出口标识解析、数字认证、数字金融认证、智能合约认证体系等，为中国产品数字化、产业数字化、资产数字化创造良好的国际环境，创建中国数字经济全球化的话语体系。比如，将 D12 模式通过"数字投行"模式应用到各地工业园区。

举例来说，苏州是中国改革开放、融入全球化最大的受益者之一，分享了巨大红利。这也使苏州 GDP 超过 4 万亿元人民币。苏州的成功是工业经济时代运行模式和招商引资的成功。但是，苏州已没有太多的物理空间延续工业经济时代的辉煌，数字经济时代可以在有限的物理空间内拓展无限的数字空间。

1. 通过 D12 模式生态创建，改变传统的招商引资模式，推进产业数字化发展，创造传统产业的数字化空间、数字化价值。习近平总书记提出的"促进数字技术与实体经济的深度融合，赋能传统产业转型升级"在各地方政府已经深入人心，但具体怎么去实现，目前全国、全球也没有先例。

2. 苏州工业园区已经形成了配套齐全的现代制造体系，包括传统产业制造业、高科技制造业、数字技术基础设施企业，数字经济时代最大的机会就是高水平、高速度推进苏州的产业数字化进程，从传统产业向数字化、智能化要空间、要效率、要创新价值。

3. 不是简单地号召企业数字化转型、制定若干奖励政策、补贴企业数字化转型方案和实施，而是构建数字产业化、产业数字化的完整生态和体系，完全可以按照 D12 模式对产业数字化的要求，整体提高苏州产业数字化水平。

4.上市公司数字化进程排名前三的，第一是广东，第二是北京，长三角地区都没有进入前两名。因为广东有中国最强大的电子信息、通信基础设施研发、生产制造的产业集群，这一能力最容易辐射广东的各行各业，带动广东产业数字化发展。北京有中国最强大的综合科技能力以及央企资源，促进了北京产业数字化以及数字技术在产业应用领域的发展。

5.鉴于此，苏州市人民政府首先应当创建强大的数字技术生态智库，邀请全国或者全球的云计算、大数据、人工智能、物联网、产业互联网、区块链、元宇宙等领域的大型机构和专家，组成产业数字化数字技术生态联盟。然后定期、不定期地通过沙龙、培训、研讨推动苏州所有产业集群、产业链企业、大型龙头企业与数字技术生态联盟进行深度讨论、交流，形成苏州各行业产业数字化解决方案。

6.创建苏州产业数字化母基金，组建D12模式数字投行团队，打造苏州产业数字化、产业互联网集群，形成多个产业互联网平台，把苏州发展成为全球最大的产业互联网平台注册落地创新中心。

通过这样的培育，政府完全可以实现从工业经济向数字经济的全面转型，让分布在全球的产业资源通过数字化形成新的整合模式，让苏州的产业数字化要素和节点分布到所有物理空间和数字空间。这样的建议适合中国地方各级人民政府，结合每个地方的传统产业资源，可以实现数字化提升。

小结：

D8很像是把D7复制到全球，但又完全不是。取决于不同的产品、不同的产业存在不同的产业数字化全球属性，比如白酒，因文化导致的习惯，很难把白酒在全世界做到中国的规模。此外，数字化组织和系统架构在不同国家也不一样。不管怎样，世界比中国大，产生一个几十万亿元人民币市值的公司只限于中国这个市场还不够。另外，由于中国在数字基础设施领域的投资超前于世界各地，全球数字基础设施建设非常不平衡，产业数字全球化在中国的推行方式短期内很难复制到世界各地。因此，中国产业数字全球化在技术和业务上的策略有所不同，在国内的产业数字化可以达到万物互联技术的企业级、资产级，链接到海外的主要是商品级、服务级。同时，由于目前全球经济政治秩序处在深度重构阶段，新的全球秩序扑朔迷离，尚待观察。

第五节　D9——数字金融

数字金融是数字经济形态下金融的运行方式，包括现在所有的金融机构、金融产品、货币发行、支付结算、存款贷款、证券投资、信托、保险这些领域产品数字化、企业数字化、产业数字化的形态，货币、资本的数字化表现形式以及资产数字化、数字资产化的运行方式。数字经济作为一种独立的经济形态，必然催生数字金融。数字金融和数字技术融合有两个概念：一个是金融科技；另一个是科技金融。

金融科技主要指用数字技术做金融业务，开发金融产品。包括目前全球范围内的数字资产、虚拟货币交易市场。类似于若干年前的互联网金融，后来引发巨大金融系统风险的P2P也是这个类型，它绕开传统金融平台，用互联网作为工具开展金融业务。金融科技在美国比较流行和发达。中国最典型的是"蚂蚁金服"。

科技金融主要指银行、信托、证券、保险、金融租赁等传统持牌金融机构利用数字技术赋能传统金融平台和金融产品，开展数字化、智能化金融服务业务，提高金融业务的效率、规避金融风险、降低金融成本。

数字金融还有一个更重要的内容就是数据资产的金融化。数字经济时代金融的最大变化是金融资产、金融产品、金融信用、支付结算、金融平台的形态完全数字化了，资产数字化、数字资产化将会成为数字经济时代金融的主要表现方式。资产数字化是未来数字金融的主要表现形态。所有数字产业化机构、产业数字化机构在制定企业和产业发展战略的时候，一定要关注资产数字化的未来。随着数字技术的发展，产业大数据时代的到来必然催生有形资产数字化、无形资产数字化、数据资产权益化的资产数字化形态，未来资产数字化的价值总和将会超过我们今天所有有形资产和无形资产的价值。D12 模式在 D9 环节全面布局企业数字化金融和产业数字化金融。

一、产业数字化时代的金融体系变革

1. 传统金融服务和企业的关系

今天全球的金融业是工业经济时代的产物，主要包括货币的发行、支付、结算、交易、流通；资本的形成、发行、交易、转换；管理货币和资本的工具、平台和手段，也就是监管机制与风险防范措施。

传统金融服务主要是资本金融和货币金融。资本金融主要是资本性投资、上市、基金投资、资产管理、资产证券化、重组并购等；货币金融主要是信贷、债券、衍生金融产品、融资和金融租赁、财产保险、供应链金融等。

金融机构与企业之间根据企业信用等级、质押物、第三方担保等方式建立交易合作关系。缺点是交易周期长、风险高、成本高、交易频率很低。对企业表现为融资难，对金融机构表现为流动性差以及风险大。

工业经济时代传统企业和金融的关系有很多种，比如存款和贷款，企业的资金需要存到银行；企业经营需要贷款，贷款有很多种形式，有抵押贷款、信用贷款、长期贷款、短期流动资金贷款，也有信用证贷款、票据、票据的支付结算，这是企业和银行的关系。

过去信托主要针对家族财产、家族资产，信托借款可以用到企业身上，企业可以认购信托产品、参与信托投资，这是企业和信托的关系。在传统金融领域，企业和金融租赁、融资租赁的关系比较密切，尤其是生产制造型企业，可以和金融租赁公司或融资租赁公司开展产品租赁经营业务、设备租赁业务、资产租赁经营业务，也可以通过融资租赁公司调整企业资产结构和财务结构。

另外就是保险行为，有财产保险、企业职工的人身保险，以及和投资机构的投资与被投资关系，比如发行企业的债券，企业的债券也是金融产品，是传统金融的关系。传统企业与金融的关系都是企业在传统经营模式下的经营关系，所有金融机构（包括保险公司、金融租赁公司、银行）、证券财务报表所体现出来的资产数据、经营数据、财务数据、信用、资产权益、债权债务等，都可以使企业和金融机构之间建立系统性、综合性关系。

2. 产业数字化后企业运营生态变化需要金融变革

产业数字化大规模发展之后，企业运营生态会发生变化，首先将带来企业和产业经营形态的变化，实时性、数字化、智能化、可感知、可追溯、大数据、不可篡改、互联互通的数字化场景改变了企业和产业的所有经营形态，传统企业和金融机构之间的关系必然发生全面变化。企业和产业一个月、一个季度、一年的所有数据被及时取代，而且这些数据可以直接和金融机构链接，必然带来金融机构的变革，带来金融机构的数字化。当数字化使得企业的经济形态、经营形态发生变化，完全可以用数字化反映的时候，就意味着原来金融机构的功能、产品结构设计必须改革。具体表现在：

（1）企业的经营行为发生了变化

企业的资产形态可以用数字化来表示：企业的销售支出和收入、应收款和应付款，这些都可以在 24 小时内用数字化表现出来；原来与金融机构所对应的能更准确及时地反映所有企业经营状况的数据是数字化的数据；通过大数据、人工智能、区块链的技术，对数字化的数据形成一种最快速、最精准的认证，可以把数据化的资产固化。

（2）海量数据

企业和产业数字化将所有企业和产业的节点链接之后，不仅可以实时、同步传输这些数据，还可以在这些数据全部被采集、存储、分析之后，持续显示经过分析和加工处理的数据，让所有参与企业经营或者合作的金融机构可以获得在传统产业经营状况下不可能获取的海量数据，这些数据完全是数字智能计算出来的，人为因素不可修改。

（3）链接的节点多、反应快

传统金融机构面对的公司业务服务生态和资产基础、业务基础发生了根本性变化，如果还按照原来的方法提供金融支持就完全跟不上变化，满足不了产业数字化带来的需求，就会被淘汰。金融机构必须根据企业的数字化程度对全国金融机构的数字化资源进行整合，必须构建一套金融系统的数字化评价系统、决策系统、支持系统、风险控制系统、数字安全系统，形成数字经济时代产业数字化下企业与金融之间的关系。

比如，在产业互联网时代，企业的所有资产、经营活动完全处在 24 小时不间断地变化之中。金融机构完全可以通过数字智能和大数据技术及时采集所有数据，找出综合金融服务需求，由金融机构的数据和数字智能系统对企业数据做出反应，提供交易解决方案。企业董事会和经营决策者可以随时做出反应和决策，以保证财产、业务、交易的安全性和企业经营的高效率、高频率，完善风险处理机制。

二、数字时代的新价值形态：资产数字化

在我看来，数字经济时代的金融业与工业经济时代的金融业主要区别是资产数字化。因为数字技术与实体经济深度融合之后，所有经济活动、经济交易、支付结算都会表现为数字化，或者都会被数据所表达、呈现。货币也好，资本也好，都会在数字化进程中寻求资产数字化的信用和交易机会，参与投资和融资。

资产数字化有三种：第一是有形资产数字化；第二是无形资产数字化；第三是数字资产价值化。

第一，有形资产数字化。一个产业数字化平台有大量的数据流动交互就会形成企业的数字资产。企业所拥有的设备、产品、半成品等数据每时每刻都体现在数据平台上，这些设备的现时价值即时显示。

这样的数字化场景，每天都不一样，一年积累下来，就形成了特定的数字规律，这个数字规律就是有形资产的数字化。根据数字化就可以判断资产的数字价值，影响与资产价值有关的信贷关系、赊销关系、战略合作等。

第二，无形资产数字化。通过大量的交易行为、销售行为，企业和产品的技术、知识产权、品牌、资源、商誉在产品销售里占了多大的比重，在产品利润里占了多大的份额，可以在数字化的进程中呈现出来，可以评估、确权，成为一种信用。这就是无形资产的数字化。

第三，数字资产价值化。一个平台上游、中游、下游的每个节点上有各种数据，这些数据通过沉淀分析，会揭示出企业运行状况和规律，变成有知识价值的数据，这可以理解为数字资产。企业、产业数字化、数字产业化的融合会使大量数字资产出现，数字资产通过数字技术的加持，会形成数字信用。长期持续积累的数字资产和数字信用就是资产数字化。数字化的资产可以成为一种实体性资产，再次参与到生产经营和服务环节，也可以作为一种信用和资本参与要素分配。数字技术直接生成的数字资产作为金融产品，形成数字资产的产业化。这主要是指通过区块链技术和 Web3.0 的结合，创造一个分布式加密数字技术生态，其中 NFT 具有虚拟的实体属性和数字资产属性，在可以转化为数字货币的场景下，直接出售、收藏、转让、交易，甚至以物易物。但在目前的中国还不可以施行。

这些都有可能成为交易产品，用作交易的信用，可以融资、投资，作为对价。

企业的资产形态从无形资产变为有形资产的数字化、无形资产的数字化，数据的这种价值带来新的数字数据资产，通过经营带来新的价值空间，给企业带来价值增量，提升了企业的价值。由于目前企业的数字化渗透率不高，数字化程度也不够，还没有沉淀大量的案例，所以很难去评估一个产业数字化平台的数字资产价值。当产业数字化所产生的有形资产数字化、无形资产数字化、数字资产价值化可以量化并规模化的时候，企业和产业数字化会带来更大的资产增值空间以及更好的资产信用、资产收益。这个时代还没到来，到达这个阶段至少需要5—10年时间。

案例："公鱼互联"的数字化金融

前面所提的重庆建工建材物流有限公司是一家专业的混凝土搅拌站投资经营企业，以重庆建工集团作为强力支撑，其创建的电子商务集中采购平台和"公鱼互联"云平台通过电脑端和手机端访问，可以实现供需双方运输工作的协同化以及流程360度可视化。从出订单、生产、物流到结算都是全流程智能化运营，生产出来的混凝土在装车、过磅之后，再通过云平台制定最节省时间和成本的运输线路，传送到运输司机手上。这是一个典型的产业数字化平台企业雏形。

"公鱼互联"集成了公鱼集采、公鱼商城、公鱼智造、公鱼物流、公鱼运维、公鱼金服六大模块，有数千家原材料供应商数千家，可集采9500多种物质，成为混凝土行业首家国家级工业互联网平台。目前，"公鱼互联"平台已经走出重庆，进入湖北、安徽、山东等省市。

如果按照这样的模式发展下去，重庆建工建材物流有限公司可以链接更多的混凝土企业，通过数字化赋能提高全行业的经营效率，"公鱼互联"就有可能成为一个巨大的产业数字化价值投资企业。业务数字化、企业数字化、产业数字化整合就会沉淀出巨大的资产数字，创造资产数字化业务空间。

从这个角度来讲，把传统的价值通过数字化的价值呈现出来，变成新的数字资产，就是数字金融为传统产业数字化带来的巨大开发潜能。

"公鱼互联"从产业数字化角度做了几点贡献：

第一，产业数字化不仅仅是产业领域的企业数字化，也不仅仅是企业数字化转型。如果产业数字化是产业领域的数字化转型，重庆建工建材物流有限公司只需要在公司资产名下对整个业务开展信息化、数字化就可以了，没有必要花钱、花时间去参与公司以外的企业和资产业务。

第二，在传统产业领域，重庆建工建材物流有限公司没有采用传统的产业整合、重组并购逻辑，没有通过资本运营或者不断简单扩大再生产的方式扩大企业规模，而是在传统产业经营的基础上，创建了在线的产业数字化平台，让混凝土行业线下物理平台的产业链、供应链、价值链关系与资产、资本和业务关联、链接、赋能，实现了线下的离散和线上的链接，开创了产业数字化整合模式。

第三，将重庆建工建材物流有限公司多年的实体经营经验数字化之后，创建产业数字化平台并移植到全国范围，赋能全国上万家混凝土搅拌站企业，就会创建一个不通过资本扩张而实现全国联网的产业数字化平台，将每一个搅拌站企业的所有节点全部数字化、智能化，不仅可以重构混凝土生产产业，还可以创建全球最大的混凝土产业数字化企业。

第四，在这个平台上整合平台数字资源，通过数字智能创新设计金融服务业务，不仅可以大大提高产业效率、降低产业成本，还可以重构产业价值，实现混凝土行业的高回报价值投资。

三、数字金融变革的四个阶段及其特点预测

我预计，产业数字化时代大约会经历四个阶段：企业数字化和数字化转型阶段（2021—2023）；产业互联网创建阶段（2023—2026）；高水平产业互联网以及平台型产业互联网阶段（2026—2030）；产业互联网全球化和产业互联网全球整合阶段（2030—2035）。到2035年左右，世界100强企业中大约80%为产业数字化平台企业。

在产业数字化的不同阶段，数字金融与产业数字化业务也有不同的关系，包括：

1. 产业数字化第一阶段：企业销售、采购、供应链、投资融资、税务、财务等数据与金融机构联通，创建企业数字化与金融机构的合作关系。

2. 产业数字化第二阶段：产业互联网上游、下游的所有节点与金融机构全面链接，金融机构与产业互联网创建智能化数字合作模型。

3.产业数字化第三阶段：金融业务生态发生裂变，资本金融与货币金融边界打破，传统金融形态深刻变革，创建全面针对产业数字化平台的金融服务模式与数字智能金融产业服务模式。

4.产业数字化第四阶段：产业数字化全球化态势已经形成，产业数字化与金融之间的关系就是全球化服务关系。

案例：供应链金融——对玉米供应链的支持

从传统的产业链角度来讲，供应链金融首先需要原材料。一个企业如果在浙江或上海，但其需要的原材料可能在新疆、西藏、东北地区。比如玉米的深加工。玉米的最大产区在东北，玉米种出来之后首先要通过物流系统运输到产业链的生产加工环节，有的用于食品加工，有的做成饲料。用于食品加工的玉米进入淀粉厂后会生产出多种产品，比如玉米淀粉、玉米蛋白等。玉米的胚芽可压榨成玉米油；玉米的皮可以拿去做饲料；玉米淀粉可以进一步加工成葡萄糖，也可以当作青霉素的原料，还可以加工为改性淀粉等；玉米胚芽榨油之后的渣可以做成饲料。

除了产业链，还要有供应链来保障整个玉米产业链之间的仓储、物流、供应、交付、结算等。玉米的供应链是怎么运作的？

第一，到了收获玉米的季节，就要拿钱去采购，要把玉米从农户那里运输到仓库里，进行加工生产，各种产品完成之后要卖出去。这个过程发生购买行为，于是有了资金运动。对企业来讲，流动资金就体现为一种支出。在生产加工过程当中，还要投入资金、补充原料，还要发工资、支付电水煤气费。产品生产出来后，要卖给药厂、淀粉厂、饲料厂，把收回来的钱扣除经营成本，剩余的就是企业利润。

这里有供应链和现金结算支付的关系——企业经常在收玉米的时候，买不到玉米，为什么？农民是种植玉米的，但卖给谁的选择权在农民手里。企业为了保证能收到玉米，要么跟农民签合同，预付定金；要么由金融机构提供资金支持，自己买种子、农药、化肥，交给农民种植，之后农民把玉米交给企业，最后做总结。

　　有金融、信贷支持，农民就不需要投入自有资金，金融机构相信企业的信用，就可以通过金融支持来解决供应链的问题，既让农民低成本种植，又能保证企业收购。

　　第二，企业和金融机构合作，保证到了玉米收获季节，能够收到玉米。

　　第三，对金融机构来讲，需要评估整个供应链的运行，提供资金支持，讨论资金的贷款利息。

　　这样农户、企业和金融机构之间形成的闭环就叫供应链金融。在产品生产出来之后，比如玉米油，可能有好多机构来买，自己生产出来玉米油，不一定非得做成自己的品牌，可以直接卖掉，因此就可能要跟炼油厂合作，可能与福临门、金龙鱼这些著名品牌形成客户供应链关系。

　　一个企业每天收多少玉米，能产多少玉米油，数量都是固定的。为了获得保障，金龙鱼这些客户可以先把钱打过来，用打来的钱生产、炼油，但是下游企业没有那么多钱怎么办？同样也可以找到金融机构寻求信贷支持，来保证结算支付。这样上游有供应链金融，下游也有供应链金融，保证了支付结算资金的流动性，也给企业减轻了财务负担。

　　产业数字化中，通过供应链金融的产业互联网，链接所有上游数据，农民、合作社、玉米种植大户、玉米经销大户，所有信用都在互联网上，所有生产加工企业都在同一个数字化平台，通过数字化来建立信用网络。

　　有了这样一个数字化平台，金融机构根据数字化的信用、数字化的流动，可以通过物联网扫描二维码，这样产品就上线了，就能跟踪了。这个二维码打了标记之后，通过物联网就能知道产品现在是到了仓库还是在路上，所有数据在流动过程中全部能被获取，金融机构就完全可以通过数字化、物联网、产业互联网、区块链技术所形成的新供应链数据体系，分析出供应链体系和信用体系所需的资金支持、金融支持并提供服务。这样也让整个供应链更加安全、有效、精准，金融风险也大大降低，整个供应链的效率得到极大提高，这就是产业数字化供应链金融的解决方案。它可以改变传统供应链信用、数据、安全性、产品品质的不确定性，使产品得到监管和追溯。

产业数字化的供应链金融和传统的供应链金融，也可以在 NFT、元宇宙下运用，通过数字技术实现产业数字化的供应链金融场景，会颠覆性改变传统的供应链场景。

四、数字金融对企业数字化的影响

产业数字化金融反应迅速，交易频率更高。数字化时代，企业数据和金融机构的数据打通，数据每时每刻的变化金融机构都知道，所以说产业数字化必然带来金融数字化的变革。

变革之后的金融机构，将主要进行资产管理、交易管理，金融机构会更适应企业数字化、产业数字化的特点。

那么它会给企业数字化、产业数字化带来什么变化呢？

第一，区块链通过人工智能，设置企业和产业资产交易的安全底线，不会出现过去传统企业出现的财务漏洞，财务数据造假也没那么容易了。

第二，企业的信用更透明了，安全边界提高了。

第三，交易的频率提升，整个企业的资产效率会大大提高。从企业产业化角度看，未来数字金融变革，产业数字化和金融之间的关系打通之后，企业的运行效率会大大提高，风险、运行成本会大大降低，这样又会提高企业的价值、利润率等。

第四，大量的数据积淀以及智能技术、区块链技术的应用，会带来资产数字化。数字经济时代通过实现产品数字化、企业数字化、企业业务数字化，产业数字化平台每天都会沉淀海量的数据，通过人工智能、算法，可以测算出这些数据的价值，由此创造出数字资产。

国内上市的几十家银行、证券公司、保险公司都已经进行了不同程度的数字化尝试。其中平安银行、中国邮政储蓄银行、中信银行数字化程度较高，数字化推进力度很大。我们在对已经上市的几十家银行数字化程度梳理后发现一个现象，就是几乎所有银行的自身业务信息化、数字化、智能化程度都很高，但是，银行数字化的投入和渗透主要用于自身业务基础和业务终端的数字化，包括个人业务的数字化，在机构客户的数字化方面做得还远远不够。中国所有银行目前都处在数字化起跑阶段，虽然传统商业银行在工业经济时代由于行业的特殊性、竞争性限制，已经形成了现有行业格局，但数字化时代到来，银行完全有可能在各种不同的数字化解决方案的推进下，发生现有银行竞争格局的重构，这种重构完全有可能改变中国银行业或者金融业现有的格局和生态，这需要地方各级金融主管部门、银保监会、证监会及早关注，尽快做出反应。

综上，从 D5 到 D9 可称为企业和产业数字化的第二阶段。一个企业和产业数字化发展到这个阶段需要 8—10 年。尤其是产业数字化完成了 D7、D8、D9 后，结合资本市场的运营情况，企业和产业将会实现高速度裂变式发展，同时企业还会保持在安全边际之内。一个几十亿元市值、几百亿元市值的企业有可能发展成为数千亿元、数万亿元市值的企业，并形成强大的产业数字化运营能力，大大降低企业和产业发展风险。

但我们也需要清楚地看到，这些节点的推进，不是一个企业或产业可以用一己之力完成的。不管是一个普通企业从企业数字化开始，还是一个龙头企业从企业数字化以及产业集群的数字化开始，除了企业和产业的解决方案外，还必须要有强大的生态和环境做支撑，这些生态和环境构建不好，每一个节点都难以推进。

第一，D5 必须要上市公司实际控制人、数字技术团队、资本与产业系统架构师协同设计和规划。

第二，D6 线下业务和线上业务的相互贯通需要企业的高度配合。产业互联不是新架构一个数字平台去拓展市场，而是把"老酒"装在产业互联网这个"新瓶子"里。"老酒"和"新瓶子"之间的协同和利益安排非常关键。

第三，D7 是整个 D12 模式的重中之重，是将传统价值投资的价值创造模式与数字经济价值创造模式相融合。数字化团队不仅要懂得数字技术，还要熟悉产业链、供应链、价值链规律，更要懂得产业经济和产业重组、并购整合。

第四，D8需要全面研究全球化，懂得全球化产业逻辑，也需要研究已经开始的第三次全球化浪潮中全球地缘经济和政治的新趋势。

第五，D9也是企业数字化和产业数字化更高级的阶段，需要跟踪数字经济发展给传统金融市场和平台带来的变革，数字产业化、产业数字化、数字金融发展、资产数字化需要相互促进、相互赋能，它们是相对独立的体系，只有生态完整了，D9才能系统全面地实施。

小结：

中国所有的金融机构几乎都在做自己的数字化业务，但还没有做到产品级、企业级和产业级，是什么原因呢？不是它们没钱没人才，是因为企业和产业的数字化刚刚开始，它们在"等米下锅"。

谁能从D1做到D9？很难想象10年以后D12模式还是不是今天这个样子。不过企业要是做到这个阶段，新的世界企业排行榜上一定会有它的名字，你投中了这样的企业，就可以有钱到太空旅游了。

数字金融不取决于金融机构本身，而取决于产品数字化、企业数字化、产业数字化的程度以及数字技术的安全保障，普遍性的、大面积的产业数字化必然给数字金融创造场景和条件，产业数字化的先锋一定会与金融数字化的先锋"牵手"。

第七章

从现代走向未来

数字技术的快速发展对传统经济的重构是不以我们的意志为转移的。从 D1 到 D9，从传统产业到数字化的进程，是实体经济与数字技术融合的过渡。10 年之后，数字技术进入 6G 时代，数字经济将会摆脱传统工业经济的羁绊，完成从传统工业经济向数字经济体系的转型和全球化数字经济秩序的创建。那时，数字经济的知识体系和理论体系也基本创建完成，数字经济也将会在以 6G 为和其他新技术发展创新的基础上创造出更加丰富的产业应用空间。尤其是数字智能所赋能的物理、数学、化学、生物方面的基础研究会创造出更多的应用技术，医疗、医药、健康科学、生命科学、新能源、空间科学等都会在未来 10 年内发生巨大的突破。所以，在进入 2030 年之后，D9 到 D12 将会被大量应用。

今天主要依靠私域流量垄断消费品行业的平台型企业，包括阿里巴巴、京东、美团、拼多多等，要么自己转型，要么被分化，到 2030 年，将会出现一批超级大的产业数字化平台企业。但是这些企业不是由少数股东控制的，股东结构超级分散，从上市公司治理结构来看，也将会由传统的垂直领导控制公司管理模式转型到分布式、扁平化、技术组织化管理模式。大股东控制上市公司的"一股独大"的现象也许会被取代，公司组织模式、产业互联网模式、区块链组织模式与各种数字技术组织模式交织在一起，一个平台企业的交易量巨大，但是不一定都会反映到上市公司的资产和财务报表上，更多贡献给上市公司的是投资或者数字化链接带来的利润分成，公司市值可能会很大，但是股东非常分散，交易过程就是直接进行利益分配的过程。在这样的产业数字化背景下，从 D10 到 D12 就是另一种操作模式。

第一节　D10——平台整合

平台整合是指各种产业数字化平台和产业数字化组织、现有平台型互联网相互之间链接、赋能、融合、互为生态，在各自独立发展的基础上实现平台资源共享、价值互联的生态关系。

数字经济的本质特征之一就是链接：单点和单点的链接；单点和多点的链接；多点和多点的链接；单一组织内部的链接；单一组织内部节点与其他组织之间的链接；单一组织和其他组织的链接；单一系统和多个系统的链接；多个系统和多个系统的链接；构成整个数字经济海量的数据、海量的场景和海量的系统链接。

随着全球数字化进程的加快，会出现越来越多的数字化平台，今天的阿里巴巴、京东、百度、美团、字节跳动等都是平台，这些主要是消费互联网平台。也有很多从互联网的角度进入各行业的数字化平台，有的从服务行业切入，有的从制造业切入，有的从综合行业平台切入，目前这些平台都打着产业互联网的旗号。除了产业互联网平台，随着 Web3.0 的出现和区块链技术的推进，还会出现各种各样的互联网平台组织。以传统公司组织为基础的数字化商业组织会如雨后春笋般涌现。

产业数字化大规模开始之后，会出现各行各业的产业数字化平台，未来产业数字化平台和各种数字化平台之间不是孤立的，会出现"你中有我，我中有你"的相互融合、相互整合的关系。

消费互联网和消费互联网之间的整合已经出现，消费互联网和产业互联网之间、产业互联网和产业互联网之间也会出现整合，纵向产业互联网会和横向产业互联网整合，数字产业化平台也会和产业数字化平台整合。

一、平台整合的两种类型

平台整合这个概念今天还是空白，因为平台整合的基础几乎还没有出现。

随着产业数字化的发展，上市公司、上市公司投资创建的产业互联网、区块链互联网相互之间的深度融合会形成非常庞大、复杂的产业数字化组织。在产业数字化组织体系内，上市公司作为一个经营主体将会创建产业互联网，在产业互联网平台上进行交易的不仅有产品、服务，还会有数字资产、金融资产和产业要素，参与交易的节点有个人、工作室、小企业、大企业，产业互联网和产业互联网之间也会通过数字化、智能化链接形成数据共享、价值共享机制。这就需要平台整合。

在公司上市、产业互联网创建成功且运营顺利之后，就会出现多种复杂的商业组织叠加和融合模式：

第一种是综合性产业互联网。上市公司直接通过现金和发行股票对产业互联网子公司实施并购，子公司成为上市公司的全资子公司。子公司的股东转换为上市公司股东，上市公司与子公司的所有业务从线下到线上融为一体。上市公司完全成为产业互联网企业，然后可以沿着行业和区域空间拓展产业节点。

就像在海尔智家这个平台上孵化出来的卡奥斯系统一样，卡奥斯不仅助力海尔原有业务的线上化、平台化，还跨越海尔业务边界，延伸到农业、工业的其他领域，只是这个时候海尔智家没有选择对卡奥斯进行并购，而是选择剥离。

第二种是平台型多元化产业互联网。平台型多元化产业互联网是指一个体量非常巨大的从事多元化行业的数字化平台。若干个产业链、供应链综合要素嵌入一个庞大的产业互联网平台，形成复杂的数字化、智能化交互生态。大家共享平台资源、金融资源、数据资源，有的业务有交叉和关联，有的业务没有交叉和关联。

上市公司产业互联网子公司成功运营之后，从上市公司分离出来，形成新的上市公司，成为上市公司的客户，产业互联网面向市场进行系统扩张和升级，打造强大的产业互联网系统平台，面向更多企业开放、开源，发展成为平台型产业互联网。平台型产业互联网可以根据产业链、价值链、供应链、数字链、资本链等，创建基于某一个行业的平台型产业互联网，也可以跨行业创建平台型产业互联网。

不管是综合性产业互联网，还是平台型多元化产业互联网，进入产业互联网时代一定会出现产业互联网之间的整合。

产业互联网之间不是简单地按照产业、企业、产品、技术、市场等产业要素来进行整合，而是要结合产业互联网系统架构之间的兼容性进行整合。涉及数字技术在软件、硬件、技术标准、系统架构思路等方面的技术规范。只有产业关系和技术系统达到高度融合，整合才有价值。

二、平台整合的八种形式

在 5G 产生之前，中国消费互联网领域已经出现了一些大的平台型消费互联网企业，比如美团、京东、百度、B 站、拼多多、抖音，都通过 App 创建了巨大的私域流量，包括谈恋爱、找朋友的网站，都有精准、巨大的客户量，已经形成流量，这些流量都是消费互联网时代的流量。

产业互联网时代会出现什么趋势呢？过去消费品和消费者都是通过消费互联网平台联通的。企业通过产业互联网来构建它的私域流量并进行整合，这就是流量整合。产业数字化平台通过产业互联网平台的构建，形成直接与消费 C 端用户关联的产品，如食品、化妆品、服装、鞋帽、家具、家居、汽车，从而构建自己的私域流量。也就是说私域流量的这些 C 端客户，是通过一个消费互联网平台和产品发生链接的。

消费者私域流量通过产业互联网平台和消费品建立联系，了解产品的品质、标准、生产、原材料、价值、价格。这样也就是消费者直接跟产品的生产加工技术部门联系，通过产业互联网建立感知和链接，使不同的产业互联网有自己的私域流量。这些私域流量和平台之间开始是独立的。比如生产马铃薯的企业，经过种植、加工马铃薯，生产加工出土豆片、土豆淀粉，这些产品在产业互联网平台上可以获得私域流量客户的精准画像，从而使企业知道消费者对产品的需求，掌握对产品精准画像的知识图谱。这是一个数据库，可以把马铃薯产业的所有关联业务整合在一个互联网平台上，获得终端消费者的精准画像。比如生产一种保健品，能提高免疫力，对减肥有效果，利用大数据可以找出这种产品的用户。用产业互联网之间的整合，可以放大产业互联网的功能。同样，通过产业互联网可以形成元宇宙系统平台之间的融合。

产业互联网之间的整合就是D10。它能创造更大、更丰富的平台空间，产业互联网形成的元宇宙系统和原创的、原生的元宇宙系统之间的整合就会把更大的虚拟空间与现实空间链接在一起。

产业互联网之间的整合预计会有以下几种类型：

1. 根据市场人群划分的平台型产业互联网整合

未来的人力资源数字化平台会出现类似的平台型产业互联网。目前已经出现大型人力资源上市公司，在开展数字化人力资源架构创新。这类大型人力资源上市公司有可能针对不同的人力资源供需关系，创建大型的人力资源数字化平台。

在一个数字化平台上存在若干个人力资源供给和需求节点，对供需双方进行平台化搭建和数字化、智能化分类，同时将供需双方与其他供需平台打通，形成平台和平台之间的优化。

2. 根据产业原材料等核心产业资源而形成的产业互联网平台整合

产业原材料规模巨大、品类复杂、分布广阔，工业经济时代比较普遍的方式是创建产业要素交易市场，通过集合交易方式来提高交易效率。未来这类交易平台有可能向数字化、智能化的产业数字化转型。目前的国联股份、深圳华强都有可能发展成为这样的平台。

新疆是中国最主要的棉花产地，此外河北、山东、甘肃、青海也有一部分棉花产地，但总体的种植面积和过去相比萎缩比较严重。一方面是需求结构的变化；另一方面是化纤材料的取代。另外，很多地区种棉花的经济效益远远不如新疆那么好，不如种别的农产品的经济效益那么高，导致中国棉花种植绝大多数都集中到新疆，因为新疆的地理气候更适合棉花的生长，可进行规模化、集约化的种植。

新疆到内地路途遥远，棉花种植加上运输，附加值就低；做成棉纱，附加值就会提高。棉花和棉纱的下游是各种面料的生产企业，中国的面料生产企业主要集中在江浙、珠三角地区。各种面料生产厂家都要用新疆的上游资源。如果新疆创建棉花产业互联网，从育种、种植、病虫害、收获、清洗、整理形成初级产品，在线上可以销往国内下游企业或直接出口，建立中国面对全球的市场原材料的产业互联网。还可以链接下游的产业互联网平台，例如浙江绍兴的柯桥纺织城，从原料贸易、服装生产、服装设计、产品批发、品牌分布到中国各地的购物中心，就形成从最上游的棉花种植到中游的生产加工再到下游纺织成品的链接。

上游原材料就是一个产业互联网，从上游整合到下游服装服饰设计、生产、销售，上游数字化企业不具备优势。下游各细分产业的产业互联网之间的整合，会带来价值的变化。下游产业互联网相对分散，上游产业互联网相对集中，是上下游的产业互联网之间进行整合，还是下游细分行业产业互联网之间进行整合，产业互联网平台整合将会有多种思路。各种整合是相互价值链接、相互资源共享、相互利益更好地分配，不是相互垄断，这就是产业数字化整合带来的新机会。

3. 根据产业主题整合而形成的产业互联网平台整合

就是某一类或者某几类带有鲜明产业主题的产业互联网之间形成平台整合。

比如纺织这个产业主题就是一个庞大的主题，其中会出现上游棉花纺织产业互联网、面料产业互联网、女装产业互联网等等，它们之间的相互整合会形成新平台整合关系。

今后的产业互联网有很多细分领域。比如大健康主题，就有大健康咨询、大健康教育、大健康产品生产等，有些产品是吃的，有些产品是器械，甚至跳街舞也属于大健康。在大健康领域里有各种各样的产业互联网，各产业互联网之间就有交叉性、协同性。在同样的主题下，它的消费终端都有大健康的需求，可以通过相同、相似行业细分的产业互联网平台，形成交叉协同，实现产业互联网之间的整合、融合，给各自创造更多的产业互联网价值，形成产业互联网之间的整合优势。

4. 根据资产形态而形成的产业互联网平台整合

产业互联网链接的要素不是产品、企业等基本要素，而是资产形态。这些资产包括无形资产、有形资产和数字资产。

以资产形成的产业互联网，比如不动产有多种形式，如土地、厂房、宾馆、写字楼、商场、民宿、住宅等。不动产的产业互联网有一个成功的案例——贝壳网，它是中国最大的住宅买卖、出租产业互联网。它主要链接住宅的拥有者、销售者、使用客户，核心资产是住宅类的不动产。写字楼也可以数字化，全中国有几十万亿元规模的写字楼资产，写字楼的业主很分散，可以架构一个产业互联网专门经营写字楼，通过 BIM 系统、CRM 系统，把写字楼的资产数字化、场景化。写字楼功能的数字化完成之后，建立一个写字楼的资产数字化平台，然后全国联网创建一个写字楼贝壳网，经营所有大小业主的写字楼。通过互联网开发和链接各种商户，为商户的需求和写字楼的供给找到交易的空间。除了写字楼，还可以开发宾馆，全中国有多少个宾馆、民宿，能不能把宾馆这类不动产数字化联网？还有购物中心，中国至少有几千个购物中心，能不能把购物中心的资产数字化？这就是资产类型的数字化。

在贝壳网的资产数字化平台，可以跟购物中心的资产数字化平台、产业园区的资产数字化平台、写字楼的资产数字化平台以及各种相似、相同行业的资产数字化平台进行整合，这是第四种平台整合。

5. 根据供应链的产业特征而形成的产业互联网整合

供应链的产业互联网不是由生产制造企业主导的，而是由内在逻辑相同的供应链产业互联网主导的，目前已经渐成气候，包括农产品供应链、消费品供应链，顺丰、圆通就是这样的物流产业互联网。未来还会有各种产业要素供应链的产业互联网诞生。这些供应链的产业互联网之间也存在整合需求。

供应链方面，比如汽车制造商根据汽车的零部件和汽车整车销售供应，形成汽车供应链系统。比如物流行业，像铁矿石、炉料、木材、PVC等等，它们不是这些产品的生产者，只提供给物流、供应链金融，在供应链中收取服务费。各行业供应链的产业互联网形成整合，称作供应链的金融产业互联网。通过工业互联网把生产制造行业上下游打通，形成产业互联网、纵向产业互联网、横向产业互联网之间，可以通过整合形成交叉客户资源共享、金融资源共享、市场数据资源共享，达到整合目的。

6. 根据生产制造体系而形成的产业互联网之间的整合

这主要是指生产制造企业在生产制造全生命周期内，存在各种生产要素之间的市场化要素流动，从而形成生产要素产业互联网平台，各种生产制造要素产业互联网相互之间也存在整合关系。

上市公司江苏海晨物流股份有限公司是中国第一家工业生产体系物流的上市公司，它未来的方向就是要成为这个领域的产业互联网平台。

7. 全产业链产业互联网之间的整合

这就是本书前面提到过的按照产业链垂直整合关系创建的产业互联网和产业互联网之间的整合需求。

比如对种植业和养殖业的整合。农信互联是北京的一家上市公司，创建了服务型互联网，它的出发点是创建一个为养猪业服务的产业互联网。农信互联的主要投资者大北农的主营业务是给全国的养猪场提供饲料。有养猪场的客户资源，就可以架构一个"猪联网"，把客户信息、客户资源挖掘出来，给每个养猪场安装感应设施，可以实时看到所有猪的动向。通过"猪联网"，可以看到猪的健康状态、重量、存栏量、出栏量、品种、价格等，大大提高了养猪的效率。"猪联网"今后还可以与"鸡联网""鸭联网""兔联网""狗联网"互联，依据种植业或者养殖业行业特征，进行互联网之间的整合。比较遗憾的是"猪联网"还是一个服务型的互联网，没有真正成为一个产业互联网。如果能够再进一步，从产业链角度深度挖掘，我觉得"猪联网"的价值还会更大。所以互联网架构还没有真正渗透到产业的深度，未来会有很多种植业、养殖业互联网之间相互整合的机会。

8.混合型产业互联网和产业互联网之间的整合

所谓专业性互联网，是产业链上游、中游、下游的垂直产业互联网。平台型产业互联网不垂直，是原材料的产业互联网。做终端消费品，是消费品行业的互联网；做生产加工，是生产加工的互联网，这是横向的、综合性的平台型产业互联网。它可以和垂直型的产业互联网通过整合、协同、数据交叉、价值互联形成新的产业互联网，这也是一种产业互联网资源整合。产业互联网更多通过产业数字化对上下游产业链、供应链、价值链架构一套数字空间，重构传统的产业生态。就是把物理的产业空间架构为一个数字空间，重新进行整合、经营，形成两套经营逻辑。传统的公司组织更多实施线下产业链、价值链、供应链的经营逻辑，架构的新组织更多是把产业互联网理解为商业组织，而不是单纯的技术，即由数字技术来架构商业组织。这个数字技术所架构的商业组织和传统的公司商业组织深度融合、叠加，使物理空间的产业规律按照数字空间的要求融合和叠加。物理空间产业组织的公司组织和数字空间产业组织的产业互联网组织协同、叠加，就形成了新的商业生态。但这还不够，随着技术的进步，又创造新的商业组织，这种新的商业组织称为区块链。

到达这个阶段基本是 2030 年至 2035 年。预计到 2030 年，6G 互联网会投入运营，数字基础设施将会在几个方面发生很大变化。

三、平台整合的主要技术与应用

6G 时代，人类社会将进入智能化时代，从移动互联到万物互联再到万物智联。6G 将实现从服务于人与物，到支撑智能体高效链接，满足生产生活的更高需求。6G 的主要技术与应用：

1.卫星通信网络。6G 将充分利用低、中、高全频谱资源，实现覆盖空天地海一体化、无死角通信和互联网网络无缝覆盖，产业数字化空间范围更广大。

2.6G 将构建人机物智慧互联、智能体高效互通的新型网络，具备内生智慧、多维感知、数字孪生、安全内生等新功能，打造泛在精细、实时可信、有机整合的数字世界，实现"万物智联、数字孪生"的美好世界。

3.沉浸式云 XR。沉浸式云 XR 是虚拟空间与真实世界的深度融合。XR 是指扩展现实，包括虚拟现实（VR）、增强现实（AR）、混合现实（MR）的综合，未来云扩展现实 XR 将进入全面沉浸化时代，将推动更多产业实现高水平数字化转型。

4.全新通信技术创建身临其境的极致体验。

（1）感官互联：实现多维感官的交融响应。

（2）通信感知：融合通信的功能拓展。

（3）普惠智能：智能终端从互联网 PC、移动互联网的手机走向物联网万物智联，数字智能随处可见。

（4）数字孪生：物理世界被虚拟数字彻底复制。

（5）元宇宙大规模出现：数字孪生还主要是通过数字技术将现实映射到空间，形成从现实到数字的数字空间；而元宇宙则主要是重构一个数字世界，这个数字世界完全可以脱离现实世界而创建，完全突破我们传统物理空间的时间、空间、生命，构成一个可以把现实世界和数字世界完全互联互通的时空关系。元宇宙产业化成为规模化现实。

5.元宇宙产业化的两种形态。

第一种是各种原生的、原创的元宇宙产业生态无所不在，由于元宇宙形态是技术与 Web3.0 的结合物，元宇宙会创造独特的生态组织，创造从实向虚、虚实相间、虚实结合的数字世界，所有机构、个人、组织都可能成为各种元宇宙空间的参与者，每个参与者在没有边际、没有限制但有法律和规则的空间里，实现消费、想象、生活与工作。

第二种是从传统产业发展而成的各种产业数字化平台，通过数字孪生和元宇宙，将数字化场景发展成为更加丰富多彩的元宇宙场景，从实向虚，虚实相间，实现真实生活生产方式与元宇宙生活生产方式的任意切换。

强大的数字基础设施建设以及通信功能的增强，提供了更加丰富的网络应用技术，将有力促进平台级产业互联网生态的全面形成。

四、产业数字化中的区块链

区块链是利用加密数字技术作为底层技术逻辑，按照设计者要求而设计的分布式技术或者技术组织。

从产业数字化的角度解读区块链和普遍地解读区块链有很大区别。

传统公司组织创建了产业互联网架构组织之后，由于产业生态从物理生态到数字生态发生了巨大变化，为进一步的数字技术需求带来空间和机会，区块链技术就有了丰富的应用空间。公司组织和产业互联网之间的融合和叠加，使很多需求没有得到满足：第一是安全性没有得到满足；第二是数字的信用没得到满足；第三是数据的加密性、真实性、追溯性没有得到满足。所以在产业公司加产业互联网的新产业生态中，区块链应用就有了更多的场景。其实，在各行各业的公司创建产业互联网组织生态，一定会产生对区块链的长期需求，给区块链技术带来巨大的应用机会。

所以单纯从区块链的角度，很多人找不到应用场景，不知道从哪里落地。传统公司组织整合产业的方法，加上产业数字化的产业互联网之后，必然带来巨大的区块链需求，也给区块链带来了巨大的应用场景。

产业互联网组织与区块链的加密技术带来的商业组织之间的融合与叠加，给产业数字化了带来巨大的空间。产业数字化带来更高的效率、更好的应用场景，也给产业互联网的技术架构、区块链的底层技术和架构带来巨大的机会。同时，产业数字化所带来的数字资产跟区块链技术结合，会让资产数字化更加真实，更加可靠。这样的应用在D12模式中，尤其在D9会更加频繁地使用。

产业数字化形成巨大的交易数据之后，交易数据用区块链技术作为底层技术逻辑，就会给金融机构与产业数字化平台创造高频率的、持续的可追溯、分布式信用机制。

区块链作为数字技术机制还在持续发展。区块链不光带来加密技术，还带来分配机制的变化。这就是创新的 DAO。传统产业发展运行最大的问题是按照资本的要素进行分配。产业互联网不仅按照资本的要素分配，还通过感知、链接和交互，形成价值、分配机制，形成价值创造机制和价值链接机制，从而形成新的分配机制。

这个时候到底怎么保障分配的合理性？需要 DAO 技术。通过区块链技术把各种节点链接起来，DAO 可以通过技术的加密性、真实性、不可更改性，把不同交易者、不同节点之间的数据固化。当交易完成之后，技术性、自主性的分配机制形成，DAO 就解决了生产经营过程、服务过程当中的分配问题——生产经营分配全部在数字化的进程中解决了。

所以产业数字化不仅给资产数字化带来机会，给 NFT 带来机会，给 Web3.0 的互联网带来机会，同样也让元宇宙找到可以真实落地的场景。

总之，如果把这套体系彻底构建完成，到 D10 至少应该是 8—10 年之后。谁构建了这套体系，谁就基本上完成了从一个企业到一个产业的转化；完成了从实体经济的产品数字化、企业数字化，到产业数字资产数字化，再到数字孪生、元宇宙的转化，这样未来就会形成元宇宙形态下的资产价值。它既包括实体资产价值、货币资产价值，也包括数字货币资产价值。有了这个价值，再加上全球化，就可以彻底构建未来数字经济时代的产业形态，也就是从产业形态、产业金融形态彻底发展为数字经济形态。

数字经济形态大大区别于农业经济、传统工业经济。这个时候全球化形成，所有数字资产都可以用数字人民币进行对标，和美国竞争，就没什么可以担忧的了。从实到虚，从物理到数字，从现实货币到数字货币，全部构建出未来的以资产、数字、产品支持的数字人民币。通过 8—10 年的构建，就可以完成中国产业数字化体系的建设，从而支持数字经济形态。

这样的体系构建为所有数字技术——云计算、物联网、大数据、区块链、元宇宙、NFT、芯片硬件、5G 技术、人工智能各种感知技术找到了应用场景，所以产业数字化就带来了数字产业化的巨大应用机会。

所以把产业数字化、数字产业化结合起来，就创造了资产数字化，又会形成新的货币体系，形成新的金融体系，这就是完整的 D12 模式。这就为中国未来的数字经济创建了完全区别于农业经济、工业经济的新经济形态。

各地方政府应当充分认识到工业经济时代发展方式和数字经济时代发展方式的不同，要理解数字经济时代产业数字化与自己的关系，一定要创新产业数字化发展方式。

还要加强数字经济发展的系统理论宣传和知识普及推广。目前中国的数字经济知识和理论传播力度很大，电视台也每天都在播出公益广告。由于数字经济知识的系统性和专业性，对全民的数字经济知识普及和宣传的力度还应该加强，要充分认识到数字经济知识和理论的专业性和复杂性。建议各地方政府要加强对数字经济知识系统和理论的理解、宣传、推广，尤其是需要对经济领域的专业人士展开数字经济系统、理论和专业技能的培训教育，提高数字化转型和产业数字化运营的能力。

小结：

我们今天一定不要轻易定义 10 年后的平台，因为 10 年后都可能说不清楚平台的具体结构。我只是认为，从逻辑上以及数字技术生态目前的发展方向上，我们可以创造很多新的数字空间组织，每一个组织都是一个数字空间平台；既有可能是从今天的企业和产业平台创造出来的数字孪生空间和"元宇宙"，也有可能是今天创建的"元宇宙"平台与现实空间的融合。

第二节　D11——数字智能

一、数字智能：算力、算法

我们在 D12 模式里使用数字智能的概念而没有使用人工智能的概念。数字智能和人工智能英文缩写都是用 AI，但是随着数字技术的发展，数字智能已经成为有别于人工智能（AI）的一个概念。人工智能主要是指研究、开发用于模拟和扩展人的智能的理论、方法、技术及应用系统的一门新的技术科学。主要是生物人各方面能力的智能延伸。而数字智能是利用强大的数字技术基础设施和互联网形成数字化载体感知，链接丰富的场景，产生海量数据，再用强大的算力和算法实现数字和模拟的各种转换，从而创造各种远远超越生物人能力的方法和应用。

之所以设计基于数字智能的产业数字化价值创造模式，就是因为我们充分地认识到，数字智能技术的发展是未来数字经济时代的核心竞争力。产业数字化也好，数字产业化也好，数字经济时代的竞争实际上是数字智能应用的竞争。

目前全球都在开展数字智能研发应用方面的竞赛，从机器学习到深度学习，再到自然语言处理以及物理智能、化学智能、生物智能，数字智能都会在产业数字化不同阶段找到不同的应用场景，到了产业互联网高级阶段，就是数字智能的应用竞争。

数字智能的基本构成为算法、算力和数据。通信从 3G 进入 4G 最大的特点就是把通信和网络打通了，IT 变成了 ICT，实现了互联网与通信的融合，发展成为移动互联网，实现了基于移动通信网络的移动互联网，全世界数十亿人口的数据互联网创造了极速的数据增长，海量数据促进了算力的增长，也给算法创造了更多的机会。

5G 基础设施将在 ICT 的基础上，增强万物互联的智慧能力。随着算力增强、算法丰富，各种感知技术不断突破，目前人工智能在研发应用中存在的最大问题是算法、算力和数据之间的不平衡。在产业数字化领域，产业数字化程度不高，数字智能应用场景单一，算法和算力过剩，数据支持严重不足。从4G到5G，直接用数字智能技术渗透到产业领域的场景将大规模形成。工业互联网、产业互联网、物联网的智能化水平全面提高，使各种数字化链接走向智能链接，数字经济将达到更高的运行水平。

D12模式最大的特点就是通过投资和资本运营、产业整合不断扩大产业规模，提高产业数字化水平，创造平台型产业互联网，为数字智能创造大规模使用、全场景应用的机会，充分发挥数字智能的作用。

D12模式中数字智能的应用体现为分布式、自适应、自学习、全面感知特点，数字智能应用程度和产业规模、产业数字化水平成正比，产业数字化水平越高，越能推进数字智能算法水平的提高以及应用场景的丰富。

D12模式不是指到了D11才开始应用数字智能，而是从产业数字化价值发掘的时候开始，就要考虑数字智能在产业数字化中的应用。

到了D2，进行产业系统架构的时候，就要评估目标客户在数字智能方面的应用情况，规划产业系统架构中数字智能的应用场景，规划可能用到的数字智能软科技和硬科技的技术方向以及技术来源。到了D3，就会在产品、服务、生产、管理、物流、资产、财务、销售、分配等所有节点上应用数字智能。同时还需要尽可能邀请和规划国际国内顶级数字智能专家和平台参与数字化转型过程中数字智能应用创新解决方案的研究和设计。

数字智能技术在大规模推行数字化之前，更多表现为工业领域自动控制系统的机电一体化机器人。在这个时代，机器人在机械制造流水线作业环境下，主要功能是替代生物人做一些简单、繁重、重复性劳动，进化发展非常缓慢。进入数字化时代，人工智能表现为数字智能和智能机器人方向，数字智能在数字化时代出现了裂变式发展，这个发展主要表现在两个方面：

一方面是因为万物互联创造的海量数据让数字智能如鱼得水，让算法和算力在大数据的增长之下得到了用武之地，算法、算力和大数据的结合终于到了数字智能裂变和爆发的时点，机器学习、深度学习、自然语言处理能力开始全面应用到经济、社会、文化、军事的方方面面。

另一方面，因为万物互联，机械化、自动化时代兴起的各种机器人突然有机会成为数字经济时代的机器人。数字智能与工业经济时代的各种结构、材料结合之后，就可以让工业经济时代的机器人从"幼儿""小学生"一下成长为"硕士"和"博士"。随着数字智能的快速发展，数字经济与工业经济的本质区别会被彻底划清界限。

到了D11，任何一个产业数字化项目都会用到数字智能技术。数字智能技术虽然应用在数字产业化的每个环节，但是，数字智能技术又有其独立性，每一个智能项目的应用都需要专业的数字智能团队或者数字智能专家来量身定制。有的数字智能技术掌握在大型的专业技术团队手上，有的数字智能技术掌握在智能专家手上。因此，数字智能技术的导入包含以下一些内容：

——数字智能知识产权；

——数字智能解决方案；

——数字智能应用场景；

——数字智能专家团队；

——数字智能应用案例；

——数字智能服务模式与收入方式。

二、企业布局数字智能的三个阶段

我们会不断学习、观察全球范围内人工智能技术的最新动向，不断采纳使用这些最新技术，用于我们的模式。

我们认为未来产业互联网和产业互联网的竞争一定会体现为人工智能技术和人工智能技术应用的竞争。目前由于企业和产业的数字化程度不高，数字智能应用场景不丰富，严重影响到数字智能在企业和产业中的应用。数字智能在企业和产业中的应用主要表现在三个阶段的应用：

第一阶段：企业自动化、信息化过程中的数字智能应用。主要表现在非系统的智能制造领域、自动物流仓储系统、供应链管理。

第二阶段：企业数字化和数字化转型。主要通过企业内部所有数字节点的泛在链接形成感知、数据存储、分析、处理、决策这样的机器学习和深度学习，创建自学习、自适应的数字机器人系统和智能机器人系统，从而大幅度降低人力成本和劳动强度。数字智能应用场景非常丰富，数据处理量巨大而且实时更新变化，给数字智能创造巨大的市场机会。

第三阶段：产业互联网阶段。企业和产业创建产业互联网并且大规模实现产业互联网全球化、产业互联网平台化之后，产业数字化时代的数字智能将迎来万物智联时代。这时也基本进入了6G应用时代，智联万物、智慧内生、普惠智慧将成为产业数字化的核心竞争力。

数字智能将推动网络领域从辅助运维扩展到网络性能优化、网络模式分析、网络架构创新等多个领域。内生智能网络成为现实。

所有网络终端都可能成为智慧终端，由此构成平台型产业互联网全场景数字智能系统。这样，企业商业模式、企业生产模式、企业组织、企业管理、市场销售、生产服务组织将迎来全面智能化时代。

小结：

为什么要把数字智能放在D11？主要原因是智能技术既是昨天的初级人工智能，也是今天的数字智能，随着未来量子计算的出现，智能一定会升级为智慧。现在的机器人和小孩子下象棋，能不小心把小孩子的手夹伤了，说明机器人还不具备深度数字智能。

数字化一开始就伴随着智能技术，不需要单独在前面表述，放到D11是对智能技术、智慧技术的憧憬。

第三节　D12——数值模型

一、数值模型

数值模型是对数字经济时代上市公司市值进行评价、分析的一种用于创建模型的数字化、智能化工具，可以为数字经济时代上市公司市值管理、数字化价值投资提供参考。

D12 是 D12 模式的最后一个模块。

这是数字经济时代产业数字化上市公司将出现的一种全新的市值管理和评价模型。大约 10 年之后，一定会有一批上市公司实现全面的数字化，相当于达到 D9 的水平。上市公司的经营数据已经和传统的年报、半年报、季报产生的滞后数据有了本质区别。实际上从 D1 开始，从数字化价值发掘、产业系统架构以及数字化转型开始，就已经涉及公司市值问题了。

这个模块虽然放在最后，其实也是和数字智能一样，在产业数字化价值投资每一个模块推进的过程中，都会带来企业和产业的变化，也使得公司市值随之变化，而这些变化不是传统产业投资和战略投资所常见的，是由企业、产业和数字技术深度融合带来的。

传统工业经济环境下，上市公司主要通过战略投资、战略并购、事件驱动这样一些投资模型来建立价值投资市值管理模型。产业数字化时代的商业模式和盈利模式将发生根本性变化，也将出现基于产业数字化时代的人工智能市值管理模型。

其表现为两个方面，一方面是 D12 会改变市值发现、市值创造和市值管理模式；另一方面，可以用数字智能创建一套上市公司数字化价值投资评价体系。

我们对中国上市公司 2021 年年报披露的数字化信息展开研究，分析了上市公司数字化和产品、企业、经营、战略、商业模式、盈利模式的关系，探讨了上市公司数字化进程与公司市值的关系。从初步分析来看，2020 年，中国上市公司年报提到数字化的企业不到 20%。到 2021 年，这一比例已经上升到 50% 左右，但仔细分析下来，这个数字仅仅显示了企业对于数字化的需求，实际分析的结果是，中国上市公司 2021 年数字化渗透率仅仅为 20%。按照数字化的需求增长速度，预计到 2025 年，中国上市公司数字化渗透率将达到 80% 左右。既然数字化已经是所有上市公司的必然选择，那么上市公司数字化与公司市值必然发生联系。不同程度、不同行业、不同企业的数字化解决方案一定会给上市公司带来不同的估值方法。

我们从中国上市公司的年报中看到，仅仅从 2020 年到 2021 年，就有超过 30% 的上市公司对数字化产生了需求。有的刚开始建立数字化战略，有的开始局部实施数字化战略，有的进入了产品数字化、企业数字化阶段，极少数企业进入了产业数字化阶段。随着这个进程，用数字化来分析上市公司市值一定会成为一个趋势。

二、基金管理公司的数值管理

D12 模式是数字经济时代产业数字化的创造模式，拥有产业数字化综合能力才能整体运行 D12 模式。因为 D12 模式不是工业经济时代的战略管理、战略咨询或者企业软件系统解决方案，所以打造 D12 模式也需要创建一种 D12 模式生态。由于 D12 模式由 12 个模块形成，这 12 个模块包含的内容有：传统企业战略咨询；传统产业研究分析方法；传统产业战略投资和战略管理能力；传统产业投资融资经验；传统产业上市与资本运营；传统产业与金融结合的方法。除此之外，还需要云计算、大数据、物联网、数字智能、工业互联网、产业互联网、区块链、数字孪生等领域的专业知识和经验，以及具有这些经验的机构、团队。在产业和数字的配合之下，加上金融机构、投资机构、金融人才就可以构建 D12 模式的实施生态。

上市公司完成数字化转型和产业互联网构建之后，通过 D12 模式生态建立"上市公司 + 基金"，基金的主要功能就是帮助上市公司的产业互联网在全球范围寻求全球资源的泛在链接机会，增强上市公司产业互联网的整合能力和核心竞争力。

基金的功能主要是两个方面：

1.全球范围寻求上游资源，包括产品、技术、人才、资源、品牌。

2.链接下游市场资源，通过产业互联网平台开源式地容纳产业链、供应链、价值链上的所有资源。

基金管理公司通过全球市场网络的建立，采用投资、重组、并购、代理、合资、链接等方式，赋能产业互联网平台以及平台上的所有链接节点。

D12模式每一个模块的完成过程都将对上市公司市值带来不同的影响。不同的合作方式付出的代价和成本是不一样的。同样，不同的代价和不同的成本也会给上市公司带来不一样的长期和短期收益。由此通过大数据和人工智能计算得出上市公司估值模型，这个估值模型可以建立在交易实施之前。因此可以给上市公司创建事前预估的市值管理模型，也可以通过这个模型倒推投资方式和融资方式，通过上市公司市值管理模型制定上市公司投资退出策略。

产业互联网上市公司交易平台节点众多，交易频繁，数字随时变化，可计算性和不可预测性都会增强，所有数据都在确定和不确定中产生，相信以后一定会创建出数字智能的、随机的、敏捷的市值管理模型。

三、D12模式与价值投资

1.D12模式带来的投资机会

当下我们所处的是一个百年未有的大变局时代，我们将进入数字经济形态。D12模式把工业经济时代的价值投资逻辑和理念传承到数字经济时代，研究了一套新的产业整合方法。一方面创造产业价值；另一方面要把产业创造的价值传递到资本市场去，通过资本市场的股票去发掘价值。这带来两个方面的投资机会：

一是用 D12 模式创造出产业整合的机会。站在投资者的角度，从 D1、D2、D3、D4、D5 一步步走下来，会获得投资机会，所以这个 D12 也叫数值管理。通过 12 个模块的层层递进，一步步应用好数字化转型，上市、产业系统架构、产业互联网数字化的全球整合、数字金融、数字资产、区块链组织、DAO 的分配机制之间，相互融合、相互叠加、相互协同，可以创造出完整的、闭环的 D12 模式生态，创造出巨大的产业数字化价值。

二是 D12 模式的每一步都会给公司带来资本价值。传统产业时代分两种经营：一种是企业经营；另一种是资本经营，即通过企业经营创造资本价值，通过资本经营来促进企业经营。而数字经济时代，除了企业经营、资本经营之外需要增加数字化经营内容，是企业经营、资本经营、数字化经营的三重叠加。

在产业数字化的 D12 模式经营中，通过 12 个模块创造企业的价值，反映到资本市场就成为公司市值不断变化的创新手段，它就能吸引更多的投资人。

在这个过程当中，D12 模式的每一个节点不断递进、由浅入深、由简而繁、由小到大、由单一的组织到系统的组织再到复杂的数字技术组织，不断创造公司价值。公司资本价值越来越大，不断从资本市场获得更多的资本，去进行产业数字化的并购整合与泛在的链接，创造深度融合的机会。用产业数字化和人工智能（数字智能）所创造的价值，促进和扩大产业的半径、企业的半径、产品的半径和价值的半径，形成 D12 模式的全面循环。

D12 模式的递进方法和过去 100 年的工业经济时代企业和产业的发展逻辑完全不同，也使得产业数字化时代的价值投资发生了变化。

D12 模式用在企业身上，不管是上市公司还是非上市公司，都是在创造产业数字化的价值。而用于上市公司股票，则可以形成上市公司数字化价值投资的分析评价模型，通过 D12 模式形成的分析评价模型可以成为上市公司数字化价值的发现方式，从而改变格雷厄姆、巴菲特、芒格他们对上市公司价值的发现方式。

D12 模式可以测算、量化每一个进程可能给企业带来的收益，预测公司的资本市值，通过资本市值的成长模型分析和评价公司市值。

2. 上市公司数字化价值投资评价体系

从 D12 模式延伸出来，我们将 D12 设计成为"上市公司数字化价值投资评价体系"，这是全球范围第一个针对上市公司数字化进程而设计的评价体系。这个评价体系将从 2022 年开始，每年都对中国绝大多数上市公司以及海外市场上市公司的数字化进程进行全面研究和评价。通过全面、系统的评价，分析上市公司在数字经济时代通过各种数字化技术与上市公司经营、管理、投资相结合之后的价值发现、价值创造、价值实现方式。这个评价体系一改针对上市公司的所有传统分析评价方法，不是从行业角度、财务角度、盈利水平、股票价格、科技含量、企业基本面来对上市公司进行全面分析和评价，而是按照企业的数字化渗透率、数字化进程以及数字化解决方案进行分类，分析企业价值、股票价格的关系，找到企业数字化价值的内在逻辑。把企业产品、技术、市场、管理、人才、战略都放在数字化背景和数字化进程的关系上进行系统分析和比较，可以发掘出上市公司通过数字化、智能化给企业成本、企业效率、企业价值重构、数字化产业整合、数字化金融、数字化全球化带来的创新和价值。通过分析评价可以达到以下目的：

（1）评估上市公司在数字化进程中所采用的各种数字化工具和解决方案，以及这些工具和方案给上市公司带来的作用和价值，帮助上市公司从各种数字化方案评价中分享经验教训。

（2）帮助上市公司理解、分析多种数字化方案的优劣和进程，规避数字化陷阱，促进上市公司数字化健康发展。

（3）帮助投资者以及资本市场所有参与者了解上市公司数字化与企业价值、股票价值的关系。

（4）帮助投资者分析创建上市公司数字化价值投资方法，发掘上市公司数字化价值投资机会。

（5）帮助数字技术专业机构和专业人士通过各种数字化解决方案的创新，研究开发更加丰富多彩的数字技术与应用场景以及综合性解决方案，推进数字产业化的进程。

（6）创建数字经济时代上市公司数字化价值投资理论和研究分析方法，推进中国数字经济的全面发展。

我相信通过持续的系统化分析评价，随着上市公司数字化进程不断达到较高的水平，不断丰富的上市公司经营数据会让我们有机会在数字智能专家的支持下，独创性地设计出上市公司数字化价值投资评价体系。

经过几个月的艰苦工作，我们已经完成了对 4677 家上市公司数字化价值投资的全面评价，对中国具有"经济晴雨表"意义的上市公司数字化进程有了全景式了解，也得出了上市公司数字化的基本数据。同时，通过系统全面的评价，我们从投资角度也获得了一些惊人的发现：

（1）目前中国还有一半的上市公司没有开始数字化征程。但从 2020 年到 2021 年，开始启动数字化征程的上市公司增加了 32%。可以推测，到 2025 年左右，中国上市公司大约有 80% 会开始数字化征程。

（2）目前市场上没有类似 D12 模式这样系统的产业数字化价值创造方式。中国上市公司目前主要的数字化进程几乎都停留在企业数字化阶段，几乎没有企业从产业数字化角度全面展开。

（3）上市公司的产业数字化基本没有采用全面的产业系统架构方式制定数字化战略，即使产业数字化水平比较高的企业，也远远没有达到 D12 模式第二阶段的创新设计水平。

（4）在产业数字化转型过程中，虽然企业需求强烈，但市场上满足产业数字化需求的能力严重不足。市场上对于产业数字化解决方案的供给主要来自云平台、各种 SaaS 系统解决方案供应商，甚至具体到德勤、SAP、IBM、新华三、中国电科等这样从事产业数字化转型系统架构和实施的机构。按照"数字投资银行"模式来推进的产业数字化供应平台，一个也没有。

（5）中国的几家产业数字化综合能力比较突出的企业，都有一个共同特点，就是每个上市公司董事会层面都有一个不仅懂数字技术，还懂产业和企业的高水平专业人士。

（6）我们还惊喜地发现，在从工业经济向数字经济转换的过程中，存在着工业经济时代和数字经济时代双重价值叠加的世纪性高速度、高增长、高回报、低风险的投资机会。

我们在全球范围内第一次提出这个观点。这个观点的一半来自美国的伯克希尔·哈撒韦公司。巴菲特和芒格不止一次针对市场上提出的"价值投资过时"观点进行反驳，他们以 2021 年 897 亿美元的年度投资回报证明了工业经济时代"价值投资"没有过时。

市场上提出工业经济时代价值投资"过时论"的主要依据是一些新兴科技公司在这些年的快速崛起，主要是数字技术产业化领域的一些公司和数字原生企业，包括谷歌、亚马逊、特斯拉、小米等，它们是完全不符合工业经济时代价值投资理论和规则的成功企业。但这些成功企业存在着巨大的不确定性，它们的成功建立在难以计数的失败基础上，"一将功成万骨枯"，反映了高科技企业高风险、高回报的特性。

我们在评价过程中发现，进入产业数字化时代，符合传统工业经济时代价值投资逻辑的优秀传统企业在新一轮数字技术赋能下，开创了产业数字化的新时代。通过将传统企业的所有要素全面融入数字技术生态，使这些符合传统产业价值投资逻辑的企业不仅依然保持了传统产业价值投资长期性、低风险、高成长的特性，还因为数字技术的赋能，创造出数字化、智能化带来的新一轮高速增长的机会，将数字产业化企业的高速度、高回报特性嫁接到了传统产业企业的成熟性、低风险中，于是就出现了高速度、高增长、高回报、低风险特征。

（7）我们还发现了数字经济时代上市公司产业数字化投资组合逻辑。这种投资组合逻辑完全区别于工业经济时代产业链、供应链、价值链形成的产业关系投资组合。尤其是产业数字化时代人工智能、物联网、云计算以及这些技术背后的软件、芯片、应用场景，让我们看到了数字产业化、产业数字化所推进的数字经济巨大的、令人震撼的未来。

我们建立了四组评价模型。第一组模型是对中国 4677 家上市公司数字化进程进行了分类；第二组模型选出了中国上市公司数字化价值投资组合 100 强名单；第三组模型选出了数字化价值投资未来之星；第四组模型选出了数字化双重价值叠加的 10 强上市公司名单。通过这些工作，我们相信一定会整体促进中国数字经济全面发展，给广大的大中小型企业找到参与数字经济、应用 D12 模式的机会，也给各类专业投资机构提供更加丰富的上市公司数字化价值投资组合。

以上是关于 D12 模式价值创造和价值评价的全面介绍。但有以下几点需要引起重视：

第一，D12 模式是一种方法论。就像价值投资一样，不是学会了价值投资就可以成为高水平价值投资家，不是人人都能成为巴菲特。D12 模式也是如此。

第二，目前数字经济确实很"热"，但数字经济到底如何落地？几乎所有人都是从数字技术的角度、云计算的角度、大数据的角度看问题，注重数字技术对于经济的作用和意义，很少有人关注企业数字化、产业数字化的真正精髓。铺天盖地的企业数字化转型不外乎就是数字技术拥有者在不厌其烦地给乙方推荐产品解决方案。包括华为的各大军团，其实都是在使用针对 2B 业务的甲方、乙方思维。

第三，产业数字化的主体一定是企业和产业，所有数字化解决方案都是个性化的、定制的、持续的、长期的，数字技术与实体经济的深度融合不是简单的买卖、规划、实施、交付方案，深度融合的实质是共建、共创、共享、共赢。

第四，各级地方政府发展数字经济，尤其是推进产业数字化，不能简单地招商引资，也不能简单地引进华为科技、中兴通讯、百度、腾讯、京东，更不能仅仅引进数字技术人才、人工智能技术，而是要创建数字经济生态。这需要根据地区产业结构和产业特征构建产业主体，创建综合性、系统性、协同性数字技术生态，设计产业数字化基金等构成的系统，这样才能发挥出区域产业数字化的优势。

我在给苏州工业园区的干部举办的讲座中建议，苏州工业园区是第二次全球化浪潮的产物，吃的是资本驱动全球化的红利。但是，这个红利即将消失。将工业经济时代的红利转化为数字经济红利，必须重构适合数字经济发展的生态。

第八章

美好愿景
——D12 模式的意义与作用

可能很多人把整个 D12 模式的介绍全部看完了，还是没有明白 D12 模式到底是什么，因为 D12 模式讲的所有内容和方法都不是我们今天所看到、听到的关于数字经济的所有内容和方法。目前市场上几乎所有企业还是以工业经济的历史惯性或者数字技术发展的线性思维逻辑在看待数字经济。而这本书包括 D12 模式的整体逻辑都是在工业经济形态向数字经济迭代这个基本背景下思考、研究和设计的。

如果我们不能跳出工业经济几次革命的思维，不能跳出单纯的数字技术思维，就不能达到对 D12 模式的深度理解。

2021 年 5 月之后，我开始发掘一些项目来尝试运营 D12 模式。到目前为止，我已经研究了精准营养产业数字化、液压产业数字化、马铃薯产业数字化、海洋食品产业数字化、混凝土搅拌行业产业数字化、种猪养殖产业数字化、多品类供应链产业数字化、出版印刷行业产业数字化、白酒行业产业数字化、律师行业产业数字化等十多个行业的产业数字化系统架构与 D12 模式深度融合的方案，有些项目已经开始深度合作。每一个行业都可以通过导入 D12 模式而实现自身的产业数字化重构，从而创造出行业的新价值。

和过去三次工业革命主要是通过动力的革命、能源的革命，提高生产力、创造物质文明相比，数字技术更多是通过链接、速度、精准重构、场景再造来改变生产方式、生产关系，而不是单纯继续创造增量的物质财富。数字经济还创造一个既来自现实物理世界，也不完全局限于现实物理世界的数字世界。如果说过去的工业革命主要是相对独立的、离散的科技和经济行为的话，那数字化是由数字科技推动的系统的、网络状组织形态的进化。原有的所有经济形态都会成为数字经济形态链接、关联的对象，通过数据与智能的交互作用，形成可听、可读、可视、可信任、可确定、可追溯、无周期、无边界、无范围、即时性现状，整个社会的复杂系统都可以在数字化和智能化进程中被确定、量化。

可以说，数字经济的规律性比工业经济的规律性更加有迹可循。

当然，D12 模式是否科学，是否具有价值，是否能够成功地帮助产业实现数字化发展，还需要更多时间去检验、去尝试、去推进、去创新。我也会在这一章里，把 D12 模式可能遇到的相关疑问做一个分析，把我对 D12 模式的期待做一个分享。在设计过程和实际运用中，我发现 D12 模式有以下意义和功能。

第一节　D12 模式的意义

一、D12 模式是传统企业和产业数字化的新引擎

对于传统企业和产业来说，企业数字化和产业数字化是革命性的机会。但是，除了极少数的大型企业，传统企业和产业经营者不知道企业数字化和产业数字化与他们有什么关系。

除了数字基础设施领域的企业，很多拥有数字技术部门的企业是从互联网系统集成和软件企业转型发展过来的，这些企业掌握着数字技术架构能力，但都想着怎么把研制的数字技术系统卖出去，也把从销售单独的软件到系统的软件当成是给企业和产业提供数字化转型的工具。

也有很多从互联网平台公司和数字基础设施企业出来的工程师，把他们在互联网大厂里下载的系统软件用到传统企业和产业中。还有一批非常聪明的"85后""90后"，在快速学习了一些行业知识和经验之后，迅速打着产业数字化和产业互联网旗号，在各行各业创建了不少服务互联网平台，包括医药、医疗、中医、汽车、能源、资源、农业、纺织等行业，但绝大部分"死"掉了。因为他们还是带着互联网的思维做互联网的事情，对产业的渗透能力很有限，找不到与实体经济深度融合的真正入口。很多人认为他们做的就是产业互联网或者产业数字化。

在农业领域，最成功的无疑为农信互联、中国网库这样的农业互联网服务

企业。我们以目前在全球企业和产业数字化应用比较普遍的 SaaS 系统为例，SaaS 系统是"软件即服务"的意思，是数字应用软件机构创新开发的企业服务软件，也可以理解为企业从信息化到数字化的升级版。在美国和中国都有不少成功的 SaaS 企业，但是我们看到一个问题，2021 年估值还高达几百亿美元、上千亿美元的 SaaS 公司，估值下降都很厉害，原因是竞争太激烈。同时，SaaS 系统给企业提供的服务仅针对企业管理节点的某些要素，依然满足不了企业和产业的深度个性化、定制化需求。如果软件企业只为一个企业服务，一定会设计出这个企业独有的 SaaS 系统。但是，把产品只卖给一个企业，覆盖不了软件企业的成本。

所以，我希望更多的数字技术公司找到真正深度参与产业数字化的方法。

D12 模式真正站在企业和产业的角度，以企业和产业作为操作实施主体，以实体企业和产业作为支撑，从它们身上培育出数字技术系统基因，然后导入数字技术，改造企业和产业。传统企业和产业是这个游戏的主角、主体，数字技术是真正给企业和产业赋能的，创造的不是数字技术平台的价值，而是传统产业和企业的数字化、智能化价值。

这是 D12 模式对产业数字化最深切的理解。

二、D12 模式是数字技术生态的新场景

从 5G 基础设施到各种设备系统以及云服务、大数据、数字智能、各种感知硬件、数字终端产品，它们都是随着数字化消费和生产应运而生的。数字技术的产业化和产业数字化相当于一个硬币的两面，数字技术的产业化没有推进产业的数字化，数字技术就会成为无本之木，不可持续。就像商汤科技这样优秀的人工智能平台企业，如果数十亿、数百亿元的科研投入没有给产业数字化创造巨大的应用场景，那么商汤科技这样的公司便无法生存。

同样，没有数字技术的发展和产业化，产业数字化就是一个伪命题；没有数字技术解决产品、产业的数字化发展和升级问题，产业还是传统的产业。

D12模式诞生于5G推动的数字技术和产业化大发展的时代，我们可以预见到数字产业化会带来更快的链接速度、更丰富的链接场景，产生巨大的数字资源，创造更高水平的人工智能技术，可以创建物联网、工业互联网、产业互联网、区块链组织系统，可以创建数字货币，传统企业和产业将会出现全新的创业、生存、发展方式；此外，企业数字化、产业数字化也可以促使数字产业化产生更加丰富的应用需求和应用场景，促进数字产业化的发展。

从D3到D12的所有模块都会将具有综合性、系统性、协同性、高水平的数字技术软硬件以及各种系统规划与设计应用到产业领域。同时，由于D12模式具有系统性、生态性，它对于数字技术的应用不是单一元器件和单一数字技术与软件的应用，D12模式对于数字技术应用的需求是生态级的，需要根据产业数字化的个性化要求，创建数字技术生态。最终的结果是技术生态不断优化，产业生态也不断优化，两者进行深度融合。

三、产业数字化的新业态

市场上关于产业数字化的工作目前主要是企业的数字化转型以及产业互联网的创建。D12模式的意义在于通过各行各业的产业系统架构，将独创产品数字化、企业数字化、产业数字化、资产数字化系统业态，并把这些系统业态所链接的公司组织、产业互联网组织、区块链技术组织、元宇宙组织进行深度融合与叠加，最后实现产业数字化水平的整体提升，创造出传统产业重组整合所没有的数字化重组整合模式，开创数字经济时代产业创新运营发展的新模式。

产业数字化有非常丰富的产业和数字技术的应用场景，包括产品、服务的数字化，企业内部管理经营节点的数字化，产业上下游要素的数字化，基于产业链、供应链、价值链在全球范围的数字化。D12模式的特点不是孤立地仅仅针对企业和产业局部的产业数字化，也不是一个动态的、固化的数字化解决方案，而是一个成体系的、动态的、持续的、长期的数字化进程。

市场上曾经把产业互联网描述为产业数字化的主要形态。但后来出现了很多质疑的声音，产业互联网的作用和价值大打折扣。通过观察发现，市场上许许多多的产业互联网几乎都不是我所理解的产业互联网。虽然大家各自有各自的观点，但是，我认为产业互联网与非产业互联网最大的区别就是盈利模式。如果只是获取互联网创造行业和产业服务、数据的收益，那就不叫产业互联网。如果企业仅仅是把上下游节点用数字化技术链接起来，没有超越企业资产和业务项下的产业节点，那也不是产业互联网，最多算是企业数字化转型。

四、数字智能科研的新方向

数字智能的研究不能孤立地在实验室进行，算法和算力必须基于强大的数据生产能力，这样才有可能创造出新的数字智能成果。就像一个医药科技项目的研发一样，再伟大的专利技术成果，如果没有经过动物实验、人体实验，那也不可能成为最好的药品。

阿里巴巴达摩院投入巨资做人工智能研究，它除了拥有强大的资金支持外，关键是还有强大的数据平台和海量的数据提供算力支持。清华大学智能产业研究院可能重点研究人工智能的技术基础。D12 模式的全称是"基于数字智能的产业数字化价值创造模式"，我们一方面希望在每个项目一开始就有高水平数字智能专家和团队进入，参与数字智能在项目中的应用；另一方面希望数字智能专家根据我们的产业系统架构方案，在产业数字化各阶段、各节点研究人工智能的应用。包括从机器学习技术到深度学习技术，以及自然语言处理，从而创建关联层次规模的知识图谱，在相关节点将数字智能与人工智能结合。我们希望直接在产业数字化需求中完成科研，而不是简单地把一套成熟的智能产品套在系统上，同时还要考虑给未来数字智能发展和技术创新留足空间。

我们可以把这个方面的需求理解为"场景计算"或者"场景智能"。产业数字化带来的"云、边、端"关系，从而诞生更多的对于边缘计算的"智能云"需求，算法就应该产生在那里。

五、价值投资传承创新的新领域

价值投资是工业经济时代的伟大投资理论。通过 D12 模式，我们发现不仅可以继续传承工业经济时代的价值创造方式，还可以实现工业经济时代的价值创造和数字经济时代的价值创造双重叠加的"高速度、高增长、高回报、低风险"价值创造。

D12 模式遵循了工业经济时代价值创造方式的特点，但同时将工业经济时代的价值创造方式和数字经济时代不同的价值创造方式结合，实现数字经济时代的传统产业整合重组、战略投资使用方法与产业数字化价值创造的双重价值叠加。

第一种价值源于 D12 模式本身。D12 模式的 D1 就提出了价值发掘和价值创造。价值发掘主要是判断这个项目所在行业的价值空间以及这个企业的产业数字化价值属性。然后，将产业的价值空间和产业数字化价值属性进行研究分析，找到产业数字化价值创造方法，这样才能够在产业数字化过程中，设计出产业数字化双重价值叠加的解决方案来，这才是 D12 模式的精髓和核心竞争力。

第二种价值就在股票市场。在上市公司全面展开数字化之后，D12 模式的每一次推进都会把产业数字化价值体现在公司业绩和公司战略价值上，这些价值也会从股票市场的资本价值中体现出来。如果是产业数字化专家，同样可以从股票市场发现和发掘 D12 模式给上市公司价值创造带来的价值增长规律以及投资机会。

我相信，随着 D12 模式向前推进，在若干个上市公司应用之后，运用 D12 模式的战略将会成为上市公司的一个令人关注的投资板块，形成上市公司产业数字化双重价值叠加的一道风景。假以时日，基于上市公司产业数字化价值创造的规律特性被市场发掘总结出来之后，D12 模式将成为中国在产业数字化价值投资和价值创造领域的一个创新理论。我也相信产业数字化价值投资和价值创造不仅会创造出 21 世纪成功的产业数字化平台，也会成为工业经济时代投资领域的新成果并能够延续到数字经济时代。

六、数字经济驱动全球化的新势力

工业经济时代的全球化是由资本通过资本市场以及各种金融工具（包括基金、债券、资产管理、信贷等）投资并提供给跨国公司，跨国公司在全球范围通过投资、重组、并购创建了全球产业链、供应链，形成了产业经济在全球的价值链分布，也通过资本价值最大化，给资本带来了滚滚红利，并维持了发达资本主义国家的资本主义红利与地位。

至今为止的全球化也是这样的格局。我虽然在 2021 年出版的《数字经济驱动的全球化》一书中预测，数字经济时代将会出现数字经济驱动的全球化，从而取代资本经济驱动的全球化，但是这个进程也是一个逐渐转换的过程。资本经济驱动的全球化体系还会持续，数字经济驱动的全球化也至少需要 10 年才会初见端倪。

D12 模式将在传统产业经济投资模式下，通过数字化、智能化的创新和新的驱动方式，改变传统产业单一的资本全球化模式，数字技术和数字智能成为与资本同样重要的驱动要素。同时，利用数字技术的不同功能，可以改变通过资本进行的重组并购投资的商业模式、盈利模式以及企业价值创造方式。产业链、供应链和价值链之间关系比资本经济驱动的全球化模式更加科学、更有生命力、速度更快。把资本经济驱动的全球化模式从垄断、控制、拥有、恶性竞争改变为共生、共创、协同发展、价值互联、开放的产业生态，这是 D12 模式对数字经济时代数字经济驱动的全球化最好的系统设计和架构，这也更加符合人类文明的进程。

目前，全球正在经历非常鲜明的经济、政治秩序的交替，完全没有逃出每一次全球化浪潮交替时的几大"魔咒"：颠覆式科技革命；经济形态变革；战争、疫情。这一次还是一样，它们都来了。第一次全球化浪潮与第二次全球化浪潮从 1914 年到 1945 年才基本完成交替，前后近 30 年。这一次的交替应该从特朗普上任开始计算，才 5 年多。俄乌战争之后世界经济、政治秩序的重构可能在 2030 年之前完成。那么第二次全球化浪潮和第三次全球化浪潮的交替将会在 2030 年之后开始，第三次全球化浪潮将给经济带来又一轮高速增长。

七、产业链、供应链、价值链全球数字化的新模式

在我的《第三次全球化浪潮》和《数字经济驱动的全球化》两本书中，非常详尽地分享过资本经济驱动的全球化经济关系，提出了资本经济驱动全球化时期产业链、供应链、价值链关系。这个时期的全球化特征，我已经在多个地方描述过。我认为，既然数字经济是一种新的经济形态，那么数字经济时代的全球化和工业经济时代的全球化完全不一样。

D12 模式是在深刻理解工业经济时代资本经济驱动全球化的深刻内涵的基础上，设计了数字经济时代的全球化方式。

数字经济时代，产业链的链接主要不是按照资本控制的逻辑进行，而是通过数字化和智能化进行链接，把资本的集中链接改造成为分布式数字化产业链链接，产业链的关系不会像资本链接那么沉重、集中。但是，产业链的链接节点会更加丰富、有效，更重要的是通过非控制性链接，完全遵循了产业链和产业链之间的协同性和产业节点规律。产业关系更加丰富，更加有效，更加没有地域限制，供应链关系也不会那么复杂。而在数字化、智能化的链接过程中，供应链相对精确和分散，供应链体系更加强大、丰富，供应链的效率也会提升。

尤其是工业互联网、产业互联网、物联网等多种技术性商业组织的融合与数字智能在"产—数融合"中的创新应用，以及云计算在产业数字化时代的创新，不仅使工业经济时代的产业链、供应链、价值链关系深度重构，还会使新的投资组合逻辑诞生。

D12 模式使全球化价值链关系完全被重构。工业经济时代的价值链是屈从于资本的，价值的创造、价值的分布和价值的分配也是由资本的利益来决定的，

价值在资本的配置下缺少公平性原则。而数字化则是让所有的链接、协同者可以创造共同的价值；既共同创造价值，也共同分享价值。

八、数字投资银行成为新物种

农业经济时代后期，地理大发现催生了早期贸易时代的金融机构——从票据到商业银行再到早期的投资银行。19 世纪后期和 20 世纪初期，工业革命大规模发展，诞生了强大的投资银行。

互联网时代出现的金融科技虽然在支付交易和结算领域有了新的金融形态，但是，金融的基本特征还是没有发生根本性变化。工业经济时代的金融业必然被数字经济时代的金融业取代。资产数字化一定是今后货币金融的主流，资本金融也一定会让位于数字金融。

D12 模式至少在工业经济向数字经济转换的过程中将开创一种新的金融服务业态。那就是将传统投资银行与数字技术的配置功能结合，创造出数字投资银行的业务形态，通过产业、资本和数字技术、智能技术的深度融合，创造企业和产业、资本价值。综合地、科学地用好 D12 模式将成为数字投资银行的能力。

目前在全球范围内关于数字投资银行的概念还没有达成共识。从有限的信息中看到，数字投资银行有两个被认可的定义：一个是传统投资银行将自己的业务数字化，通过数字化来提高传统投资银行的效率；另一个是国外一些机构把海外流行的在资产数字化平台从事数字货币交易的业务称为数字投资银行。

D12 模式提出的数字投资银行概念区别于以上对于数字投资银行的定义。根据对产业数字化的理解和对 D12 模式的设计，我认为 D12 模式本身就是运用传统投资银行的技术和经验，结合数字技术和产业数字化发展逻辑而设计的产业数字化解决方案。既然设计出这样一个模式，它将会由谁来组织实施呢？组织实施 D12 模式需要什么样的条件、工具、人才呢？我认为，虽然我设计了 D12 模式，但完成和实施 D12 模式不是单靠我一个人就可以的。它需要由汇集投资银行家、数字技术专家、产业专家的平台去实施。这样的平台可以称为"数字投资银行"。在这个平台的优秀人士，兼具传统投资银行业务和数字技术业务能力，能够全面掌握 D12 模式运作规律，这些资深专家可以称为"数字投资银行家"。

我希望随着 D12 模式的不断推广，会诞生越来越多的数字投资银行，一同推进中国产业数字化健康发展。

九、资本市场配置模式的新活力

国家全面推进数字经济已经让资本市场全面活跃起来，与数字经济有关的概念股已经形成，包括数字基础设施、元宇宙、数字产业化龙头股、人工智能板块等。但随着中国最大的数字经济概念——产业数字化的推进，D12 模式将成为若干上市公司推进产业数字化的重要选择。推进 D12 模式的上市公司不仅可以创新上市公司独特的运作方式，创造上市公司的独特投资价值，还将会通过私募股权基金、证券投资基金给资本市场创建全新的资本配置模式，给数字经济时代的资本市场带来新的活力。

我们用 D12 模式专门设计了一个 D12 上市公司数字化价值投资评价体系，从 2022 年开始对所有上市公司的数字化进程进行梳理。从对中国 A 股 4677 家上市公司的数字化进程分析来看，越来越多的上市公司走上了数字化道路。虽然总体来看，上市公司对数字化的理解还是五花八门，真正有质量的数字化战略和模式非常罕见。但是，从 2020 年到 2021 年，上市公司数字化需求总数增长了 32%，大面积数字化浪潮一定会到来。中国上市公司的数字化进程实际上就是中国从工业经济形态向数字经济形态迭代的标志。如果中国 80% 以上的上市公司实现了全面的数字化，基本上也可以判断中国经济全面实现了从工业化向数字化的迭代。

第二节　D12 模式的普适性——全行业、全世界

　　D12 模式一开始主要是针对上市公司产业数字化需求和进程而设计的，并且作为商业模式，我认为产业数字化最大的商业机会在以个人作为消费终端的行业，也就是所有基于 C 端消费者需要的产品和服务。所以我们首先从中国数千家上市公司中挑选了 797 家消费品企业作为业务开发的目标。然后我们又根据它们的基本情况，进一步筛选出 400 多家、300 多家，最后定为 90 家。之后，我们又把 D12 模式的应用延展到拟上市公司这个范畴。设计完成之后，我们开始向一些企业进行推荐，通过和企业的交流，不断调整模式内容，也不断验证 D12 模式的适应性。

　　我们在与各类企业进行产业数字化沟通交流时遇到了各种问题，一方面验证了 D12 模式的前瞻性、适应性；另一方面也看到今天的中国企业不管是上市公司还是非上市公司，在投资经营领域还是不成熟，战略能力有问题。

　　我们第一个相对深度沟通的公司是上市公司良品铺子。良品铺子应该是上市公司中推行产业数字化相对领先也相对成功的企业。高瓴资本集团对良品铺子成功投资之后，用数字化赋能的方式，参与了良品铺子的数字化转型。我们在研究良品铺子招股说明书的时候，也看到了企业上市前后以及高瓴资本集团投资前后对企业定义、企业定位和愿景价值观的表述。通过对良品铺子的基本研究，我们设计了良品铺子产业数字化战略发展方案，在和良品铺子 CTO（首席技术官）进行沟通过程中，也得到了这位高管的认同，认为我们的方案是良品铺子产业数字化的发展方向。

　　我本人也专程到西安与另一家上市公司西安金花进行产业数字化交流。西安金花这家上市公司有非常不错的主营业务基础，资产质量优良。以西安金花现有主营业务作为突破口，以中药保健产品作为核心产品，通过产业数字化创新和营销数字化战略，这个公司的价值可以迅速得以提升。但是，这个公司存在严重的实际控制人之争，股东结构的问题导致公司发展战略完全不能得以实施。

　　除了这两家上市公司之外，我们还专门研究了华致酒行、凤竹纺织、天能股份、

浩洋股份、轻纺城等多家上市公司的产业系统架构方案。结合我们在精准营养领域、数字液压领域、马铃薯产业、长城文化旅游产业、出版行业、律师行业已经开展的合作，以及我 30 年来对各行各业的思考，通过大量的研究，我发现 D12 模式具有非常强大的行业适应性，适用于各行各业。尤其是到了 2021 年 10 月 18 日，习近平总书记主持中共中央政治局第三十四次集体学习并发表关于数字经济的讲话，我看到习近平总书记前所未有地把数字经济和中华民族伟大复兴、世界百年未有之大变局、国内国际两个大局、发展安全两件大事联系起来，感觉到有些热血沸腾。我研究数字经济三年以来，深感从政府到学术机构，再到金融机构和产业界，大家对于数字经济的系统知识和理论非常缺乏统一认知，知识的碎片化影响了数字经济知识和理论研究的系统性与重要性。

除了普适性之外，D12 模式有一个重要特征就是全球化。D12 模式是经济全球化的继续，但 D12 模式的全球化与工业经济时代资本经济驱动的全球化完全不一样。D12 模式是数字经济时代由数字经济驱动的全球化模式与秩序的重构，D12 模式的全球化在经济全球化、秩序化过程中驱动方式、产品、品牌、技术、投资、信息、数据等，D12 模式的全球化在商业模式、盈利模式、交易模式、协同模式、价值观、分配方式方面也和资本经济驱动的全球化完全不一样。

第三节　超级速度——挑战百年老店

我在设计 D12 模式的时候，提出用 10—15 年使企业和产业全部完成 12 个模块。如果一个企业或者一个产业完成全部模块，那么这个企业或者产业将可能发展到数千亿元市值或者数万亿元市值，相当于用超级速度创建产业数字化世界级平台。这个观点完全超越甚至突破了我们对于传统企业和产业的发展认知与想象，让人有些不敢相信。

在现实中，中国和美国的企业各有一个这样的成功案例：一个是美国的特斯拉；另一个是中国的小米。这两个企业都是科技型生产制造企业，都只用了10—15年成为世界500强企业。而这两个企业还只是使用了D12模式中的部分方式，大致逻辑都是一样的。特斯拉创办于2003年，2021年跻身世界500强企业；小米创办于2010年，2019年跻身世界500强企业。这两个案例说明，用10—15年时间打造世界500强企业不是天方夜谭。但是，这两个让世界瞩目的企业是奇迹，我们不能让所有企业都创造奇迹，不能把偶然现象视为必然现象或者必然趋势。

然而在未来的10—15年之内，这个可能性是存在的。就特斯拉和小米来说，它们创办的企业还是要从产品设计到生产制造再到销售全过程，需要创建公司，需要投资，需要设计产品，需要安排生产制造，需要创建零部件供应商合作生态，需要创建销售渠道以及物流系统、支付结算系统等，一切都是从零开始。既然从零开始的"数字原生企业"都可以在10—15年内发展成为世界500强企业，为什么不可以用同样的时间，把已经有的存量企业、存量产业、存量资产通过数字化、智能化重构，缔造出世界500强企业呢？

尤其需要说明的是，这种情况有可能出现在中国。为什么说中国最有可能成为这个世界上没有完成工业化而直接进入后现代社会的国家呢？就是这个道理。因为中国有全球最大的市场和最强的生产制造能力，而且产业集中度还不高，全球化程度也不高，这就是数字经济整合的机会所在。

第四节　缔造世界级企业——从公司到商业生态

在工业经济时代，企业的基本特征就是所有经营行为、所有经营资产、所有人都是属于一个企业的，这个企业通过组织管理体系和治理模式进行运营和管理，而企业的所有要素都为资本所有。

把资本、产品、服务、技术、市场经过整合，打造成为世界级企业，就是工业经济时代的经典企业，打造这些企业的企业家就成了工业经济时代的英雄。

在第二次世界大战之后，全世界进入短缺经济时代，战后经济的高速增长使整个世界成了企业和企业家的竞技场。美国的钢铁工业、石油工业、消费电子行业、化工行业，德国的制造业，日本的制造业相继在几十年的时间里飞速发展，涌现出了通用、福特、波音、大众、丰田、松下等企业，这些工业经济时代的翘楚几乎都有超过百年的历史。于是，做百年老店成为所有企业家的价值取向，百年老店的成功故事也成为商学院学习的经典案例。

但从 20 世纪末到 21 世纪初，通信技术、互联网技术带来了企业和产业的新变革，从早期的数字技术硬件到互联网服务企业，亚马逊、谷歌、Mate 这样的 Web2.0 互联网技术企业快速崛起，改变了传统企业的创业、发展、成长方式。在工业经济时代和数字经济时代的交替中，它们扮演了从工业经济向数字经济转换的重要过渡角色。这种过渡角色的典型特征就是整个互联网平台还是由一家公司创办，这一家公司的所有业务、资产、利润还是由其股东控制并拥有，整个互联网所链接的所有客户之间虽然有互动、有交集，但都是这个互联网平台的一个节点，成为这个平台巨大的数据流量。商业业态已经开始数字化了，但企业组织和资本形态又是工业化时代的。它们获得了数字化的红利，但还是在利用工业化时代的垄断和控制。这类企业成为过去 20 年全球科技企业快速崛起的缩影，包括中国的阿里巴巴、腾讯、百度等企业，它们虽然是通过数字技术、互联网深入传媒、游戏、社交、电子商务这些领域，但在产业领域的渗透程度还远远不够。

接下来是工业经济形态向数字经济形态迭代的时期。阿里巴巴、腾讯、百度、京东、美团、拼多多的过渡时代很快会成为历史，将到达发展的天花板。这就是它们这类企业出现大规模裁员、大面积亏损的主要原因。传统工业经济时代的产业主体利用互联网组织，利用综合性、系统性、协同性数字技术，与传统产业并购、重组、整合，加上数字技术的链接、数字智能的驱动，在 10—15 年内，完全可能创造出新的世界级产业数字化平台。它们首先是传统产业，包括食品、医药、纺织、种植、养殖，但它们的生存、发展、战略、投资、经营、管理、组织、治理模式会完全不一样。它们将成为数字产业化企业的最大买方，将充分利用数字技术重构传统企业的产业链和供应链，再造传统产业的价值链，使传统的公司组织、物联网、产业互联网、区块链、Web3.0之间深度融合与叠加。未来二三十年之后，传统产业领域的企业将有机会再次获得产业数字化重组重构的机会。未来世界50强、100强、500强企业榜单上，一定有一批产业数字化的世界级企业。

从我们用D12模式评价体系发掘出来的具有"双重价值叠加"的数字化价值投资企业来看，一些企业具备了上述条件，我把这份名单也列在此处。

上市公司数字化双重价值叠加10强

（2022）

序号	企业名称	股票代码	所属行业	所属地区	主营业务
1	海康威视	002415	制造	浙江	数字技术
2	顺丰控股	002352	运输仓储	广东	供应链
3	美的集团	000333	制造	广东	智慧家居
4	云南白药	000538	制造	云南	大健康
5	海尔智家	600690	制造	山东	家用电器
6	国联股份	603613	信息	北京	产业互联网
7	广联达	002410	信息技术	北京	数字技术
8	用友网络	600588	信息	北京	软件
9	邮储银行	601658	金融	北京	银行
10	徐工机械	000425	机械	徐州	机械制造

数字化价值投资未来之星（排名不分先后）

（2022）

企业名称	股票代码	所属行业	主营业务	所在地区
中钢国际	000928	钢铁行业	工程建筑	辽宁
神州数码	000034	批发零售	数字技术	广东

深圳华强	000062	批发零售	电子产品	广东
国网信通	600131	技术服务	电力数字化	四川
九号公司	689009	生产制造	机器人	北京
广汇汽车	600297	批发零售	汽车贸易	辽宁
寒武纪	688256	制造	电子设备	北京
芯海科技	688595	技术服务	芯片设计	广东
电科数字	600850	技术服务	数字科技	上海
海晨股份	300873	技术服务	物流	江苏

以上这两组企业是我们运用四种评价模型分类、分阶段评价出来的，它们是中国上市公司数字化价值投资的佼佼者。我们在评价这些企业的时候还是发现，只有极少数企业是站在工业经济向数字经济迭代的高度去认识企业数字化的，没有一家企业在战略高度上达到 D12 模式顶层设计的水平。当然我们也可以预料，这些企业在未来 10—15 年内，很有可能成长为中国乃至全球最大的企业。

第五节　价值投资理论创新
——产业数字化价值投资理论

众所周知，价值投资是过去 100 年来全世界投资界公认的投资理论和投资模式，由著名投资大师格雷厄姆创建。前面表述过，我们通过设计 D12 模式，从两个方面创新了价值投资理论。一个方面是我们创立了数字经济时代的价值投资理论，另一个方面是我们发现了"双重价值叠加"的价值创造和价值投资机会。我们再来简单回顾一下。

一、价值投资的定义和内容

股票是公司的一份所有权凭证，投资股票就是投资公司的价值。长期研究公司价值：从公司所在的国家到公司所在的行业，分析公司的产品、技术、市场、销售、利润、成本以及团队等多种指标。

当股票价格低于公司价值的时候，买进公司股票；当股票价格高于公司价值的时候，卖出公司股票。当公司价值不符合价值投资底层逻辑的时候，不再关注这个公司。

二、工业经济时代的产物

价值投资的基础建立在第二次工业革命之后，以电气化为代表的一批企业的诞生所呈现的价值创造方式，表现为持续成长、长期发展。

所有业务和资产归公司所有，公司归股东所有，股东被少数人控制，主要通过资本获得分配并决策。

价值投资从股票到公司主要表现为企业的战略投资行为和模式。

三、价值投资的另一面

股票是价值投资的表现形式，是给二级市场的投资机会。

创造价值投资机会的方式是战略投资。

战略投资成果决定股票的投资价值，不懂得战略投资也就不懂得价值投资。

四、战略投资模式

美国著名的战略投资案例是美国通用电气公司，主要方式就是充分利用资本市场和资本运营工具，发掘行业投资机会，然后投资和并购行业龙头企业。

通过行业龙头企业的综合优势，展开全行业研究和重组并购，提高行业的集中度和行业垄断性，创造行业垄断利润，从而给资本创造价值，吸引更多资本市场投资者参与投资，再通过高市盈率和高股价获得更多资本，并以低成本并购垄断行业的低估值企业。通过产业重组和整合，再次创造高额资本利得，由此循环往复。通用电气公司在发动机、医疗设备和器械、装备制造领域的战略投资很成功，它把传统产业领域的战略投资规律演绎得淋漓尽致。除了通用电气公司之外，代表企业还包括西门子、AT&T、福特、杜邦、辉瑞等。

日本的战略投资模式和美国存在很大的差别。日本是一个海岛国家，不靠近任何大陆，缺乏资源，自身市场不足以支撑一个世界经济强国。所以，日本的战略投资主要表现在通过贸易形成的供应链关系，来布局产业链，创建价值链关系。日本通过资本获得全球性工业资源，包括石油、森林、天然气、矿产等资源，通过商社组织形成贸易供应链，再用商社组织的产业生态架构产业链和资本链叠加的产业链关系，从而创造产业价值和投资价值。这种模式的价值投资和西方的价值投资最大的区别就是，产业链和供应链、价值链上的所有产业组织生态不是由单一资本主体与资本之间的关系构成的，而是产业链、供应链、价值链之间各种资本和不同产业组织通过产业关联、供应关联、价值关联形成的，相互之间的关系是由产业的需要、供应的需要、市场的需要、技术的需要、资金的需要、金融工具的需要决定的。这样的产业组织形态更适合用产业数字化组织形态进行产业整合。

中国开展产业数字化，应该去研究日本的商社组织模式，借鉴商社组织模式规划设计产业数字化平台，更容易操作。

五、数字经济时代的价值投资

传统产业价值投资在发达国家体系内早已经完成。中国在经历从1978年到2001年20多年的全面改革开放之后，经济体量巨大，全球产业关系因为中国的崛起而重构。中国是一个不可能仅仅停留在产业链中低端的国家，中国具有重构全球产业链、供应链、价值链的能力。

2001 年之后，由于中国全面对接全球化而带来东西方对全球产业秩序分工的竞争。我在 2016 年出版的《全球并购　中国整合：第六次并购浪潮》一书就提出中国可能掀起第六次全球并购浪潮，从而实现工业化目标。但是，中国的全球并购遭遇了巨大的阻碍，使得全球化脚步受阻。中国在还没有完成工业化的前提下，有机遇可以快速进入数字经济时代。中国的数字经济发展也将会出现中国特色，这种特色和发达国家数字经济发展最大的区别就是：

1. 发达国家的数字经济是在早已经完成工业化的基础上发展的，其数字经济是工业经济的延伸、升级。

2. 渐进式地进入数字经济时代。

3. 中国是在没有完成工业化的基础上进入数字经济时代的。所以，中国的数字经济形态一方面是从工业经济向数字经济的递进和升级，另一方面是从工业经济时代的中期向数字经济形态的跳跃，直接用数字经济对工业经济形态进行重构。这样一来，如果把价值投资理论和方法与中国的数字经济结合，尤其是与产业数字化结合，就必然会出现具有中国特色的产业数字化价值创造方式。这也就是 D12 模式的诞生背景。

中国产业数字化价值创造和价值投资的基本特点是：中国在实现和完成传统产业重组、整合过程中需要同步进行数字化整合。把传统产业整合和产业数字化整合结合、叠加起来创造中国产业数字化的新形态，这个过程就是中国传统产业数字化的价值创造和价值投资。未来 10—15 年，中国各行各业传统产业数字化创造的产业数字化平台企业，将成为中国甚至全球最大的产业数字化平台企业。D12 模式就是缔造这些企业的方案。而在缔造这些企业的过程中所形成的产业数字化价值创造和价值投资将创造两种模式：

一种是 D12 价值创造模式；另一种是根据 D12 价值创造模式所设计的 D12 价值投资评价体系，可以发掘出上市公司数字化价值投资机会。说得通俗一点就是通过 D12 价值创造模式既可以形成一级市场的投资机会，又可以形成二级市场的投资机会。

比如，特医互联精准营养企业按照 D12 模式开展数字化价值投资，在刚完成上市的时候，公司市值也许不超过 100 亿元。上市之后逐渐推进产业数字化，从 D5 开始，不断通过 D+ 的递进关系提升公司价值。到 D7 之后，每一次数字化链接或者每一个产业数字化战略合作机会都会带来公司价值的提升，而每一个步骤和每一个节点的链接所创造的价值都是确定的、快速的、精准的、高效的、倍增的。横向和纵向的产业数字化链接重组、并购、整合叠加形成深度融合，是提升价值和发现价值的手段。而所有这些行为都是可以预见和分析的，企业的价值和股票的价格高度关联，从股票市场创造的价值投资逻辑，虽然方法和手段与巴菲特时代的价值投资完全不同，但在股票市场同样遵循了价值投资法则，同样需要长期关注，与时间"做朋友"。投资者的利益不是来自短期投资交易，而是来自对产业数字化 D12 模式实施效果的长期跟踪与分析。

从上市公司产业数字化价值投资角度来看，我们可以从两个方面来创建上市公司产业数字化价值投资分析方法和投资模型：一个是已经上市的几千家上市公司产业数字化价值投资分析；另一个是新上市公司产业数字化价值投资分析。

目前从我们通过 D12 上市公司数字化价值投资评价体系分析的 4677 家上市公司来看，国内 A 股企业中，产业数字化非常成功的美的集团让我们印象深刻。它于 2012 年开始布局产业数字化转型，创建了强大的产业数字化体系。10 年过去了，它用上百亿元的数字化投资，重构了家用电器"供应—生产—市场—销售—消费者"之间的关系，改变了工业经济时代"先设计后生产，产品由经销商经销，再回款"的传统生产制造销售流程，产品更加符合市场和消费者需要，重构了和经销商之间的关系，生产者掌握了市场主导权，减少产品到消费者之间的环节，改变了资金流动方式，大大提高了产业效率，改变了资金流向和资产结构，完全颠覆了企业价值创造方式。

用 D12 上市公司数字化价值投资评价体系进行评价之后，美的集团进入"上市公司数字化双重价值叠加 10 强"企业名单，投资者可以对美的集团产业数字化进程所采用的所有产业数字化解决方案进行研究，同时研究产业数字化给美的集团商业模式、盈利模式、组织模式、治理结构、公司管理、公司所有经营指标带来的变化，研究美的集团所有产业数字化创新解决方案给企业的价值和经营业绩、行业地位带来的变化，研究美的集团未来的产业数字化战略布局，研究未来的产业数字化战略可能给美的集团的经营业绩和企业价值的量化指标与时间节点带来的变化。通过这样的研究就可以得出美的集团产业数字化价值投资分析报告。

我们已经根据 D12 上市公司数字化价值投资评价体系，对中国 4677 家上市公司建立基础数据评价模型，完成了《2022 上市公司数字化价值投资评价报告》，可以评价每一家上市公司产业数字化方法与价值投资的关系，甚至设计上市公司产业数字化价值投资指数。

我们在《2022 上市公司数字化价值投资评价报告》中，对"上市公司数字化双重价值叠加 10 强"企业做出了以下评价。

第十名：徐工机械

总结性评价：

1. 在全球工程机械行业，中国已经处于领先地位，徐工机械作为中国工程机械龙头企业，完全符合传统产业价值投资逻辑。

2. 从产业数字化属性来看，工程机械属性在 2B 市场具有多场景、持续性产业数字化属性，从产业链上游到生产加工，再到产品工作运行场景和产品售后服务市场，都存在数字化、智能化、深度融合的巨大空间。

3. 从云计算到大数据、区块链、物联网、数字化供应链金融、工业互联网、数字孪生、边缘计算、VR/AR，都可以运用在企业的全产业链和供应链以及全产品生命周期。徐工机械同样存在产业数字化双重价值叠加的价值创造机会。

4. 徐工机械在内在全要素数字化、智能化基础上，走向全行业要素、全产业节点数字化整合，将会创造全新的增长空间和盈利来源。

5. 稍显不足的地方是，在与大型企业战略管理、产业数字化咨询服务平台合作的同时，需要在自己的董事会层面引进产业数字化高级人才，而不是仅仅借助外部数字技术团队。

6. 通过 D12 模式的评价衡量，徐工机械在数字化组织系统创新、产业系统架构、数字化产业整合、数字金融、平台整合等领域，还有很长的路要走。

第九名：邮储银行

邮储银行成为"上市公司数字化双重价值叠加10强"中唯一一家金融机构，这很难得，让我们感觉很意外。在金融行业数字化创新方面，邮储银行与平安银行可以说不相上下，各有千秋。我们评价分析了中国所有上市银行，总体的感觉是几乎所有银行的数字化程度都很高，数字化投入很大，渗透率也很高。但是行业数字化比较局限于银行企业自身的数字化转型，仅通过数字化来减少失误率、减轻劳动强度、降低人工数量、提高业务执行效率。在创新产品数字化、服务数字化、业务数字化以及重构银行和客户的关系、重构商业银行的商业模式和盈利模式方面缺乏创新内容。我们相信，邮储银行这匹"黑马"，其数字化的创新战略和模式，可以给所有银行企业提供借鉴。

邮储银行的"数字供应链金融"是一个亮点。中国在国内的供应链、中国全球化供应链都是一个巨大的"蛋糕"。这些年各地方政府都在出台各种政策支持供应链金融的创建。供应链金融的创建不仅可以加快各行各业所有节点上的物流、信息流、数据流、资金流、人流，提高效率，降低成本，同时也是金融行业的一个巨大机会，各种信贷产品、ABS 产品、支付结算产品、信用产品的创新都能解决很多中小企业的财务资金问题。但是，传统的供应链金融目前正在升级为数字化供应链金融。数字化供应链金融可以通过私有云、物联网、区块链技术、Web3.0、产业投资基金等与传统供应链金融实现生态融合，打通全域化、全国化、全球化产业链关系，完全重构产业价值链。邮储银行在这个领域的创新有一个很好的基础，它有遍布中国城乡的强大网点体系，有强大的邮政物流系统，有利于分享乡村振兴战略红利，具有很强的协同性。

第八名：用友网络

当今天很多个人或者机构都还在憧憬金融业，希望从事金融业的时候，用友网络却选择出售自己的金融服务公司。用友网络进行一系列转型操作之后，交出来这样一份亮丽的财务报表，让人看到了"高速度、高增长、高回报"的倩影。

这是一个典型的基于传统产业和数字化深度融合而出现的数字化双重价值叠加的案例。从传统产业来说，虽然用友网络的软件业务收入同比下降了18%，但仍然不失为一家安全边际很宽的符合传统产业价值投资的公司，满足了我们对于双重价值叠加低风险的要求。而它的云服务业务逆势而上，获得同比55.5%的增长，绝对满足了"高速度、高增长、高回报"的要求。

从用友网络的产业数字化属性分析，用友商业创新平台（YonBIP）在产品转型的同时，继承了其多年来积累的行业资源，这使得其转型具有长期的客户积淀优势。用友网络的产品覆盖大中小微企业，同时还包括了"政府及其他公共服务组织"。

从商业模式分析，目前的用友网络主要还是"客户付费订阅"模式。这个模式的优势是使企业的现金流稳定而充沛，交付模式清晰。这就要求用友网络的产品和服务具备不断更新、不断升级的能力，保持强大的市场竞争优势。

我们未来需要知道的就是用友网络的"高速度、高增长、高回报"能存在多久以及它如何应对市场不断创新和迭代带来的竞争。

用友网络未来能否一直在"上市公司数字化双重价值叠加10强"排名的前列，我们还需要关注一个非常重要的指标，那就是"产业数字化时代的投资组合逻辑"。这个投资组合逻辑是我们把D12上市公司数字化价值投资评价体系用于上市公司价值投资评价时的一个发现，这项投资组合逻辑将在我们未来的研究和评价中成为重要的指标。

第七名：广联达

在建筑行业，中国在全球处于绝对领先地位，全球最大的建筑企业几乎都是中国企业，于是中国建筑企业被称为"基建狂魔"。但说到基建企业，大家都知道中建集团、中交集团这些世界500强企业。中国房地产红利时代结束了，在建筑行业面临转型压力的时候，没有一家房地产行业的企业进入中国数字化价值投资100强，更不用说数字化价值投资双重叠加的上市公司了。广联达在房地产业市值低谷时期有机会进入10强，到底凭什么呢？广联达在传统的建筑企业阵营中，几乎无人知晓，但它可能成为数字经济时代建筑行业的领军企业。

从商业模式上理解，广联达实际上就是把目前全国流行的建筑行业BIM、CIM两大数字化系统作为核心数字技术应用到建筑行业全产业链和全生命周期的企业。目前的广联达还处在大面积数字化产品和数字化服务技术创新阶段。从造价数字化到工程规划设计数字化，再到施工数字化和工程管理数字化，其未来的定位有可能是成为全球建筑商最大的数字化、智能化服务平台。如果再从数字化项目升级到数字化建筑资产的管理和运营，这个公司有机会成为全球最大的数字化不动产管理机构。

从分布于全球的资产来分析，不外乎就是动产与不动产。凡是通过规划设计以土地为地基的土建项目都可以归到这个行业里，仅仅中国就有几百万亿元的资产规模。一个数字化平台能够从每个项目的BIM到每个城市的CIM再到覆盖全球的不动产分布，一个项目的生命周期有上百年，足以想象广联达这个公司的产业数字化属性有多强。

双重价值叠加这样的逻辑说法放在广联达身上，当之无愧。

第六名：国联股份

自称为中国上市公司产业互联网第一股的国联股份，在2019年上市的时候，开盘价为18.16元。当初没有人会相信三年之后其股票价格会涨到89.50元（2022年7月19日收盘价）。三年涨了5倍。

互联网时代只有链接、信息传输、支付结算。数字经济时代的云计算、大数据、物联网、数字智能等技术是互联网时代所没有的。国联股份抓住了互联网向数字经济迭代的转型机会，它把数字技术用到了更加广泛的行业，同时，深度融合进入每个上游资源的行业纵深。

从产业数字化属性来分析，传统产业领域的资源高度离散，不取决于人的主观意志，而取决于资源的自然分布。资源的自然分布往往远离生产制造、加工、消费中心，工业经济时代只能用传统的物流以及贸易手段来提供，从而形成产业链上游的离散化配置。因此，产业整合难度很高，产业数字化属性很低。

但是，数字化的技术进步可以重构数字化的资源数据关系。在资源非常离散的现状下，通过数据和智能技术、物联网技术重构物理世界的资源配置关系，早期的 B2B 互联网无法实现的事情，在 5G 时代成为可能。

传统资源的信息传输和服务互联网的成熟性所创造的稳定、低风险的工业经济价值创造方式，同样可以获得产业数字化时代的"高速度、高增长、高回报"机会。

第五名：海尔智家

海尔在全屋数字化、智能化、全球化战略中，通过数字化和场景化、智能化的融合，发展成为全球家电行业最成功的产业数字化平台企业之一，成为家电行业双重价值叠加的企业。

海尔智家在我们第二轮评价的时候，排名曾经高于美的集团，经过第三轮数字化双重价值叠加评价模型的再次评价，分值低于美的集团，完全符合我们评价模型的特点。这完全没有任何个人的主观意志，我们设计的第三轮评价模型就是强调传统产业价值投资、产业数字化属性、企业数字化战略三个方面，同时符合这三个方面的优质企业十分稀少。

未来的海尔智家主要面对的问题就是在全球范围内如何与美的集团的第一项主营业务开展竞争，它们两家的智慧家居解决方案将会成为全球智慧家居行业的"双雄"。但仅从这项业务出发，我们很难对海尔集团和美的集团今天的战略进行分析比较，从两家企业的业务来说，智慧家居是海尔集团的全部，而只是美的集团的五分之一。

第四名：云南白药

云南白药能够成为第四名数字化双重价值叠加的企业让我们非常意外，也非常惊喜。古老的中医是农耕文明时代的产物，从农业经济时代进入工业经济时代的中国传统产业企业向来就很稀缺，而云南白药竟然能够从世界著名的动植物资源的宝地——中国西南边疆的云南进入数字经济时代，成为数字经济时代双重价值叠加的机会拥有者，对于中国中医药行业在数字经济时代再创辉煌具有重要意义。

研究云南白药让我们看到一个最特别的地方就是公司年报一开始就提出"公司在新任CEO董明的带领下"。通过进一步研究发现，治理结构尤为重要，这个公司通过混合所有制改制，已经成为一个无实际控制人和大股东的上市公司，董事会的权力很突出，CEO董明就成为云南白药成功的关键因素。

这是我们在评价中国上市公司数字化价值投资过程中，发现的唯一一家在传统产业让数字技术专家担任CEO的公司。我们对此非常赞赏。如果工业经济时代让农民管工业化企业，就相当于数字经济时代让工业经济人才管数字化企业。我们乐见出现更多像董明这样的理工男，希望他们有机会担任上市公司董事长或者总裁。因为董明的加入让云南白药乘上了数字化价值投资快车，让云南白药能够成为"上市公司数字化双重价值叠加10强"榜单的翘楚。

第三名：美的集团

美的集团也是一个多元化科技集团，旗下包括五个单元的业务。虽然同为多元化集团，但是美的集团的多元化和格力集团的多元化有一个很大的区别，就是美的集团的多元化业务之间存在传统产业链和数字化价值投资的相互协同和关联。

第一，智能家居事业群的数字化、智能化进程形成了美的集团第五项业务方向"数字化创新业务"，这两项业务始终会存在相互协同的关系。

第二，美的集团的第二项业务是"工业技术事业群"，这项业务和美的集团的第一项业务存在产业链上下游的关联，可以给第一项业务单元提供不断进化的家居产品技术。

第三，楼宇科技事业部也是目前巨大的数字化应用场景，这项业务和美的集团的第一项、第二项、第五项业务都存在深度的协同性。

第四，美的集团的第四项业务主要是控股了世界著名的工业机器人制造企业"库卡"集团，可以利用"库卡"在工业机器人领域所积累的智能制造技术和能力给其他业务创造协同性。

第五，美的集团的数字化创新业务依托多年来智能家居业务所积淀的技术优势和数据价值，这项业务不仅可以持续赋能集团内部不断需要的数字技术创新，还可以将丰富的数字技术解决方案赋能中国和世界各地产业数字化创新平台。

所以，美的集团的多元化包含了内在的产业数字化价值投资逻辑。

从这个角度理解，美的集团的多元化充分考虑到了数字经济时代传统产业向数字化转型的战略需求。这样高水平的战略安排，显然大大超越了格力集团的战略。

第二名：顺丰控股

顺丰控股在上市公司产业数字化价值投资100强的名单中排第九名，在"上市公司数字化双重价值叠加10强"中异军突起，超越若干企业，直接上升到第二名的位置，它的各项数据非常优异。从业态分析，顺丰控股的产业数字化属性也是难得的高。表现为几点：

1.作为快递行业的龙头企业，顺丰控股的业务范围覆盖全球所有的个人、家庭、机构，包括商业机构与非商业机构。这个行业仿佛是为数字化、智能化而生的。数字化、智能化也最能在这个行业体现出产业数字化的价值。这是产业数字化最高等级的属性。

2.由于从事服务业，其轻资产特性明显，数字技术重投入不高，产业数字化边际成本很低。就是这样的企业可以长期保持高毛利率。

3.地域的全覆盖、节点的离散特征与数字化的链接具有天生的契合属性。

大数据、数字智能算法、场景优势可以把数字智能发挥到极致。

4.从物品的收派到中转、运输、投递，所有流程创造的供应链、物联网机会，能够让物联网在智联时代充分发挥作用，形成强大的行业优势和客户黏性。

第一名：海康威视

海康威视成为数字化双重价值叠加企业的第一名，出乎我们所有人的意料。从 D12 上市公司数字化价值投资评价开始，海康威视就是第一名，经过数字化双重价值叠加评价之后，海康威视依然高居榜首，无可挑剔。

过去我们对于海康威视的认知，主要还是其在智慧安防、智慧检测设备上的领先技术。通过 D12 模式对海康威视评价之后，它把我们带进了另一番天地。

对海康威视的研究，让我们看到数字经济在实现数字技术与实体经济深度融合的过程中，不仅为产业数字化和数字产业化带来了巨大变革，还创造出更多的想象空间。同时，我们也看到数字技术自身的发展也在产业数字化进程中发生改变。智慧物联网不仅可以将海康威视的产品继续在安防、交通、检测领域发扬光大，还将其业务场景扩展到了汽车生产制造、医疗、机器人、智慧家居等更多领域，丰富了我们在数字经济时代的投资组合空间。也由此让我们看到物联网技术、云技术、数字智能技术这些技术生态和技术平台的纵深价值和协同价值。

以上是通过 D12 上市公司数字化价值投资评价体系对 10 强企业的评价摘要。进行系统评价，我们有一个很重要的目的，就是看看能否发掘出未来 10 年、20 年之后，中国乃至全球最大的产业数字化平台企业。客观地说，我们看到了一些方向，也看到目前在这些方向上的领军企业，未来 10 年、20 年之后，这些企业存在着这样的机会。

我们关注三大终端：个人终端、家庭终端、出行终端。

1. 个人终端已经在全球出现过苹果这个伟大企业，未来的小米是这个终端的希望。个人终端领域的健康、食品、文化方面都还没有哪一家企业具有这样的气质。腾讯是否还会继续保持领先，需要再看两三年（没在国内上市，尚未评价）。

2. 家庭终端主要就看美的和海尔谁主沉浮。

3. 出行终端就是目前的汽车行业，比亚迪在产业数字化领域评分不高，国内上市公司也没有任何一家让人有期待。

除了三大终端之外，我们从投资组合逻辑看到一些未来的希望。有的已经被我们评价成为数字化价值投资的未来之星，这些企业给我们带来想象空间。

1. 用友网络和神州数码在云计算应用的未来。

2. 海康威视在物联网方向发展，顺丰速运和海晨物流在供应链方向发展。

3. 广联达在建筑和不动产方向的数字化未来。

我们在评价中发现，有一种产业形态天生具备发展成为产业数字化领域世界级企业的优势，就是中国央企的数字化机会。目前大部分中国央企都是按照国资委的要求进行数字化转型，这仅仅是一个基本功，代表不了央企产业数字化的未来。央企不可能和民营企业竞争高度市场化的"三大终端"。但是，央企如果哪一天想通了，把底层基础资产和业务通过创建产业数字化平台来经营，这就是央企产业数字化的未来。比如，国网信通这样的上市公司具有天生的底层基础资产、业务和行业垄断性资源，如果国网信通担负起整个国家网络平台数字化、虚拟能源管理和发展的责任，这样的企业要多大就有多大。包括中钢集团旗下的"中钢国际"，中电集团旗下的"中电数科"，中国邮政旗下的"湘邮科技"，都有这样的基因。

D12模式的产业数字化价值创造以及D12上市公司数字化价值投资评价体系，足以在全球范围独创数字经济时代产业数字化价值投资新理论和新模式。这样的模式既遵循了传统的价值投资理论和方法，同时又不再是对传统价值投资的简单模仿，而是创新。我们相信，随着数字经济的发展，这些创新也会不断深入，不断发展。

第六节 共同富裕分配模式——何需等待第三次分配

2021 年，中央财经委员会第十次会议提出促进共同富裕这个重大问题，在国内引起巨大关注。会议提出要构建初次分配、再次分配、三次分配协调配套的基础性制度安排，使全体人民朝着共同富裕目标扎实迈进。

这里有一个背景。日本有位著名的富豪、投资人叫原丈人，出身名门，20 世纪 80 年代参与创建硅谷，是硅谷科技企业最早的投资人之一。他非常熟悉日美经济体系，多年来也一直在研究这种经济体系，写了两本书：《公益资本主义——英美型资本主义的终结》《增补 21 世纪国富论》。他曾担任安倍晋三的经济智囊，也是日本现任首相岸田文雄施政报告中经济思想的贡献者。他认为，英美资本主义的核心是"所有资产归公司，所有公司归股东"，从而导致"股东至上主义"，这必然滋生少数极端富裕阶层和绝大多数的贫困阶层，导致严重的社会贫富分化。所以，他建议创建公益事业来解决不平等分配这个矛盾。中国通过三次分配实现共同富裕的思路和原丈人的这个理论在方法上有些相似。

我认为，应该充分研究产业数字化的本质特征，创建有利于共同富裕的产业数字化分配机制。D12 模式就具备了这样的功能。

产业数字化进程中，D12 模式非常关注价值创造进程中的利益分配问题。D12 模式中价值创造的核心是通过产业链、供应链之间的价值关系重构产业价值，将工业经济时代资本的驱动和配置关系与数字化链接，并重构价值关系，从而重新创建利益分配机制。由于所有利益创建者都参与了利益分配机制的创建，而资本仅仅是参与利益创建的一个要素，这就创建了一套使生产、经营、服务过程与分配同步存在的生态，而不是传统企业完成生产经营之后，资本获得最大的利益，然后政府通过税收工具进行再分配的体系。

1.D12 模式将以行业为目标，以传统的公司制组织为基本载体，在不同阶段利用不同的产业互联网组织、营销数字化组织、物联网组织、区块链组织、元宇宙组织等。由数字技术支持的商业组织之间相互融合、相互关联、相互叠加，从而创造新的经营、服务、交易模式，这些模式的经营活动丰富了经营组织的财富和价值创造方式，同样也创造了全新的分配方式，资本不再是主要的、少数的分配主体。D12 模式不是将价值创造与经营行为像资本所有者那样分开，价值创造者既可能是资本拥有者，也可能不是资本拥有者，资本拥有者在整个产业数字化分配体系中获得的不一定有价值链接、数据提供者获得的多，这导致传统的分配方式被重新改写。

比如，马铃薯产业数字化领域，马铃薯种植者获得了产业互联网平台优质的马铃薯种薯的赋能，每亩地的产量可以从过去的 1 吨增长到 2 吨，单位面积产量的翻倍给种植者带来 100% 的增量收益。如果是传统的经营模式，资本拥有者就可能通过土地兼并，成为土地经营权的拥有者，农民成为雇工，产量的增加产生的收益不归农民所有，而归土地经营者之后的资本所有。如果我们和农户建立契约关系，我们给农户提供优质种薯，还保证以何种价格收购，农民通过同样的劳动强度获得的增量收益就会和产业互联网平台共同分配，收益在运营过程中就实现了公平分配。

2.公司组织模式作为工业经济时代的主要经营组织模式已经非常成熟，作为产业数字化的基础组织模式，将成为产业数字化起步阶段的主要载体。

公司组织模式与产业互联网叠加和融合。由公司组织与新的投资者、数字技术提供机构共同创建新的公司组织，与产业互联网组织协同经营某一个行业。同时，产业互联网利用技术和链接、智能特性，将组织更多个人与商业组织参与产业经营，这就大大超越了传统商业组织的经营和管理局限以及产业资源局限。产业互联网通过数字技术的链接与互联互通，扩大了公司组织的管理能力和管理半径。产业互联网改变了公司组织模式的运营管理方式，降低了管理难度和文化统一性。产业互联网改变了公司组织的价值实现方式。

3. 公司组织、产业互联网组织在重构产业生态过程中，还会根据资产、交易、产品、支付、结算、信用等多元需求，在产业生态中创建区块链数字技术组织，形成三种甚至三种以上商业组织的叠加与融合。三种组织模式的股东、资本、产品、服务、企业相互融合转换，使生产经营过程中的结果在组织系统内部运行中实现了分配，分配成果可以和资本进行转换，经过多次分配之后才是股东分配，而很多股东不是资本拥有者，创造了共同富裕的分配模式。

第七节　公司组织等三重组织叠加与融合重建数字经济时代产业形态

D12 模式所构建的公司组织、产业互联网组织、区块链组织的相互叠加与融合将满足产业数字化时代产业经营组织创新的需要，形成产业数字化时代中国乃至全球化的产业重组和整合形态，这个形态将彻底改变工业经济时代产业生存和发展运营的逻辑。

D12 模式的出现将会通过企业组织、互联网组织、区块链组织等多重商业组织的创新，创造出传统产业组织所不具备的优势，在推动中国产业数字化进程中，有可能重新改造全球产业生态，用产业数字化生态取代传统公司组织单一独大的产业生态。

1.D12 模式可以实现三重叠加与融合

D12 模式可以实现公司组织、产业互联网组织、区块链组织的三重叠加与融合。三重叠加与融合的优势：打破不同组织的局限；发挥各自优势；拓展经营空间；满足各种功能节点的需求。

2. 公司组织的局限和产业互联网的优势与局限

管理难度：公司组织主要是把人和企业的管理规则与商业逻辑组织起来，通过经营管理来实现经营，创造收入和企业价值。现代管理科学创建以来，世界上各种公司组织不知道创建了多少管理模式来进行高效率、低成本、低风险的管理，不管是财务、客户、市场、营销，还是人力资源，都需要管理。组织的弹性、规则的弹性、人的不确定性以及残酷的商业竞争是公司管理永远的主题。管理的人越多，管理的组织越庞大；管理的半径越宽，管理的难度就会越大。

资本控制：受制于管理科学的难度，资本成为组织关系创建的关键。通过资本的垄断性、控制力和现代公司治理结构的结合，资本的聚合效应、分拆效应重构了公司管理组织的机制，解决了行业整合、跨境整合、组织协同、产业协同的关系，把现代产业组织推向了顶峰，带来了发达国家主导的、资本组织创造的巨大财富效应和繁荣。

但是，人、资本、规则的关系具有不确定性，尤其是控制与反控制，垄断与反垄断，分配的两极分化，高度集约与创新的冲突，这些早已经让资本控制的公司组织红利消耗殆尽，全球红利空间被严重挤压。

3. 产业互联网的优势与局限

随着消费互联网的到来，发达国家的谷歌、亚马逊、Mate 以及中国的阿里巴巴、京东、美团创建的互联网平台成为产业数字化诞生的前奏，互联网在产品层面、市场层面、服务层面、销售层面表现出来的优势，被产业数字化高度认同和期待。互联网技术、商业组织与产业融合，成为希望和未来。

互联网有链接的广度，这是公司组织所不具备的，互联网缺乏纵深，这是消费互联网平台难以做到的。

数字化管理：各种数字化管理软件被全部链接打通，数字化管理将大大提高效率，传统流程都将被颠覆。

价值链接：所有产业链、供应链上的节点不再是传统的资本和供求关系，更多的是相互之间的价值共享，交易行为、交易方式都将改变。

信任度不够：链接与互通不仅产生信任，还创造数据，数据带来的智能算法将把所有链接节点变成精准画像，建立不可更改、不需要维护的信任关系。

不能确定信用：大数据当然可以改变传统的信任关系，但是不能解决信用问题，所以还要有更多数字技术组织的创新。

4. 区块链组织的局限

区块链可以链接解决信用问题，可以弥补产业互联网的不足。但是，我们曾经夸大了区块链的功能。区块链无法创建独立的产业生态和组织，当区块链和公司组织、产业互联网共同组织起来创建庞大的产业生态时，区块链就找到了应用场景和空间。

产业互联网是一个泛在性链接组织，但是这个组织不需要加密，不需要创建共识。区块链的技术局限也满足不了产业互联网的全部需求。

5. 创建全新的数字经济生态，满足数字经济驱动全球化的体系需要

产业数字化才刚刚开始，我们对于产业数字化未来发展的进程也仅仅局限在过去的经验和今天的认知上，我们也需要不断加强学习，不断掌握和学习数字技术尤其是数字智能领域的知识。

即使今天，数字经济在推进过程中，也存在很多认识和理解上的误区和分歧。宏观上来说，数字经济作为一种经济形态，还没有强大的知识和理论体系给予支撑。

我通过D12模式的创新设计和操作推进，试图探讨中国产业数字化的发展方式。

D12模式仅仅是抛砖引玉的一种方式和思路而已，我并没有认为D12模式就是唯一的产业数字化方式。希望大家有更多有利于推进数字产业化、产业数字化、资产数字化的创新思考。当然，作为未来数字经济的整体内容之一，产业数字化一定是中国数字经济的核心内容。从我定义的数字产业化、产业数字化、资产数字化来理解，三个方面的内容循序渐进，先有数字产业化，再有产业数字化的发展，同时还会演进出资产数字化业态，三者之间相互促进、相互融合，又形成闭环而协同发展，构成中国数字经济的完整体系，从而推动中

国数字经济健康、安全地发展。在这个基础上，中国参与数字经济驱动的全球化，创建全球化的数字经济体系，不仅可以引领世界，创建数字经济全球化新秩序，还将有利于推进全球社会经济秩序和文明的创新发展。中国将和世界各国一道，构建基于数字经济和数字文明的人类命运共同体。

第九章

"数字春秋"三部曲

D12 模式延伸出来两个方向的创新。一个方向是把 D12 模式的核心逻辑发展成两种不同的应用模式：第一种是 D12 价值创造模式，这就是本书所介绍的主要内容；第二种就是以 D12 价值创造模式作为评价模型和标准，进一步研究出多种评价模型，从而发展成为企业和产业数字化价值投资评价体系，针对股票二级市场投资。另一个方向就是在数字中国的全域数字化领域展开产业数字化创新应用。

第一，D12 模式在二级市场的创新实际上就是与格雷厄姆、巴菲特、芒格他们创立的股票市场价值投资模式相结合，创建了数字经济时代 D12 上市公司数字化价值投资评价体系。

在工业经济和数字经济两种经济形态迭代之时，工业经济时代的股票价值投资早已被证明、被追捧。在两种经济形态相交的时候，一方面我们看到巴菲特和芒格对于数字经济的许多现象并不看好，斥之为垃圾。另一方面，也有很多人士认为，价值投资过时了。芒格给出了积极的回应，他认为价值投资没有过时，他和巴菲特合作管理的伯克希尔·哈撒韦公司 2021 年的业绩将近达到 900 亿美元，这么一个显赫的数据，也成为价值投资没有过时的有力证据。我在这里要说的是，我们基于 D12 模式的原理和逻辑，设计创造了 D12 上市公司数字化价值投资评价体系。为什么会有这么一个评价体系呢？因为我们相信，随着中国数字经济的全面发展，上市公司数字化一定是个趋势。但目前中国上市公司的数字化进程如何，数字化对于上市公司的渗透率有多高，我们都不知道。既然 D12 模式是系统化的产业数字化价值创造生态，为什么不可以用它设计一个上市公司数字化价值投资评价体系来分析评价上市公司的数字化进程呢？

这是一项十分艰巨而复杂的工作。我们从 2022 年 3 月 9 日开始，对 4677 家在北京、深圳、上海的上市公司进行产业数字化进程初选，然后再一家一家分析它们的各种产业数字化模式,分析每一种模式对公司资产、业务、业绩、战略的影响,以及股票价格与公司价值的变化关系。我们对所有上市公司的产业数字化价值进行分析和评估,时机成熟时创建了上市公司数字化指数。

历时5个多月,到2022年8月中旬,我们阅读了4677家上市公司在2021年发布的年报,设计了四组评价模型,完成了《2022上市公司数字化价值投资评价报告》。

第二,从2022年的《政府工作报告》中,我们看到数字中国被提出,数字中国包括数字城市(智慧城市)、数字乡村。根据我的观察和直觉,全球独一无二的数字化模式即将在中国拉开序幕。这就是全域数字化概念。

全域数字化主要是以某一个行政管辖的地理范围为界,利用5G基础设施和云计算、大数据、区块链、人工智能、物联网、边缘计算、元宇宙等系统性、综合性、协同性数字化解决方案,将辖区内所有可以链接的机构、个人、家庭通过万物互联链接起来,打造地理空间概念内、行业领域范围内全域互联互通的平台,满足全域经济、政治、社会、文化、环境、生态的所有数字化需求。目前在上海、浙江都有这样的尝试,虽然方案各有区别,但全域数字化一定是一个新的方向。但是,如何把数字产业化、产业数字化、资产数字化与区域、全域有效结合,如何把行政、公共事业、非商业非营利行为结合起来创建可持续、低投入且能满足政用、商用、民用需求的全域数字化模式呢?

我认为,D12模式延伸出来的创新与全域数字化的结合就可以创造出一套解决方案。目前最大的问题是:第一,虽然从智慧城市、城市大脑可以上升到全域数字化,但是,传统的政府采购、技术平台做工程形成甲方、乙方的关系,这会把产业数字化的机会浪费,并不断增加成本。第二,没有真正解决"经济数字化"问题,数字技术部门没有这种能力和动力。如果将D12模式嵌入,实现县域、省域的全域数字化,我相信中国经济真的可以改变新常态,再次通过全域数字化创造一个高于8%的GDP年度增长率是有可能的。

在这一点上,我们这个思路正好符合国家最新政策布局。2022年4月10日,《中共中央 国务院关于加快建设全国统一大市场的意见》发布。把全域数字化的商业内容与统一大市场结合起来创建的就是产业数字化的统一大市场。

"基于数字智能的产业数字化价值创造模式""上市公司数字化价值投资评价体系""全域数字化"这三方面内容相互作用、相互促进，可以构成一个强大的数字经济创新体系，即"数字春秋"三部曲。

如果这样的体系在中国实现，全球范围内将出现一个具有深刻内涵的"数字中国"，这个时候的"数字中国"不再是一个概念，也不仅仅是一套分布在各地的软件系统，更不是西方人或者那些无政府主义者倡导的去中心化、分布式采用区块链作为底层技术逻辑和加密账本形成的共识机制形态。

那么，"数字中国"到底是什么呢？有可能是数字经济的一种终极形态，这种终极形态借助具有中国特色社会主义市场经济的国情，在全球范围创造出一种具有中国特色的数字化、智能化社会形态。我们姑且可以称之为"数字社会主义"。

这就是"数字春秋"三部曲的全部意义。

第一节 上市公司数字化价值创造

提出价值投资的概念已经快一百年了，但是，市场对于价值投资的理解和分析，从来都只有一个方向，那就是通过投资上市公司股票来确立价值投资的理论和方法。本杰明·格雷厄姆、沃伦·巴菲特、查理·芒格成为价值投资理论的代表人物，包括张磊所创办的高瓴资本集团和李录创办的喜马拉雅基金，都是通过价值投资理念，发起设立基金，投资企业的少数股权或者直接投资上市公司股票。但是，所有人都忽略了另外一个领域，那就是价值投资这个硬币的另一面，也就是价值创造。

由于股票的价值投资是公开的股票市场交易，投资者分布于全世界，所有交易行为都公开透明，同时，价值投资的交易成果又满足了这个世界上所有人对于金钱、财富的贪婪和渴望，所以基本没有多少人知道价值创造者——公司经营者、管理者的故事与艰辛。当然，接触到价值投资领域的价值创造者或者公司，我们都耳熟能详，包括美国通用电气公司的杰克·韦尔奇，早年福特汽车的福特、后来的亚科卡，日本的经营之神松下幸之助，中国台湾台积电的张忠谋等。但是，绝大多数价值投资会创造企业，创造企业家、科学家、营销专家、管理专家。除了哈佛案例、斯坦福案例这些经典的 MBA 教科书案例之外，非专业人士包括很多股票价值投资者也未必清楚价值创造者的故事。

一、传统价值投资的另一面

我们看看伯克希尔·哈撒韦公司目前的主要持仓股票。巴菲特旗下的伯克希尔·哈撒韦公司自 2022 年 3 月以来持续加仓西方石油公司股票，累计投资 56.14 亿美元。巴菲特投资之后对外表示："我读了财报的每一个字，她（西方石油公司首席执行官 Vicki Hollub）在以正确的方式管理公司。"这个投资行为和巴菲特的观点就是典型的价值投资逻辑，看中的是这个传统产业企业龙头股的公司价值。所以很多人研究巴菲特而不是研究西方石油公司的CEO。

最近除了这个西方石油公司的股票之外，巴菲特排名前十名的重仓股是：可口可乐、GEICO（政府雇员保险公司）、富国银行、美国运通、美国广播公司、宝洁、《华盛顿邮报》、苹果、IBM、通用食品。我们看到这十个公司中，除了苹果之外，其他都是传统产业。

从价值投资来看，巴菲特投资这些公司，是按照它们设定的价值投资原则选择投资时机和投资价格以及卖出策略。与其说巴菲特在从事价值投资，不如说巴菲特是在研究分析这些公司创造价值的方式，从而获得分享这些公司创造价值的机会。这是硬币的一面。

从另一个角度来说，过去到现在，所有被巴菲特投资甚至长期投资的这些公司，才是实际上的价值创造者，包括可口可乐、GEICO、富国银行、美国运通、宝洁、沃尔玛、赛诺菲、美国合众银行、《华盛顿邮报》等。既然这些公司是价值投资的价值创造者，那么投资、控制、经营这些上市公司的战略投资人、董事会核心成员、企业核心管理者就是战略投资价值的创造者，也应当是价值投资创造者。这就是价值投资这枚硬币的另一面。战略投资者全面、系统地掌握了战略投资方法之后，才创造了这些公司的价值，也才有了这些上市公司股票的价值投资机会。所以，不是巴菲特的价值投资理念和方法创造了这些公司的价值，而是这些公司价值创造的机会和方法被巴菲特所掌握和理解，研究了这些价值和股票价格的关系，创造了股票价值投资模式。

二、关于产业数字化

在中国数字经济已经成为重点和热点的时候，产业数字化毫无疑问成为未来中国经济最大的增长空间。但是，产业数字化在中国的概念五花八门，难以厘清，这里面至少有几方面的关系，处理不好的话会给中国产业数字化科学、系统推进造成障碍。

1. 从产业数字化需求方面来看

（1）作为传统产业领域的中国企业，已经分为两大阵营：国务院国资委控股的央企和地方国资委控股的地方国企。各级国有企业对产业数字化的理解就是根据国务院国资委的要求，对企业进行全面的数字化转型。这将是中国传统企业产业数字化的主流模式。

按照国务院国资委的统一要求，我们看到国有企业的数字化转型规划基本就是国有企业的"数字孪生"，目标就是按照某个国有企业线下的所有产业形态创建一个数字化平台。在数字化过程中，以原有产业基础形成的产业链、供应链为基础创建数字化平台。即使这样，国有企业还需要克服"不想转、不愿转、不敢转"的障碍。因为严格按照数字化、智能化的创新产业数字化转型，很多机构可能会被拆掉，很多冗员可能会下岗，央企、国企可以做到吗？

（2）传统产业中的民营企业最近十年已经被严重分化了。各种大型的"资本系"基本消失，房地产行业的黄金时代结束，大型房地产企业人人自危，民营企业主要存在于大消费行业、服务行业、中小型制造业、种植和养殖业、科技业、医药大健康领域。企业规模普遍偏小，对于产业数字化的理解基本上停留在新零售、小程序、营销数字化这个状态，更不懂得去哪里找产业数字化解决方案。

（3）我们从 D12 模式对 4677 家上市公司数字化价值投资评价的分析结果来看，目前中国所有上市公司中，还有 50% 没有开始数字化进程，扣除数字产业化企业，真正开始实施全面数字化的上市公司只有 10% 左右。上市公司尚且如此，非上市公司，尤其是数以万计的小微企业更没有能力去独立搭建数字化平台，而且就算搭建了，也难以建立强大的私域流量，不能依靠强大的数据支撑来发展自己的业务。

2. 从产业数字化的数字技术供给方面来看

（1）从传统的系统集成商发展起来的数字技术供应商。这类数字技术供应机构主要是针对企业需求，提供数字技术硬件和软件解决方案，缺乏对企业和产业的理解。还有一些机构主要来自数字产业化领域的大型企业，包括从华为、基础电信供应商出来的核心骨干。

（2）SaaS 系统软件供应商。这类数字技术服务机构人员主要来自传统互联网平台企业，包括阿里巴巴、腾讯、京东、百度的系统架构师。这类机构更熟悉消费互联网系统平台的搭建。

（3）国际著名的管理咨询机构向数字化领域的转型。包括IBM、SAP、德勤、埃森哲这样的机构。它们的优势是多年的企业管理和战略管理咨询经验。它们有丰富的企业管理软件系统和信息化时代的技术服务客户基础，在企业数字化转型方面具有非常丰富的经验。但是，它们更适合成熟的、管理水平比较高的大型企业。它们在中国信息化创新战略中，又遇到较大的障碍。

（4）消费互联网平台的转型。阿里巴巴、腾讯、京东这几家非常有代表性的消费互联网平台企业也都在中国数字技术与实体经济深度融合过程中，发挥资本、技术和流量优势，往实体经济领域渗透，分享产业数字化红利。但是，由于消费互联网的基因，它们的转型能否成功，还需要时间去观察。

产业数字化领域本来就处在这样一个混沌状态，还要不时地受到来自碎片化知识系统的频繁干扰，包括区块链、元宇宙、NFT、Web3.0、DAO 等各种数字技术概念的冲击，整个中国其实没有出现一个让人觉得赏心悦目的产业数字化解决方案或案例。海尔的卡奥斯系统也好，三一重工的树根互联也好，航天云网也好，国联股份也好，农信互联也好，大多数企业还是没有真正找到产业数字化的真谛。主要原因还是对于传统产业战略投资、价值投资没有形成丰富的积累和经验。产业数字化的精髓一定是站在产业的高度，从产业整合的战略上，对数字技术进行系统规划、架构和实施。同时，又必须站在数字技术的角度去深度理解产品、技术、企业、产业各要素之间的关系，用科学的数字技术系统架构去重构传统产业关系，必须从产业到数字、从数字到产业反复研究和深度融合，才可能创造出产业数字化的最佳解决方案。

三、上市公司产业数字化

有了对于传统产业战略投资和价值投资的分析理解，我们可以获得的一个基本常识就是一个企业从创业到发展的整个成长逻辑和方式，可以通过各行业的企业在行业的运作方式来了解其运行规律。然后我们还可以通过每一个企业、每一个产业、每一个行业在全球产业链、供应链、价值链的关系，了解经济全球化的运行规律。放眼世界，几乎所有著名传统产业的龙头企业都是上市公司，这些行业龙头公司的创业、成长、发展过程就是传统产业战略投资和价值创造的过程。这些过程在股票市场上的表现规律，被格雷厄姆、芒格、巴菲特发掘出来就成了价值投资理论和方法。

到了数字经济时代，各行业通过企业数字化和数字化转型，通过产业数字化创新，改变了传统企业和产业的创办、成长、发展方式，也就意味着企业和产业的价值创造方式、上市公司的价值投资逻辑和方式也会发生变化，也就会出现数字经济时代的战略投资模式与价值投资理论、模式，甚至会出现从工业经济价值创造到数字经济价值创造的双重价值叠加的历史性机会。

由于产业数字化目前刚进入初期，还处在企业数字化、产业数字化转型阶段，企业和产业在与数字技术深度融合中存在各种各样的障碍，既增加了传统产业创新整合的难度，也增加了数字技术部门的专业难度。

D12模式是一个将传统产业战略投资与产业数字化深度融合的创新理论和方式。目前中国的几千家上市公司尚无一家公司采用这样的方式作为产业数字化的发展路径，即使在企业数字化阶段，真正通过高水平数字化转型获得成功的公司不到10%。也就是说，几千家上市公司都存在产业数字化发展创新的空间，我也相信大家会逐渐采用各种创新方案来实施产业数字化发展战略，逐渐增加上市公司产业数字化的比重。

按照这样的节奏发展下去，必然会带来一个新的趋势，就是上市公司在产业数字化进程中，不管是采用D12模式，还是采用其他产业数字化发展战略，都会改变上市公司价值和股票价格的关系，这就会出现一个新的投资机会——上市公司数字化价值投资机会。这样的机会借鉴了传统产业上市公司价值投资理论，但必将重新创造出产业数字化时代上市公司数字化价值投资评价体系。

这个体系主要包括以下主要内容：

1.需要对所有上市公司数字化手段和应用做一个初步分析。

2.上市公司行业分析。

3.上市公司基本面分析。

4.上市公司传统价值投资理论分析和评价。

5.上市公司原有价值与股票价格的关系。

6.上市公司产业数字化内容分析。

7.上市公司产业数字化战略分析和评估。

8.上市公司产业数字化系统架构分析。

9.上市公司数字智能应用分析。

10. 上市公司数字化解决方案与原有业务融合分析。

11. 上市公司数字化进程。

12. 上市公司数字化采用硬件和软件评估。

13. 上市公司数字化对业务的影响和变化。

14. 上市公司数字化给组织带来的改变。

15. 上市公司数字化对企业和产业要素关系的评价。

16. 上市公司数字化对商业模式的影响。

17. 上市公司数字化对盈利模式的影响。

18. 上市公司数字化对人力资源的评估。

19. 上市公司数字化营销数字化解决方案。

20. 上市公司数字化与竞争对手的关系。

21. 上市公司数字化与行业生态的关系。

这些内容远远没有包含上市公司产业数字化需要研究并创建模型的全部内容，单单是这样一些内容，足以影响并改变传统产业上市公司与上市公司产业数字化之后的公司价值关系。将这样的价值关系与股票价格的运行规律结合起来，就可以创造上市公司数字化价值投资模型。

"上市公司数字化价值投资评价体系"作为"基于数字智能的产业数字化价值创造模式"延伸出来的产品，足以使中国市场的专业人士对于过去一百年工业经济时代创建的价值投资理论和方法进行全面创新。

第二节　产业数字化引领的全域数字化

全域数字化是一个新概念，但却代表了数字化的未来和方向。产业数字化引领的全域数字化有可能成为中国数字经济发展的主流范式。

何为全域数字化？

即覆盖行政区划的全地域，覆盖行政区划辖区内的所有领域，覆盖所有行业的数字化规划与建设、实施、运营。

我认为全域数字化在中国全面展开，从建设"数字区县"开始，再逐级通过行政单位创建"数字省市"，最终达到创建"数字中国"的目的，从而形成数字经济驱动的全球化浪潮，应该是人类文明新的里程。

全域数字化探索可以从 2000 年开始算起。机缘巧合，时任福州大学副校长、从海外归来的地球信息科学专家王钦敏给习近平写了一份关于"数字福建"的建议书。习近平作了整整一页纸的批示，接受建议创建了福建政务信息网。习近平提出创建"数字福建建设领导小组"，亲自担任组长。这是中国最早的省级电子政务平台，也可以理解为中国最早的全域数字化平台。

互联网时代，基本每个县域上都创建了全域覆盖的门户网站（Web1.0）。

经过 20 多年的发展，今天以 5G 通信为数字基础的设施、软件和硬件，各级地方政府的认识和理解以及中国社会主义市场经济的制度性优势，使我们完全具备了以县（区）为基本行政单元，由政府主导、市场配置，创建县域全域数字化平台的基础。然后再以省（直辖市）为单位，创建省域全域数字化平台，实现县域、省域全域数字化平台整合。

最后可以创建以县域、省域全域数字化平台为基础的全国全域数字化平台，实现数字中国万物互联互通。再链接全球，创建覆盖全球的"人类数字命运共同体"。

目前的全域数字化解决方案：

从地方政府的门户网站到电子政务，从智慧城市到数字乡村，不仅行政部门创建电子政务平台和数字化治理系统，各行业也创建了数字化平台，包括安防、交通、电力、供热、供水、供气、环保、卫生等，数据各自独立，形成数字孤岛，造成数据资源的极大浪费，技术解决方案各自为政，智慧程度参差不齐。

2016 年，阿里云创始人、中国工程院院士王坚提出创建"城市大脑"，设计了第一个城市数字化解决方案，并开始在国内实施。按照王坚的观点，过去一百年，美国利用电气化创新，崛起成为世界最强大的经济体。如果中国能够全面创新设计建设涵盖城市所有要素的协同性、智能性数字系统，中国将成为全球数字化最发达的国家，领先全球。

王坚的这个观点和我的"数字经济驱动全球化"观点不谋而合，只是他更多是站在数字技术的角度，而我是站在数字经济的角度。

全域数字化不是智慧城市，不是数字政务、电子商务、区块链、城市元宇宙，也不是工业互联网，而是创建包含以上所有内容，以区域为范围，链接全域所有人与人、人与物的万物互联数字化平台。

在这一方面，浙江省目前以最超前的思路和最大的领导力度在全面推进全域数字化。浙江省全域数字化的推动者是浙江省委书记袁家军，他提出数字化改革："数字化改革是围绕建设'数字浙江'目标，统筹运用数字化技术、数字化思维、数字化认知，把数字化、一体化、现代化贯穿到党的领导和经济、政治、社会、文化、生态文明建设全过程各方面，对省域治理的体制机制、组织架构、方式流程、手段工具进行全方位、系统性重塑的过程。"

2022年《政府工作报告》提出创建"数字中国"，"数字中国"应该建成国家级全域数字化平台。数字中国全域数字化平台就是由各地全域数字化平台横向与纵向相互融合构成的。

全域数字化特点：

目前有专家提出"1+5+2"工作体系。这也是浙江省数字化改革的内容。

"1"是打造一体化智能化公共数据平台。

"5"是5个综合应用：党政机关整体智治综合应用；数字政府综合应用；数字经济综合应用；数字社会综合应用；数字法治综合应用。

"2"是构建理论体系和制度规范体系。

对于以上进程，我认为，中国创建全域数字化平台的时机完全成熟，作为一个全域数字化平台，党政部门对其治理相对容易。但如何在全域数字化解决方案中，建设好数字经济综合应用平台，我觉得是一个难题。

结合 D12 模式，我认为可以在全域数字化进程中，延伸 D12 模式，帮助各地创建全域数字化的数智经济综合平台和体系。主要包括以下内容：

1.以县域为单位，从县域 BIM 开始，进行空间规划；建设县域数字云中心、大数据中心；建设全域覆盖的地理信息数字智慧系统。

2.创建县域大数据平台，打通以往创建的政务、安防、电力、水利、通信、工业互联网、物联网、产业互联网等所有信息化、数字化平台。

3.通过有限责任公司、股份有限公司、产业互联网、区块链、DAO 等商业组织与行政组织、NGO 组织的协同，将全域数字化的不同功能进行重构，满足"政用、商用、民用"的综合需求。政府可以出钱采购数据；一般行政机关免费使用；公益行为免费使用；老百姓免费使用。

所有区域商家可以通过资源进入平台，获得商业利益和商业数据价值；所有商业行为通过公司组织与产业互联网、区块链协同。

商业用途包括：产品数字化、企业数字化、产业数字化、产业集群数字化、产业园区数字化、数字 REITs（城市和乡村物理空间数字化、资产证券化和数字化结合）、普惠数字金融平台、供应链金融、资产数字化、数字人民币结算和支付、社保数字化服务、医疗健康产业数字化服务、养老产业数字化服务。

4.达到的目的：

一个数字化平台满足全域数字化的多种功能和需要。把过去智慧城市按条块分割、行业分割的信息孤岛打通，同时把政府和行政非营利性采购行为改革为投资和市场化行为。

政府的采购行为被资产数字化权益收入对冲。

数字政府实现数字化全域治理。

数字商业利用平台做好生意、创造价值，商业组织和分配机制创新实现平台的可持续运营。通过全域数字化可以大大降低中小微企业的数字化成本，让全域数字化平台成为全域中小微企业的产业数字化平台，让这个平台和金融机构的数字化服务平台对接，可以彻底解决长期困扰中小微企业的融资难、融资贵、融资慢等数字信用问题。

流量全域化带给人民福利。

5. 操作思路：

地方政府投资机构与国开行、华为、中国电科、中国电信、腾讯、京东、百度等机构作为区域全域数字化基础平台投资者，与基层县区合作创建数字投资有限公司，公司股东由以上机构组成。

在这个公司完成数字基础设施（云计算、大数据、GSSA）创建之后，所有非营利数字化平台与这个公司合并，接入各职能部门的数字化平台。

由这个公司出资（无形资产、数字资产），与各商用机构和市场化投资机构合作，创建各种有限责任公司；开展产业数字化业务，联通商业互联网、工业互联网、产业互联网、区块链平台；产生无数产业数字化、资产数字化商业行为；构建区块链交易平台、NFT交易平台、全域元宇宙平台。

联通全域老百姓，形成全域流量和跨域流量。

选择多个地方试点，做出样板。每个地方试点样板可以由多个技术和商业、投资平台提供操作解决方案。

6. 技术路径：

基础设施标准；边缘计算技术标准；云平台的创建方案；大数据平台技术标准化；数字孪生基础软件和应用软件标准化；城市操作系统、服务器标准；硬件标准化；基础软件标准化。

7. 系统架构：

根据每个县域经济建设、政治建设、文化建设、社会建设、生态文明建设"五位一体"的具体情况，按照行政需求、经济需求、社会需求、人民需求的内容，创建多层次分级系统架构体系，从云计算、大数据、产业互联网、各种场景规划设计、投资融资与可持续性的角度设计系统架构解决方案。处理好政府和市场的关系、营利和非营利关系，处理好数据共享、数据权益、数据安全的关系。

8. 难点：

不可能由单一机构完成这样的解决方案。需要创建系统生态，协调多重资源。

我认为经过 10 年左右的时间,可以建设一个全面覆盖中国经济、政治、文化、社会、生态文明各方面的数字中国平台,不仅能够重建中国数字经济形态,还会创建数字化的社会治理生态、数字化的文化生态、数字化的环境生态、数字化的法治生态,最终创建具有中国特色的数字文明形态。

第三节　"数字春秋"三部曲相互关系

从"基于数字智能的产业数字化价值创造模式"的全面推进,到 D12 模式延伸出来"上市公司数字化价值投资评价体系"以及"全域数字化",已经形成了数字经济时代的三个创新模式。

D12 模式可以帮助各行各业开展持续、全面的产业数字化价值创造,给中国各行各业提供产业数字化解决方案。我相信 D12 模式也会在产业数字化创新进程中,不断丰富、不断完善、不断优化。同时,随着数字技术的不断进步,包括从 5G 到 6G 通信基础设施的不断进步和改善,以及量子计算的革命,还会有更多数字技术设施应用在各行各业。人工智能在数字智能领域、机器智能领域也会有很多技术和算法上的进步。数字技术逻辑与协同性在不断渗透产品、技术、企业、行业、产业并改变产业运行规律的同时,也会更加适应企业和产业规律。不管是什么样的技术创新,如果不能在产业数字化进程中找到应用场景,获得良好的体验,就会成为空中楼阁。

D12 模式也会在产业数字化创新推进中不断更新、不断发展。

D12 模式的深入实施,必然会给企业和产业带来更多数字化、智能化红利,这些改变也会直接通过上市公司体现到上市公司运营的所有环节。D12 模式在上市公司的全面应用也将彻底改变上市公司的经营模式。数字化和智能化带来的上市公司数字化价值投资的创新,不仅会重构传统上市公司价值投资体系,创造上市公司数字化价值投资评价体系和投资模式,还将影响资本市场内在结构的重建。

第一，构成上市公司指数的成分股应该以上市公司数字化价值投资评价体系评选的上市公司数字化为推选目标。深圳、上海、北京交易所的股票指数会逐渐增加上市公司数字化比重。

第二，将出现一批上市公司数字化价值投资分析师（DCFA）。在 D12 模式设计中，我们提出了产业系统架构师的岗位。而在上市公司数字化价值投资评价过程中，一定会形成一个分析评价系统，每个专业人士应用这个系统来分析、评价、推荐上市公司股票。这些人必须熟练掌握分析评价方法，必须要在完成一定课时培训基础上经过考核，从而获得上市公司数字化价值投资分析评价资格，数字化价值投资分析师的岗位由此诞生。

第三，将诞生一批上市公司数字化价值投资基金。

第四，投资银行机构将在发掘拟上市目标企业并对目标企业进行定位、描述、保荐过程中，重点研究分析该企业数字化战略、数字化解决方案以及数字化价值。

第五，各投资银行将会扩招数字技术专业人才，尤其是善于将数字技术与企业和产业融合的专业人才，从而满足上市公司数字化价值投资业务的需要。

在全域数字化进程中，政府各部门擅长数字化党务、数字化政务、数字化治理、数字化生态管理，但不是通过创建综合数字经济平台就可以满足数字经济发展的需求的。因为经济的复杂性和数字经济的复杂性远超过全域数字化的复杂性。

在全域数字化进程中，首先需要研究县域或者区域的宏观经济状况，研究所有经济业态的经营情况，研究产业形态在这个区域的构成，研究这个区域产业和企业的发展方向，还要研究该地区企业在各行业中的地位。其次需要研究该地区所有产业的数字化战略，要细化到每一个行业和每一个企业。确定这些行业和企业的产业数字化解决方案，以及这些行业和企业与其他地区行业产业的关系、全域数字化的关系。把这些关系搞清楚，才能够分门别类地规划设计全域数字化平台下企业和产业的数字化关系，把所有企业和产业要素与全域数字化平台系统架构在一起。完成这些工作，D12模式团队可以成为所有全域数字化平台中数字经济解决方案的提供商与战略合作伙伴。

在全域数字化进程中，所有上市公司都分布在中国各地区，这些分布在各地的上市公司数字化价值投资天然成为D12模式的客户和上市公司数字化价值投资的目标企业，有利于上市公司数字化价值投资质量的提高。

后　记

　　写这本书的时候，我是非常忐忑的，主要原因还是铺天盖地袭来的和数字经济有关的所有碎片化知识、技术搅乱了社会认知。全球处在第二次全球化浪潮与第三次全球化浪潮交织阶段的盲目、焦虑、浮躁状态。新的知识、技术、观点、方法、信息、数据、趋势和过去的形态冲突、交织、融合、叠加、重构，伴随着远远飘来的战争硝烟，同化和异化带来的社会基因突变需要我们勇敢地站出来表达系统的观点和认识，我们试图在乱云飞渡、惊涛拍岸中，探寻奔赴未来的方向。

　　虽然数字经济是一种经济形态已经成为共识，数字经济成为工业经济迭代的方向。但是，我们还是有责任去面对、研究一些重大的课题，让发展数字经济成为全民共识甚至全球共识。

　　第一，我们需要全面梳理和勇敢地展望数字经济的未来。从知识和理论上，我们都需要回答数字经济为什么是继农业经济、工业经济之后的又一种经济形态。

　　农业经济发展了几千年，工业经济发展了几百年，农业经济有自己的产品、经济组织、生产力、生产关系、经济规则和经济学。工业经济的发展时间虽然没有农业经济那么漫长，但是，它是高度发达的经济，创造了巨大的物质文明和精神文明财富。工业经济也形成了自己的知识理论体系，有工业经济的产品、生产方式、生产力、生产关系以及组织。工业经济诞生之后，农业经济并没有消失，而且工业经济反哺农业经济大大改变了农业经济的生产力、生产方式、生产关系。当然，工业经济时代所创建的市场经济体系也成就了资本主义制度，造就了资本主义制度下发达国家社会形态，促进了人类工业文明的发展和繁荣。

那么，数字经济和农业经济、工业经济所不同的产品、技术、生产力、生产方式、生产关系是什么呢？数字经济诞生之后，农业经济、工业经济还存在吗？数字经济和农业经济、工业经济之间有什么区别，又是什么关系呢？数字经济的内容主要是什么？数字经济为什么是一种独立的经济形态？很多问题都需要我们去梳理，去解读。虽然我们已经看到很多经济和哲学领域的专家、学者已经开始研究、思考这些理论问题、哲学问题，但是，目前社会各界所认识的数字经济还处在早期阶段，没有进入数字技术与实体经济深度融合的深层次阶段；各领域的专家、学者还没有认识到数字经济的本质性规律，目前我们没有看到更多关于数字经济的哲学思考和研究成果。

中国人民大学前副校长刘元春教授也意识到了这个问题，他在万字长文中讨论大时代下宏观经济面临的挑战和变革，提出经济大时代的"五大表现"之一："四是在信息化浪潮之后开启的数字经济时代。包括 AI、5G、生物技术等各类新技术开始涌现，这些技术特征与传统农业社会和工业社会都呈现出完全不同的特点，例如边际收益递增、零边际成本和多元共享等。这些特点与传统经济学的很多前提假设不一致。因此，带来的理论思考是：与农业经济时代、工业化时代的经济学相比较，数字化时代的经济学是否会发生颠覆性的改变和革命？"

刘元春教授所观察到的数字经济边际收益和边际成本以及共享元素仅仅是数字经济的一部分元素，但是他所提出的问题其实是非常确定的，数字经济时代的经济学必然会出现"颠覆性的改变和革命"。

第二，从行政部门来说，中国在农业方面有农业农村部，在工业方面有工业和信息化部，那么数字经济作为一种独立的经济形态是不是需要一个独立的行政机构来统筹管理呢？

虽然目前中国的工业和信息化部在推进数字经济的发展，但是，工业和信息化部把工业经济和数字经济的职能放到一起不适合数字经济的定位。国家是否应当成立一个新的机构或者部门来统筹数字经济的发展呢？

可喜的是，2022 年 7 月 25 日，国务院同意创建"数字经济发展部际联席会议"，这是由国家发展改革委牵头，中央网信办、工业和信息化部等共同负责推进中国数字经济发展的一个组织机构。数字经济和农业经济、工业经济最大的区别是数字经济可以通过数字技术创建的空间形态，打破农业经济、工业经济的物理形态局限，超越农业经济和工业经济的范围。数字经济的无边界、无范围、超时空特性，决定其不可能是哪个职能部门单独管理的。

第三，数字经济是科学技术推动的经济变革，不是学术部门、教育部门研究出来的经济形态。目前我们的社会科学部门、智库机构、学术机构、教育机构对数字经济的理解都落后于社会实践，这些机构需要尽快把数字经济作为一种经济形态进行系统研究。包括数字经济的基本知识、基本概念、理论以及数字经济领域各种名词的定义、翻译等。目前关于数字经济、数字产业化、产业数字化以及产业互联网、物联网、产业物联网、工业互联网、数字资产、资产数字化、数字金融、区块链、元宇宙、数字中台、NFT、DAO、Web1.0、Web2.0、Web3.0、数字化、数智化、智慧大脑、数字化转型、数字交易所、数字孪生、虚拟经济、数智经济等的基础性概念和知识不确定，会产生很多谬误和错判，会给经济社会发展带来很多损失和误导。

第四，数字经济形态和农业经济形态、工业经济形态到底有什么区别呢？这是一个庞大的命题，也是一个需要系统、全面地回答和研究的问题，我在这里提出几个宏观的观点。

1. 关于空间形态

农业经济时代人口相对较少，人们在巨大的、广袤的土地空间从事可持续的生产活动，以此来满足基本生存需求。由于人口的繁衍和进化以及劳动效率的提高，人口增长、文明进步，诞生了科学技术，把人类带入工业经济时代。

工业经济时代人口高速增长，农业土地空间不能满足工业化的需要，人类需要高度密集的城市空间开展生产和生活。同时，工业经济立体性挖掘了地球物理空间的各种资源来满足发展需求。当人类的科学进步和知识积累以及生产生活让地球空间越来越难以支撑发展的时候，数字经济开辟了一个新的生存和生活、生产空间，那就是用数字技术构建的网络空间、数字空间、元宇宙空间以及未来的太空空间。当然，也包括我们今天难以看见、难以感知的微观空间。

虽然人类对于宏观空间、微观空间的认知非常少，但我相信数字经济、数字科技会给我们提供更多感知宏观空间与微观空间的方法，会带给我们更加丰富的体验场景。

"数字孪生""元宇宙"都是我们对于数字空间的想象和创造。

2. 数字经济形态的产品

农业经济形态生产的主要产品是食品和家庭用品，以及简单的生产资料产品和交通产品，满足基本的吃、穿、用需求。

工业经济形态的产品一方面帮助农业经济提高了生产能力，丰富了农业产品，提高了农业生产的效率；另一方面还改变了人的生产方式和生存方式。工业经济时代创造了更丰富的产品，也改变了农业经济时代创造农业产品的效率和方式。

数字经济形态的产品主要是数字基础设施产品、数据产品、信息产品、数字产品。这些产品的出现和发展又赋能农业经济时代和工业经济时代创造产品的方式。同时，数字经济时代还会创造更多农业经济时代、工业经济时代不可能创造出来的新产品，尤其是数字化、智能化的空间产品。当然，数字经济形态还通过数字技术赋能农业经济形态、工业经济形态，改变了农业经济形态、工业经济形态产品的多重属性。

3. 数字经济形态的生产力

农业经济形态的生产力主要是人力和畜力以及简单的生产工具。

工业经济形态的生产力主要是通过各种机器增强和延伸了人体的潜能，以此来满足人类知识、精神、文化需求的生产能力。

数字经济形态的生产力一方面通过数字科技进一步提高了农业经济、工业经济的生产力；另一方面帮助人类提高了大脑的生产、创造能力。

4. 数字经济形态的生产关系

农业经济形态下主要的生产关系是农业生产者和土地所有者之间的关系。

工业经济形态下主要的生产关系是资本和生产资料的所有者与劳动者之间的关系。

数字经济形态下主要的生产关系是分布式与集中式生产者和数据拥有者、资本拥有者、知识拥有者、资源拥有者之间的关系。

5. 数字经济形态的生产方式

农业经济形态的生产方式主要是人繁重的体力劳动。

工业经济时代的生产方式主要是人借助机械产生的体力劳动和脑力劳动。

数字经济时代的生产方式主要是人借助数字技术产生的脑力劳动和智力劳动。

6. 数字经济形态的商业组织

农业经济形态的商业组织主要是家庭组织、个体经营者以及后期的贸易组织。

工业经济形态的商业组织主要是股份有限公司和有限责任公司。

数字经济时代的商业组织主要是公司组织与互联网组织、区块链组织、元宇宙组织、在线共识组织、各种组合的社群组织叠加、融合、离散而形成的多样化商业组织。

7. 数字经济形态的结果

农业经济形态主要是帮助人类进化、生存、繁衍。

工业经济形态主要创造了人类所需要的丰富的物质财富和精神财富，提高了人类的生活水平、生活质量，减轻了人类的劳动强度，延长了人类的生命，提高了人类因物质文化和精神文化而产生的幸福感。

数字经济形态将改变人的定义，人不再是今天的单一生物人，生物生命与物理生命、数字生命、智能生命会共存在地球或者地球以外的生活空间。数字经济形态可能会改变人的时空关系，重构人的生存空间和生存秩序。数字经济形态将带来新的文明。

农业经济发展了几千年，工业经济发展了几百年，刚刚开始的数字经济会发展多少年呢？数字经济还会被什么经济形态接替呢？

数字经济才刚刚开始，何必杞人忧天呢？

但是，比较幸运的是，经历了工业经济和资本驱动的全球化经济形态弱化之后，中国主导引领的数字中国全域化数字社会系统可能成为"数字春秋"的一个句号。两千多年前的春秋时代历经诸子百家争鸣之后，从天下大乱到天下大治，创建了大一统的中国。两千多年之后，通过"数字春秋"的重构，经济形态、社会形态、文明形态、意识形态都将开辟一个新的未来。

数字经济在转换、迭代进程中，出现了很多阶段性的过渡现象，包括数据权属、数据认证、数据交易、数据安全、数据垄断、数据欺诈等现象。数字化、智能化替代劳动力，从而影响就业、造成社会问题，这也引发了一些顾虑。数字化平台企业的流量垄断形成的商业垄断并没有摆脱以资本作为核心要素的资本主义制度性缺陷，也存在争议。我认为，这都是数字经济秩序和规则在创建初期的基本现象，随着百年未有之大变局的进程，随着数字经济驱动的全球化秩序的重建，数字经济不仅可以创造巨大的经济价值，还一定会抛弃以资本和资本主义作为核心经济要素的经济运行规则，数字经济所创造的生产关系一定会成为人类文明史上最伟大的生产关系。

美国鼓励虚拟数字货币，通过壮大数字资产来维系美元的强势地位，由虚向实，获得在数字经济时代的资产定价权，以长期主导世界经济。而中国利用已经形成的全球最完整的产业链、体量强大的制造业和实体经济作为支持，通过实体经济的数字化、资产数字化、人民币数字化，再结合中国特殊的国情，将覆盖中国全域的所有经济、政治、社会、文化、生态要素，通过万物互联、万物智联在传统工业经济时代的商业组织（包括股份有限公司、有限责任公司、合伙制企业）以及数字技术支持的商业组织（包括产业互联网、工业互联网、物联网、区块链、Web3.0、元宇宙等）的融合、叠加，集约与分布相结合，中心化与非中心化相结合，创建具有中国特色的数字经济、数字文明形态，开创"数字春秋"之后的"数字文明"，实现中华民族伟大复兴，构建人类命运共同体。

倍感幸运的是，在本书即将付梓的时候，商务部直属管理的中国世界贸易组织研究会（CWTO）服务贸易专业委员会（以下简称"服贸委"）决定授权我组建"CWTO服贸委数字经济D12专项小组"，通过这个专项小组来构建"D12价值创造""D12价值评价""D12中小微企业数字化统一大市场"三大业务模块的生态体系。专项小组将在CWTO的领导、支持和服贸委的组织下，通过"数字经济D12论坛和数字化价值投资峰会""数字经济D12城市推广周""创建D12产业数字化母基金""D12产业数字化研究院"四大板块，联合国际国内云计算、大数据、区块链、数字智能、产业互联网、物联网、产业数字化领域的专家和机构共同组成专家组，推进D12模式在中国落地实施，希望能够为中国"数字技术赋能传统产业转型升级"出力，为提高产业数字化水平，创造更多数字产业化应用做出贡献。

本书在出版过程中，得到中国民主法制出版社社长、总编辑刘海涛，副总编辑石松以及张婷等同事的大力支持；本书在写作过程中得到北京长江新世纪文化传媒有限公司总经理黎波以及郭亚维、郭璐、史守贝、金一男等同事的大力支持。

感谢CWTO服贸委要中秋主任、谷重阳秘书长的大力支持，感谢CWTO服贸委数字经济D12专项小组成员熊焰、王宏、苏彤、柏秋、韩雪梅、樊东平，以及SAP中国区金融总裁陈伟增、数字技术专家卢朝琪与各位朋友们的支持和配合。

感谢参与D12模式研究的特医互联的卢亦兵，数字液压的杨涛，中国旅游

中国产业数字化解决方案

集团的徐守波，浦发银行的刘红，京东集团的晏夏怡，中城投数智的陈真、吴鹏、刘璐。感谢中国薯网的江丽华、马铃薯艺术家马达飞、69畜牧罗云、瀛和律师孙在辰等支持、理解 D12 模式的企业家。最后，特别感谢江倩对本书贡献的许多观点。

· 298 ·